U0111474

大展好書　好書大展

品嘗好書　冠群可期

武術特輯
95

自然太極拳 81式

祝大彤
薛秀英 編著

大展出版社有限公司

深研太極拳
（序）
徐　才

　　幾年前，我曾爲祝大彤先生的專著《太極解秘十三篇》寫了「深研太極拳，高揚民族魂」的題詞。如今大彤先生又推出新作《自然太極拳》，可謂是他深研的一個結晶。

　　對太極拳這個風靡全國、走向世界的健身之道，爲之著書立說者甚眾，這可看做是盛世人們追求健康、追求身心和諧的一個可喜景象。

　　隨著習練太極拳的人日益增多，深問太極文化的人也越來越多。國人如此，不少外國朋友在體驗到太極拳的健身魅力後，也執著探知太極拳的文化內涵。

　　這提示我們要把被稱做「哲拳」的太極拳廣播於世界，十分有必要在深研上下點工夫。我認爲深研可以有多個視角。比如從體育的視角，從歷史的視角，從哲學的視角，從文化的視角，從醫學的視角，從未來學的視角等等。

　　當前最需要的是把太極拳的拳理、拳式用現代科學的語言解釋清楚。像什麼是太極，什麼是陰陽，什麼是八卦，什麼是五行等等這些中國古典哲學的概念，還有像野馬分鬃、白鶴亮翅、摟膝拗步、手揮琵琶等等拳式。

　　國際武術聯合會五年前已經決定把每年 5 月作爲「世界太極拳月」。這是推廣太極拳、弘揚太極文化的大好時機。

現在有些國家已經成立了太極拳學院，德國還出版了名爲《中國哲學與太極拳》的武術雜誌。充滿中華智慧的太極拳已經移植於世界不少地區和角落。我熱切地期望太極拳的方家學者不斷把深研太極拳的成果獻給世界！

自　序

關於承傳

自從《太極解秘十三篇》問世後，來電來訪者不斷，有國際朋友來訪，希望出版一冊內功拳套路，這是一位三藩市來的太極拳愛好者傳遞的信息。有一位黑龍江來的太極拳愛好者，來京到公園去遍訪祝大彤老師，有人說北京太極拳老師多了，爲什麼只找祝大彤呢？「祝老師跟隨楊禹廷老師十幾年，身上一定有眞功夫，名師出高徒嘛。」

武術很講究承傳關係，也就是「入門」。從古到今武術門派林立，這是封建社會傳下來的封建秩序。其實一個人從小學到大學、研究生、博士生，有眾多老師在培養，有人在校外找一些老師求教。傳統武術要入門只是拜一位老師，有一句話，「入門引路須口授，功夫無息法自修」。出不出功夫，只能是「法自修」，還要看有沒有悟性，對所學的功夫悟道如何，不是每一位拜師入門者都能有功夫。我和幾位楊式拳練家談起師徒關係，入門是指功夫入門，沒有學到老師的功夫，還在說自己是什麼大師的傳人，說淺了是對老師的大不敬。

吳圖南大師說到練太極拳者萬裏挑一。通俗解，成千上萬人學練太極拳，能出一兩位得道者，這是因爲太極拳博大精深。傳統文化就是如此殘酷。

百年太極入門得道者有班侯、健侯、少侯、澄甫、全佑、鑒泉、王茂齋、吳圖南、楊禹廷、馬岳梁、吳英華、崔毅士、汪永泉……屈指可數二三十位國內享有盛譽，按太極拳運動參加者計算不過數萬比一。拜師入門到將功夫學到手，還要有一大段路程要走。

學拳經歷

我是老北京，自幼好動喜武。父親練長拳，從他口中知道京城吳圖南、楊禹廷、汪永泉、崔毅士等名家。20世紀50年代中期從部隊轉業回京，跟著父親到中山公園看楊禹廷教拳，我想學拳，父親說太慢，他交了學費也沒跟著練。結果和楊老爺子擦肩而過。

凡休息日，騎車到各公園轉悠，北京勞動人民文化宮對面也是公園，練武人很多，天安門廣場南端一片大松樹林，練武人也很多，什麼都看什麼都跟著練。最後在東單公園學練太極拳。跟楊禹廷的學生張德瑪、李秀三、孫工程師、程大夫等人學練八十三式太極拳。

再後來王培生老師從東北回京休假，他一年回京一次，跟著他學拳，也跟著他在天壇公園聽他指導高壯飛推手，偶爾他高興，也走一趟八卦掌，八八六十四掌，腳底下很清楚，乾淨、俐落、漂亮。因為對武術家王培生的崇敬，為了協助《精武》出版有王培生持刀拳照為封面的專刊，跑前跑後召集他的弟子座談以及提取拳照等活動，此刊由主編張朝陽先生主持編輯後，於1999年9月出版。出版面世後受到廣大讀者的好評。

在北京跟隨吳圖南大師學拳是最為幸運、愉快的三年。

我認識吳圖南是李和生先生介紹的。「文革」初期「紅八月」是令人膽寒的日子，以後有人將 1966 年 8 月稱爲「紅色恐怖月」，紅衛兵上街，老幹部、老知識份子、老藝術家⋯⋯被抄家、挨批鬥。當時吳圖南正在被批鬥，李和生領我去其西直門內的家中，這一去對遭受批鬥的吳圖南老爺子是極大的尊敬和愛護。不久我又去看望老爺子，他剛被抄完家，斗室中央一堆垃圾。

吳圖南老爺子面帶微笑地對我說：「我在滿屋的垃圾中找到一分錢，一分錢分給老伴半分。」指著自己說道：「我是分半堂主人。」老爺子多麼樂觀、豁達，在非常時期的非常情況下，還在幽默自嘲。老爺子從地上揀拾幾塊碎磁片遞給我說：「這是漢、唐時期的磁片，拿著吧，是文物。我的一件柴窯被紅衛兵拿走了。」吳老爺子說時很平靜，聽說這件柴窯珍品年代久遠，價值連城，「文革」後期退還抄家物品時沒退回來，可能打碎了，老爺子不再提這件事。當時，吳老每天掃街，老伴去挖防空洞，不白幹，每天有三角錢的工錢，湊夥吃飯。我將身上僅有的三角錢留給老爺子，三角錢能買十個一兩一個的小火燒。

之後拳友苗新民先生（吳圖南的徒孫）帶我去吳圖南老爺子的西外住宅，正逢正月十五日，我們帶著元宵，此去認識了吳老的義子楊振興。楊先生很客氣，希望我們多多照顧吳圖南老爺子。以後我去紫竹院拳場練拳，練拳不散場我絕對不早退，散場後陪著老爺子慢行。公廁在小山坡上，吳老不要我攙扶，自己小跑上山，下山也不叫扶，他告訴我說：「你要慢跑步，練拳不要傷著膝。」

吳圖南有一套鬆功，最早是苗新民介紹給我的。我練給

老爺子看，吳老給我矯正，規置幾個動作後，吳老爺子破例給我演示鬆功，吳老爺子演練鬆功時，輕靈、瀟灑，令人陶醉。我手中尚有「鬆功論」手抄本，以後有機會將公佈手抄本「鬆功論」，以饗讀者。

在學習傳統太極拳時，正是「十年動亂」、武術遭受劫難的時期，吳圖南、楊禹廷及多位武術前輩正在挨批挨鬥，在尋師深研太極拳談拜師學藝色變的關口，藥王孫思邈鄭州系36代傳人孫繼光向我打開中醫藥孫氏家學的大門，拜在中醫藥大師、藥王孫思邈34代傳人孫紀乾大師的門下，成爲孫氏家學的門徒。

跟隨汪永泉學拳

經常到楊禹廷老人家家中學拳的有位御醫之後趙紹琴大夫，後任中醫藥大學教授，東直門中醫院中醫主任。楊老如有小疾小恙去請趙大夫診治，都由我跑腿。趙大夫開的藥方很乾淨，所謂乾淨，就幾味藥，幾角錢能治病。可惜，沒留下一個藥方子作爲紀念。一來二去跟趙大夫熟了，他介紹我認識了汪永泉大師。這之後我和汪永泉大師有十年的交往。

汪老先在龍雲先生故居練拳，後又到貢院南口練拳。汪老練的八十八式楊式太極拳，瀟灑、大方，節奏適中，將看拳者的精神帶入拳中，腳下飄乎，周身發熱，看汪老練拳是一種精神享受。聽老爺子勁更是福份，碰到老爺子什麼地方，腳下當即拔根，很恐懼，周身內外又很舒服。接觸點上似有似無，進不能進，跑又跑不了。汪老解其意，說：「接觸點上八個勁，掤裏有掤捋擠按，採挒肘靠，捋裏有掤捋擠按採挒肘靠。」從掤、捋、擠、按、採、挒、肘、靠八法

中，引出八八六十四手，是從汪老爺子這兒開的竅。

汪老拿我不當外人，將他寫的《楊式太極拳述真》的手稿讓我看。我草草看了部分手稿後，只能說很好，大師給我看手稿，受寵若驚，很受益，很受益！經常在大師跟前學拳的學生有趙紹琴、李和生等。之後又介紹好友陳惠良認識了汪老爺子。

汪老師門徒不多，在京有多位成功的弟子，朱懷元和高占魁是出類拔萃的。我和他們往來受益頗多。朱懷元武德高尚，他經常說不要打人，推手是養生，特別不同意傷人，自己退一步也不要傷人。他發拿打化徒弟時，非常非常精彩。一次發我 7 米之外，呼吸順了蹦跳停止，身上極爲舒服。此時我相信朱老師「推手養生」的說法。不去撕皮擄肉，力絞力，不會受傷。打人受傷的話也是朱老師的肺腑之言。

高占魁太極推手功夫高深，發徒時，讓對方面朝天橫著直躺式出去（扁擔式），身體絕不變形，抱著雙腿出去（元寶式）亦然。高老師身後留有推手體會一札，曰「高占魁語錄」，是一位萬先生整理的，今後時機成熟要公佈於眾。

跟隨楊禹廷學拳

早在 50 年代我想學太極拳，在中山公園跟我父親去看望楊禹廷老師教拳。第一次跟楊老爺子擦肩而過，但跟他學拳的決心更爲堅定。老爺子練拳很慢，大概交過一次學費，父親嫌慢不讓我跟他學拳。

在東單公園學會八十三式拳以後，想找楊禹廷老爺子深造。在 60 年代末，當時稱「逍遙」，上班馬馬虎虎。楊禹廷老爺子每天到故宮東闕門紅牆下遛早，後來知道的人多

了，我也聞風而動。星期天最多時能有七八十人。楊老爺子穿著很俐落，上身料子中式對襟上衣，褲腿打綁帶，拄著手杖看大家練拳，有時給學生說拳，此時圍上三四層人。老爺子說拳時，我都躲在老師身後聽勁。

散拳時，楊老爺子將手杖橫放在身後，雙手抓住慢慢散步。我有時推著自行車跟在後面，有時將車鎖在拳場陪送老爺子回家，但我從不進門。1974年，在徵得老爺子同意後，進入楊禹廷老師的家門，這年老爺子已經88歲高齡，身子骨很硬朗，如此高齡仍授拳，可見練太極拳受益是實實在在的。

1974年進入楊禹廷老爺子家門到他老人家1982年逝世，有9個年頭，連同東闕門宮牆聽課的四五年，跟著老爺子也有十二三年。老爺子「武德高尚」，是京城武術人的眾口一詞，口碑極佳。他老人家給我說拳，有兩條嚴格規定，一不准到各公園瞎跑，二不准推手。對楊老爺子的規定，我始終墨守，8年沒去過公園，也絕對不推手。

我在楊禹廷老爺子家9個年頭，老爺子面東坐在太師椅子上，我站在他兩腿中間做起勢一二動，他以右手拇指和食指輕揪上衣襟下的角尖處，這是給我聽勁。他說：「咱這個拳就是一陰一陽兩個動作。做對了，一通百通。」有時將學的拳套路練給老爺子看，他給我糾偏。關於拳式動作上下銜接的陰動和陽動，他叫「陰陽接頭」，拳歌訣中稱（陰陽）「變轉虛實須留意」，給我一遍遍講，他說：「陰陽接頭對了，對拳就明白了，一通百通。」

楊老說拳高興了，跟我打四手。跟老爺子打四手，雙腳下出球，總是手上撲空、腳下站不住，似醉漢晃來晃去，回

想起來很有滋味、很有味道。可以坦言，老爺子將畢生拳藝內功，在晚年給我很多，我跟老爺子學到的是他晚年的精湛拳藝，是拳的真諦。何爲真諦？如衣袖內有胳膊，推時什麼也推不著，此爲鬆空真諦，我已把握其內功。

在和楊老爺子談到拜師時，他老人家因爲收徒之事幾次傷心落淚，說：「拜師有什麼用，磕個頭走了，在跟前的也沒認真學東西。」聯想此語，有人在「文革」中撕碎拜師帖，楊老爺子爲不敬的徒子徒孫傷心落淚的人尚健在，我不必說，只有爛在肚子裏成爲不解之謎。

我們有時說師兄的拳不怎麼貫通，他教育我們，說：「先學練的什麼樣子，後學不許說。」我對楊老很孝敬，他也品味出我是真心學藝，曾經肯定我，說：「你如今明白了（拳），到懂還有一段路程。」他舉起左右雙拳，示意右拳是明白，左拳是懂。

70年代學拳時，我隨著王培生老師的弟子叫楊老爺子爲「師爺」，後來楊老爺子讓他的長孫鑫榮改口稱我爲「叔叔」。那時我有給老爺子買包子的習慣，買一次包子，他吃兩頓中飯。「文革」中有一段我進了「牛棚」，我愛人替我給老爺子送包子，老夫人對我愛人不止一次說過：「老師拿大彤當乾兒子看待。」後來我去老師家，師母當著楊老的面對我說：「老師拿你當乾兒子。」我聽了這話多次，但未磕頭稱父，因爲當時王培生、李經武、李秉慈已是名家，多位徒孫也小有名氣，我不敢攀高枝攀上輩，但在我的心裏老師就是父親，比父親還親。

「文革」後期我給當時的國家體委主任王猛寫信，國家應搶救太極拳，楊老師沒有收入，生活艱難。爲楊老師的生

活困難上書國家體委。信轉到東城區體委，李秉慈先生在體委上班，把我叫去，親自解釋國家困難還是不能解決我提的問題。

1982年楊禹廷老師逝世後，老夫人被次子楊家梁接到保定河北大學家中頤養天年，我曾多次去保定看望老夫人，最後一次老夫人已經神志不清，家梁師兄不讓我再去看望。這件事，楊家梁教授在《太極解秘十三篇》的序中寫道：

「我從體院畢業後離京赴保定工作，很難在雙親膝下盡孝道，七八十年代返京探親時常見大彤師弟在父親身邊習拳，有時協助家母做些家務，這使我減少了許多牽掛，更安心於工作。」

「家父住北池子，祝弟家在朝外二環路以東，在酒仙橋工作，很晚下班。他不能每天來習拳，但逢節假日準到家中扶持家父左右。家中之事如理髮、修腳、請醫……他總是不辭辛苦跑前跑後。師弟不但尊重家父，對家母也十分敬重。父仙逝後，我將家母接到保定頤養天年，他幾次專程來探望，令人感動！」

上世紀90年代，楊老爺子的長孫到我家來，談到爺爺的遺囑時說：「我爺爺讓我改口，稱您叔叔。爺爺要收您做乾兒子，也對我說了，我要在必要的場合說明這件事情。」

他讓我將話攝錄下來，將來也許能派上用場。

繼承發展

關於武術的繼承和發展，首要是繼承。將傳統文化理通了，完全明白傳統太極拳的豐富內涵以及先賢的拳論、拳訣、拳歌、要言等拳經，讀會讀懂，然後方可言發展。

　　說到繼承和發展，傳說河南陳家溝有遠近聞名的陳溝炮捶陳家，若干年後這一代發展爲陳式太極拳。楊露禪從學陳長興，發展爲楊式太極拳。全佑從師楊班侯，再傳王茂齋、吳鑒泉，發展成爲吳式太極拳，武禹襄創建武式太極拳，孫祿堂的孫式太極拳脫胎於武式太極拳，鄭子太極拳是從楊澄甫師承而來，到下一代，一師之徒對拳理的理解不同，拳法拳形不一般同，細究一個人一個式，不足爲怪。

　　當代有一位王女士是陳式太極拳練家，按照自己對拳的理解，自稱全息太極拳，還有三星太極拳問世。大膽創新、發展，與時俱進，成就新一代的太極拳人。

　　太極拳發展到 21 世紀，在經濟、資訊高速發展的今天，工作、生活節奏快，再花上幾十年練來練去也練不好的太極拳，如果不能與時俱進，將要自身淘汰。在當前人們生活壓力、工作壓力大的狀態下，練一套易懂、易學、易操作的太極拳健體強身是必要的。此時自然太極拳出現在人們面前，也是極其自然的事情。

　　任何學科都提倡和鼓勵創造和發明。我學練太極拳的過程，受到楊禹廷大師晚年的精華傳授，同時受到吳圖南教授、汪永泉大師的指點，加上自身在研習傳統太極拳的過程中有所悟得，在第一部太極拳理論專著《太極解秘十三篇》中披露，破譯了太極拳的練法，提倡自然太極拳是極其自然順理成章的事情。書中第十一篇開篇寫道：「本篇將破譯學習方法，解練拳之秘。」在進一步深研中深深感悟到學練太極拳太難了，以一般的學習態度，一般的習練法很難領悟拳之真諦，難以深入進去。過去很長一段時間，將太極拳視爲東方文化的神秘，深奧，玄妙難求，如果換個視角逆向思

維，可能不會再困惑。

在第二冊太極拳理論專著《太極內功解秘》中，又進一步闡述在太極拳習練中應該得到和如何得到太極內功的心法、道法和拳法。總之，《太極解秘十三篇》和《太極內功解秘》兩書出版後，相繼又出版了《祝大彤太極拳推手藝術》光碟一套（上、中、下），同是以腳、手、腰詮釋太極拳內功。香港還出版了繁體字版《增補太極內功解秘》《太極解秘十三篇·修訂本》。以上出版物都是爲後學者提供學練和理解傳統太極拳鋪平道路，或者稱墊腳石。拳場有一句話「寧教十手，不傳一口」，書中介紹的不是十手的「手」，而是一口的「口」，請拳友體驗。

我時常對弟子說，太極拳太難了。對從學者也告誡他們：「傳統太極拳太難學，要考慮好，不是三年五載的事，是慢功，十年二十載可能也難以功成，全要看悟性。」更進一步闡明，「不是嚇唬後學，太極拳老師很難教會學生，而靠學生開悟，去悟得」「入門引路須口授，功夫無息法自修」。這是眞話。有人說老師只是喚醒學生，喚醒深埋在學生內心深處沉睡的太極拳悟點，喚不醒也無奈。

都說太極拳博大精深，這博大精深在何處？在習練者身上。吳圖南大師說過，練太極拳成功者萬裏挑一。《八字歌》云「掤捋擠按世間稀，十個藝人十不知」（宋書銘）。我在習練過程中確信「萬裏挑一」是對的，但又想多出幾位眞知者，不要「十個藝人十不知」「太極十年不出門」，於是有了解秘兩冊書。因爲太極拳不僅僅是肢體活動，而是頭腦和心靈上的功夫；不是主觀、主動鍛鍊的拳術，而是循太極拳運動規律和運行軌跡的被動行功。

我們人類有自身的生活規律和運行軌跡，若練太極拳須捨棄自己，從心腦到肢體活動都應符合太極拳的運動規律和運行軌跡，被動、減法，不帶人類主觀、主動的東西練拳，做到捨己從人。一羽不能加，內靜，極靜的心、神狀態，舉手投足都是循拳套路被動行功，簡言之，是拳練你，你只有被動跟著拳走，不是你主動去練拳。於是我在書中及公佈於眾的論文中，主要提到對太極拳發展的悟道和觀點，這些提法是百年太極所沒有的，在 21 世紀發展了太極拳拳理和拳法，在理論中提到練拳三易，即易懂、易學、易操作，以利傳播和推廣。港版《太極解秘十三篇·修訂版》對於我的拳學實踐寫道：「一改時人之觀念，發前人之所未發。」

首先提倡改變思維、改變觀念。心裏要有太極拳特性，特性也可以說是太極拳思想，以太極拳思想修太極拳功夫。

「其根在腳」，首要認識太極腳在太極拳修練中的根基作用，宣導太極腳。手呢，是樹的細枝樹葉，形於手指。

提倡上下一條線，腳下陰陽變，頭上虛靈頂，手上空鬆轉，將難以理解的「行氣如九曲珠」，通俗解爲自腳往上的腳（腳趾）、踝、膝、胯、腰、肩、肘、腕、手（手指）等放鬆九大關節。而鼻尖、膝尖、腳尖的三尖相對，出功夫還要時時尾閭坐在腳後跟，無過不及，尾閭與腳後跟在一條線上。

強調手、手指小關節、腕、前臂的空無是太極內功進身的重要途徑。特別著重提到放鬆小指是放鬆全身的重要樞紐。經常放鬆小指，通暢六陰六陽經絡，是胸腹通順的養生法，是修大道。

提倡太極拳習練者注意溜臀和收吸左右腹股溝，展胸收

左右胸窩，收小腹，圓背，弛項的十項放鬆要求，特別強調溜臀爲後中心，收吸左右腹股溝爲前中心，神爲主宰。形成放鬆周身的《九鬆十要一虛靈》訣。此訣在杭州講學後，於1999年在《武魂》發表，以後收在《太極解秘十三篇》一書中。《九鬆十要一虛靈》自發表後，得到國內外太極拳習練者的認可和歡迎，網上傳播多年，至今網上還可以點擊下載。

在練拳過程中退去本力也是新的提法，照此法每天循規蹈矩練拳，練拳的過程就是退力的過程，退力的過程就是太極內功上身的最好通道。練拳把握手動腳不動，腳動手不動，手腳齊動；在整體拳套路中手要把握「形於手指」，手在練拳過程中全程被動，手的動作不到一套拳的20％，養成手不掛力，手不動，不妄動，心身不主動的良好習慣。

前　言

　　筆者的《太極解秘十三篇》和《太極內功解秘》相繼面世後，兩年來收到拳友、同道來電、來信詢問，希望早日見到以陰陽解析傳統太極拳的每個拳式和每一個動作。這也是我幾十年來研習太極拳的願望。以動分陰陽的拳結構，從拳中獲得內功公諸於眾，普及太極內功是我多年的夙願。

　　普及傳統太極拳內功，不是很難的事。有人會問，你說獲得內功不難，爲什麼有許多習練傳統太極拳的朋友練拳十年二十載不得內功要領，甚至資深的拳家內功修持不能深入呢？恕筆者直言，這些朋友對太極拳認識尚膚淺，對拳理不甚理解，說白了，他們不懂太極拳。

　　太極拳家不懂太極拳嗎？有一位已故資深兄弟拳種的拳家對一位太極拳練家說，有些太極拳名家不懂拳。人家能出此坦言也是難能可貴的，說的比較客觀，旁觀者清嘛。如有疑意，請看他們書文拳照，便一目了然。

　　在太極拳圈子裏廣爲流傳著兩句名言，一是「太極拳博大精深」，一是「太極十年不出門」。這兩句話束縛了習練者的思維，又大大制約了練家解放思想，嚴重阻礙深入研究拳理拳法的思路。多年來習練太極拳主觀練煉，妄動拳腳，有悖拳之規範，難出成果。視太極功夫爲先輩的神秘，太極內功只是看拳經說故事，津津樂道，祖爺輩功夫如何如何，難以深入修爲。

以下推出的傳統八十一式（328動）自然太極拳，是以京城太極拳大師楊禹廷的定型拳架爲範本。此拳共分三段教學，僅是易難之分。本書以內功解讀，陰陽結構剖析，使初學者以及中、高級資深練家也可以找到可研究之處。八十一式分爲三段，第一段內功篇，第二段技擊篇，第三段養生篇。

（一）普及內功

有同道好友對我不止一次說過「太極拳將要失傳」的話語，筆者也曾擔心過拳道失傳的問題。已故太極拳學者吳圖南大師說過，學練太極拳很難，萬裏挑一。他又說，「人死道不滅」。太極拳鬆空藝術家楊禹廷大師曾對我說過：「拜師有什麼用，磕過頭的不學，嫌麻煩不練的也有，相信總會有人把功夫傳下去。」

從唐代李道子的《授秘歌》之後，經戚繼光、王宗岳，到清代太極拳經歷鼎盛時期，從村野山溝走出來一位「楊無敵」，後邊跟著武禹襄、全佑、陳鑫、宋書銘，他們都相繼過世，還是那句話「人死道不滅」靈驗。我們後學要虛心以誠，繼承深悟他們的恬淡人生和精髓拳道。太極文化越傳越廣，跨出國門走向世界。偉人鄧小平發話了：「太極拳好！」

當今太平盛世，與時俱進，是學練太極拳、深研太極拳道、普及內功的大好時機。如何學練內功呢？筆者奉獻陰陽結構的傳統太極拳，以解讀太極內功，使學者入門有路。

(二) 太極拳的豐富內涵

習練太極拳不是練一套乾巴巴的空架子太極操，太極拳有其豐富的內涵。拳之內涵也可稱爲內功，諸如陰陽變轉，舉動輕靈，周身鬆空，動分虛實，虛實漸變，動靜開合，方向方位，弧線運行，空腰鬆胯，安舒中正，以意行功，根基在腳，腳虛趾鬆，沒有腳踝，上下相隨，手腳結合，不用勁力，立柱身形，內外三合，妙手虛空，空手輕扶，心腦不接，無拙無力，勿有力點，勿有動意，虛靜爲本等等，能說清楚寫在紙上，內功大約如此。太極拳特性，即是太極拳思想，沒有太極拳思想難成太極拳功夫。

諸多科學以理論指導實踐，太極理論與拳術活動密不可分，不研習拳理拳法難成正果，但空說與拳脫節也將一世無成。學練太極拳是修大道，大道不是嘴上說的，一定是從拳中在身上反映出來，即謂爲「身知」「體悟」，沒有身上明白，還是不明白太極拳理，不懂太極拳道。太極內功上身的體能應該是「關節要鬆，皮毛要攻，節節貫串，虛靈在中」。總之，修練太極內功要以減法被動練功。

(三) 減法內功如何解

減法內功是明代太極拳理論家王宗岳大師在《太極拳論》中提出來的，拳論道：「左重則左虛，右重則右杳，一羽不能加，蠅蟲不能落，本是捨己從人，多誤捨近求遠。」大師諄諄告誡後學，「一羽不能加，捨己從人」，照此修功有道，悖者一世盲練，看看周圍從道者，一目了然，無須贅言。

減法內功修練，說得通俗些，就是無障礙練拳。什麼是練拳中的障礙？諸如練拳時周身手上出力用勁，出力便無輕靈可言，有動意，想經絡穴位，這一切一切都是障礙。要無障礙練拳，練拳時什麼也不想，越輕靈、越虛靜越好。再通俗解析，從內心深入根除主觀主動，減法是被動。你見過小孩子吃冰棒嗎？舉著冰棒不咬，在嘴裏含著，將冰呕成水嚥下。你練拳將自己比爲一根冰棒，練拳的過程是含嚥冰棒的過程，冰棒化爲水，老子說「天下莫柔弱於水」。

練拳是一根冰棒在慢慢化水的過程，減法修練無障礙行功，退去本力，排除一切雜念、動意，周身柔弱似水，內功上身，入門有路。此時尚不可言功成。大道以虛靜爲本，恬淡虛無，眞氣從上，水蒸發爲氣，太極內功可以稱爲無形無象，全體透空之大道也。

京城太極拳鬆空藝術大師楊禹廷老宗師身體力行，堪稱減法內功的先行和實踐家。早在上世紀 40 年代，他將他的定型拳架八十三式，以陰陽分爲 326 動教學，對筆者傳功時，又將 326 動減去 324 動，對筆者說：「太極拳就是一陰一陽兩個動作，一通百通。」我們後學從先賢大師承傳下來的是太極拳的精髓眞諦。

（四）怎樣修練內功

怎樣修練太極內功？練拳！怎樣修練太極拳呢？按太極拳的規律練拳。什麼是太極拳的規律？規律也是拳之特性，規律也可稱爲規範。

太極拳之特性，首先是王宗岳宗師在《太極拳論》開篇講授的太極拳的根本：「太極者，無極而生，陰陽之母，動

靜之機也。」只要你練太極拳，動便分爲陰陽，「其根在腳」，在腳上分陰陽是第一位的。

在楊氏老譜中，有「天地爲一大太極，人身爲一小太極」之說，將太極拳定位爲太極人是太極之體，這是習練太極拳的根本，以人爲本，周身應該無處不陰陽。陰陽之體是人類本來之面目，由於人的生存本能以及自衛好勝之心，動之用力，陰體深深隱沒於身，陽身顯露，剛強在外。加之練武之人以剛武爲要，於是冰棒越做越大，越練越堅，難以含化，冰棒不融化，內功無法上身。太極拳技藝就是如此嚴酷，十年二十載內功也不會上身。

遵循太極拳規律行功，還有一個重要的標誌，你要被動習練，再通俗講，說白了是太極拳練你，不是你去練太極拳。空手輕扶拳套路路線（八方線），周身放鬆，手、腳是被動而動，陰陽變轉動態運行，無須你去主動鍛鍊。

每天練拳盤架子的過程是在你的周圍搭建一個太極拳套路架子的過程，這個架子看不見，但拳架子存在，似乎可以摸得著。練拳日復一日年復一年，空手輕輕扶著拳架子，才能逐漸退去身上的本力。前文說的太極拳的內涵，「陰陽變轉，周身虛靈，上下相隨」等等內功漸漸上身，力練有悖拳理拳法，內功不會上身。有人先練拳，另練一套內功，大道拳中得，大道悟中得，練拳和太極內功不要對立。很多前輩先賢告訴我們，太極內功在拳裏。

（五）內功拳藝規範

在太極拳深研修練中，有幾種練法要時時注意提醒自己在拳中重視，是必須完成的，這是內功拳藝規範。

其根在腳

陰陽變化從腳下往上鬆，陰動實腳左後下或右後下虛鬆（圖1），陽動從後腳跟往前舒展（圖2）。

圖1　右虛(漸右後下虛鬆)　　　圖2　左實(從腳後跟向前舒展)

立柱身形

單腿重心立柱式身形是絕對的，雙重僅是過渡，重心腿（腳）要實足，虛腿（腳）要虛淨。

虛實漸變

虛腿（腳）變實腿，虛腿不幫忙，不掛力，要以減加法變轉虛實（陰陽），實腿減，虛腿加，虛變實爲漸變，虛腿不幫忙。

方向方位

太極拳十分注重拳式的方向、方位，重心腳是「太極八方線」的中心點，位於耳往下的垂直線上。如果偏離，結果是「差之毫釐，謬以千里」，請嚴格把握腳下的中心點。（圖3）

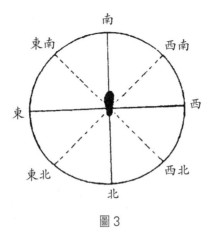

圖3

安舒中正

太極拳行功要求習練者，內求心、神、意、氣的安靜、安舒；外示周身中正，身形不要歪斜。

鼻爲中心

身形中正以鼻爲中心，虛實手的實手是鼻的延長，一般規律是實手大指或食指爲中心點與鼻尖相對。陽動，視線從指尖上方遠視；陰動，視指梢上方。

弧線行功

習練太極拳切忌走直線、橫線，動則弧線。請理解和把握。

被動練拳

改變思維，被動練拳。不是你主動練拳，而是循太極拳的規律，被動練太極拳。

三動三不動

道法自然，三動三不動：即身形不要有動意，不主動、不妄動。手上：手不動，不丟，不頂。上下手腳：手動腳不

動，腳動手不動，手腳齊動（腳動爲重心的陰陽變轉）。

視線

陰動視線注視實手指梢，稱視線追手；陽動視線從實手指梢遠視，稱手追視線（初學不要顧及視線）。

第一段「內功篇」初、中、高級班均可使用這一教材。初級學練者把握動作準確即可；中級班要注意行功要求內功修練；高級班修練者，循拳之規範，以修爲上乘內功爲主。每動都要循拳之規律，準確到位。

所謂到位，重心腳要前後正，根在腳，手爲形，手應該運行到南北正線或東西正線。實腳稱爲正線，左實腳稱爲左正線，右實腳稱爲右正線。一定準確到位，該運行到隅位，要求到位，杜絕隅、正線不分，不可有隨意性。

輕扶八方線

在每天練拳的過程中，實手食指不用力，輕輕扶著套路路線。如扶中忘了，想起來再扶，中斷輕扶要續扶，從輕扶過程中體驗太極拳的精妙之處，養成練拳退去身上拙力、本力等先天的用力習慣。在講述每式、每個動作時，有「輕扶」二字，是輕扶八方線之意。

輕扶是有條件的，要隨時注意，從腳（腳趾）往上放鬆踝、膝、胯、腰、肩、肘、腕、手（手指）等九大關節。行功中注意鬆腕，放鬆前臂，直到手、手指、腕、前臂修練成爲四空，從輕扶中體悟到太極拳的鬆、空、虛、無的境界。

弧形線

太極拳修練過程中，只有弧形線，沒有橫線和直線，弧形貫串太極拳套路路線始終，最終修爲輕靈圓活的境界。

根據太極拳圓的特點，輕扶套路路線就是扶著弧線行

功。弧形有上弧、下弧、上外弧、下外弧、左右外弧，但沒有內弧，故在拳式動作中有上弧、外弧的文字表述。

讀秒練拳法

內功修練如何安靜下來排除雜念呢？練拳讀秒是我在太極拳修練中體驗到的最佳的拳法。讀秒行動操作自然、簡單，每動從起點到止點從 1 往下讀，即 2、3、4、5……讀出聲或默讀，如一個動作可從 1 讀到止點。一個動作有長有短，讀秒時間不同，單鞭掌變鉤 9 秒，拉單鞭則 16 秒。

我的讀秒練功，已在北京、浙江、梅州及香港等地的學生中推廣，效果極佳，臺灣也有人習練。讀秒練拳受到日本、德國、加拿大等國的部分太極拳愛好者的歡迎和習練。

目　錄

自然太極拳簡介

　　自然太極拳以京城吳式太極拳鬆柔大師楊禹廷的八十三式為基礎，吸收了大江南北各派吳式太極拳之精華編著而成，根，仍然植在吳式太極拳上。

　　早年吳式太極拳是八十一式，被楊禹廷大師增加了二式，成為八十三式。八十三式第一段有兩個提手上勢，兩個白鶴亮翅，本書刪除了提手上勢、白鶴亮翅兩個重式，仍恢復為八十一式。

　　傳統太極拳的拳理源於老莊哲學。老子《道德經》云：虛極，守靜；復歸於樸；人法地，地法天，天法道，道法自然。太極拳要虛極守靜，太極拳修練到神明境界是返璞歸真，道法自然，自然是修太極拳大道。吳圖南大師說，太極拳要順先天自然。楊禹廷大師說，練太極拳不要拿勁，要自然，越自然越好。

　　自然太極拳是在原八十三式的基礎上，第三段養生篇中減去兩個重式（即提手上勢和白鶴亮翅）成為現在的八十一式。八十一式共分為內功篇、技擊篇、養生篇三篇，九式為一節，九九八十一式，九九歸元。

　　自然太極拳的修練特點，循太極拳的運動規律和運行軌跡，自然道法，拳之規範，拳法輕靈，用意不用力，在陰陽變化中，循弧形線，如行雲流水、鬆柔動態運行，以健體強身，祛病益壽。

武術界老領導、老朋友徐才公對武術文明傾心善淵，他對我們說：「太極拳不要什麼式。」太極拳是中國的珍貴文化遺產，弘揚中華民族的傳統文化，是我們共同的責任。

自然太極拳以低架、中架、高架等三種架位習練。

自然修練傳統太極拳是絕好的養生運動。習練者根據自己的時間和體力，每天習練八十一式或選擇內功篇、養生篇兩篇五十七式 206 動；或內功篇、技擊篇兩篇五十式 226 動加強習練。根據個人性格愛好，一套拳均以內功修練也很好，年老者選取高架位盤架，以養生特性修練八十一式也很明智。

自然太極拳每個動作都具有技擊功能，以技擊習練，技擊愛好者首選低架位的練法。架子低，日久底盤功夫深、樁功好。如何練法自然，由習練者自然把握。初學者要循規蹈矩規範行功，一招一式每動都應到位，不可破規矩。將拳盤到輕靈圓活，周身修練成為鬆體，再各無為修持，周身鬆空體無處不輕柔，無處不圓活。

還可以根據習練的時間和身體狀況從九節八十一式中挑選簡易和繁難的動作搭配習練。如第一節九式可與第四節，第三節的九式與第九節的九式一起習練。十八個式練 20 分鐘，運動量適應一般上班族的保健養生需要。

九節八十一式，自然和諧，隨君選習。

自然太極拳心法

　　為了弘揚中華民族珍貴的文化遺產，繼承和發展傳統太極文化，深研傳統太極拳的拳理拳法，要立足繼承，把先輩太極拳的拳理接過來，吃透嚼爛，咂摸出拳理的真髓。將祖輩給我們的拳法，千萬遍準確地演練，將拳盤出韻味，琢磨出拳的本來面目，著重發展，大力傳播弘揚。

　　團結各界同道及廣大太極拳愛好者和有志於深研傳統太極拳的技藝者，挖掘、整理、普及、提高。將科學的、醫學的、美學的、哲學的、高文化品味的、注入現代人的思維和新觀念的太極拳推向世界。團結海內外傳統太極拳愛好者和深研家，為提高整體太極拳水準，為全人類的健康做出我們的貢獻。

　　天下武術是一家。各家各派的中國武術人，歷經艱苦，衝破重重困難，甘於寂寞，頂著酷暑嚴寒，付出汗水，甚至致傷，致殘，還有的早逝……他們的付出為我們的提高和發展給予了警示，使我們能順利活躍在普及和發展的練武場上。

　　體育界老領導李夢華先生對武術界說過頗具影響的一句話，他語重情長地說：「自己可以說自己好，不要說人家不好。」這是愛護武術、發展武術的親切話語。中華武術源遠流長，今天，中國太平盛世，武術百花園裏爭鮮鬥豔。武術門派林立，各家各派隨著中華文明的發展而發

展。中華武術博大精深，不同的門派有不同的訓練方法，在承傳過程中一個門派有一個門派的風格，由於文化修養不同，承傳關係各異，一個老師一個教學法，這是很正常的事情。不要對人家的教學法、教師的承傳提出異議。

中華武術世人矚目，太極拳得到世界人民的喜愛。我們的彼鄰一衣帶水的日本，57年來多次派太極拳代表團訪問中國，我們敬愛的鄧小平同志，應日本太極愛好者的請求題詞「太極拳好」書贈日本友人。又是我們鄰邦日本福島縣喜多市議會決定把該市建成「太極拳城」，2003年4月29日喜多市召開「太極拳城」的宣言大會。澳大利亞首都的某軍校早操就演練中國的太極拳。歐洲某國將每月的一個星期定為太極拳週。在德國某個大學城有一個似中國武館的文化組織，迎門掛有一幅由中國書法家書寫的《太極拳論》，將客廳帶入東方文化之神秘。

全世界許多國家的人民癡迷中華武術及太極拳，我們則在武術期刊上互相貶損，中國同行陷入不解，外國的武術太極拳愛好者更加迷茫。凡中華武術歷經幾千年，能承傳下來，極具特性，否則會自我淘汰，如果我們互相指責，奧運會武術官員不知所措，又如何投贊成票使中國武術成為奧運專案？

武術界的老領導、老朋友徐才先生，對我們這些基層會長們不止一次談過，「不要什麼式」。發展什麼式，武術必然落入家族武術的麻煩之中。某省六合拳想開個大會困難重重，原因是老拳師逝世後，後人阻礙，他說「你們練的是我們家的拳」。還有一個拳種的大師逝世，生前立下遺囑，選定了接班人，可是家族後人站出來反對，欲提

出來接班。以上種種家族武術會自然將封建的遺存帶進來，干擾正常的武學活動。

以吳式太極拳為例，京城楊禹廷大師承傳的技藝，雙腳平鬆落地，不取「五趾抓地」，楊禹廷先師在《楊禹廷太極系列秘要集錦》一書中提到「有的拳術要求『足背要弓』『五趾抓地』。太極拳則要求實腳的五趾舒展，全部腳底平鋪於地面，好像與大地融為一體」。吳圖南大師進一步要求腳趾一一放鬆。東北同出一門的吳式太極拳，則要求五趾抓地。一師之徒多種技法，同一名稱「吳式太極拳」旗下，同宗不同派是正常現象。

吳式太極拳可以有江南正宗派、關內派、關外派、五趾抓地派、五趾平鬆鋪地派，吳圖南大師提倡先天自然派。豎看武術，同宗不同派多多；橫看武術，同派掌門逝世，一時間選不出首席拳師，或者又分出若干派並不鮮見。其實像京劇那樣，京劇姓京有各種流派，聽眾根據個人愛好「追星」也是很正常的。

中華武術博大精深，絕不是一家一戶的家族產業。我習練太極拳說「拳」話，也絕對不是周吳鄭王私家的事情，如果一家一戶發展，中國人看了分不清，外國人更看不明白，難以統一教材，統一理論，統一教學，也會制約傳統太極拳的發展。國家套路 24 式太極拳推廣得很好，統一教材，統一掛圖，統一拳式，統一教學，全世界一個標準，八方來客站在天安門前打 24 式太極拳，音樂一響便練起來，場面壯觀，動作整齊劃一，老外也不是老外了。

天下武術是一家，武術人宜團結起來，繼承發展傳統

武學文化。吳圖南教授曾說過：「聞道有先後，師不必賢於弟子。」心平氣和取長補短。對後學之士，我們要耐心傳授且付出一點代價；對待具有功利追求者，要多講些道理。太極拳有進有退，退一步就退一步，中華民族的美德——進一步退兩步。吳圖南大師說得好，他說：「群起研究，互相探討。」為了培養新人，老一輩拳家為年輕人當墊腳石，也不妨！

自然太極拳道法

傳統太極拳以老莊哲學、易經學為基礎理論，指導太極拳修練的是中國古典哲學，道、釋、儒三家學說以及唐以後的拳家思想。

黃帝內經的靜者為陰、動者為陽的養生之道。

孔子的儒家學說，兩千多年影響中華民族的發展。孔子主張中庸之道，中正、持中、中和、適中。凡事都有個度，中庸是把握處理事情的適度。拳經有無過不及、中正安舒之要素。

孔子的學習態度，學而不厭，誨人不倦，不恥下問。

老子《道德經》的「道」，認為道是運動著的，宇宙萬物包括自然界、人類社會和人的思維及一切運動，都是遵循「道」的規律而發展變化著的。

老子：道法自然。虛極、守靜。道者，萬物之奧。柔弱處上，柔以勝剛，上善若水，天下莫柔弱於水。

莊子繼承發展了老子「道法自然」的學說。他認為道是無限的，「無所不在」。主張虛靜，恬淡。

孟子：靜神。養心莫善於寡慾。

孫思邈：淡然無為，神氣自滿。

煉虛歌：虛極又虛，靜之又靜。

張載：大道全憑靜中得。

李道子：無形無象，全體透空。

王宗岳《太極拳論》全文如下：

太極者，無極而生，動靜之機，陰陽之母也。動之則分，靜之則合。無過不及，隨曲就伸。人剛我柔謂之「走」，我順人背謂之「黏」。動急則急應，動緩則緩隨。雖變化萬端，而理唯一貫。由著熟而漸悟懂勁，由懂勁而階及神明。然非用功之久，不能豁然貫通焉！

虛領頂勁，氣沉丹田，不偏不倚，忽隱忽現。左重則左虛，右重則右杳。仰之則彌高，俯之則彌深。進之則愈長，退之則愈促。一羽不能加，蠅蟲不能落。人不知我，我獨知人。英雄所向無敵，蓋皆由此而及也！

斯技旁門甚多，雖勢有區別，概不外壯欺弱、慢讓快耳！有力打無力，手慢讓手快，是皆先天自然之能，非關學力而有為也！察「四兩撥千斤」之句，顯非力勝；觀耄耋能禦眾之形，快何能為!?

立如平準，活似車輪。偏沉則隨，雙重則滯。每見數年純功不能運化者，率皆自為人制，雙重之病未悟耳！

欲避此病，須知陰陽。黏即是走，走即是黏。陰不離陽，陽不離陰，陰陽相濟，方為懂勁。懂勁後愈練愈精，默識揣摩，漸至從心所欲。

本是「捨己從人」，多誤「捨近求遠」。所謂「差之毫釐，謬以千里」，學者不可不詳辨焉！是為論。

陳長興《太極拳十大要論》一理三合（摘）

一理　第一

夫物散必有統，分必有合。天地間，四面八方，紛紛者各有所屬；千頭萬緒。攘攘者自有其源。蓋一本可散為萬殊，而萬殊咸歸於一本。拳術之學，亦不外此公例。

夫太極拳者，千變萬化，無往非勁。勢雖不侔，而勁歸於一。夫所謂一者，自頂至足，內有臟腑筋骨，外有肌膚皮肉，四肢百骸相聯而為一者也。破之而不開，撞之而不散。上欲動而下自隨之，下欲動而上自領之；上下動而中部應之，中部動而上下和之。內外相連，前後相需。所謂一以貫之者，其斯之謂歟！

而要非勉強以致之襲焉！而為之也，當時而動，如龍如虎，出乎爾而急如電閃；當時而靜，寂然湛然，居其所而穩如山岳。且靜無不靜，表裏上下，全無參差牽掛之意；動無不動，前後左右，均無游疑抽扯之形。洵乎若水之就下，沛然莫能禦之也。若火機之內攻，發之而不及掩耳。不暇思索，不煩疑議，誠不期然而已然。

蓋勁以積日而有益，功以久練而後成。觀聖門一貫之學，必俟多聞強識，格物致知，方能有功。是知事無難易，功惟自進，不可躐等，不可急就；按步就序，循序漸進。夫而後百骸筋節自相貫通，上下表裏不難聯絡，庶乎散者統之，分者合之，四肢百骸總歸於一氣矣！

三合　第六

五臟既明，再論三合。夫所謂「三合」者：心與意合，氣與力合，筋與骨合，內三合也；手與足合，肘與膝合，肩與胯合，外三合也。

若以左手與右足相合，左肘與右膝相合，左肩與右胯相

合，右三與左亦然。以頭與手合，手與身合，身與步合，孰非外合！心與目合，肝與筋合，脾與肉合，肺與身合，腎與骨合，孰非內合！然此特從變而言之也。

總之，一動而無不動，一合而無不合，五臟百骸悉在其中矣！

武禹襄《十三勢行功要解》

解曰，以心行氣，務令沉著，乃能收斂入骨。以氣運身，務令順隨，乃能便利從心。精神能提得起，則無遲重之慮，所謂頂頭懸也。意氣須換得靈，乃有圓活之趣，所謂變轉虛實也。發勁須沉著鬆淨，專主一方。立身須中正安舒，支撐八面。行氣如九曲珠，無微不到。運勁如百煉鋼，何堅不摧，形如搏兔之鶻，神如搏鼠之貓。靜如山岳，動若江河。蓄勁如開弓，發勁似放箭。曲中求直，蓄而後發。力由脊發，步隨身換。收即是放，斷而復連。往復須有折迭，進退須有轉換。極柔軟，然後極堅剛。能呼吸，然後能靈活。氣以直養而無害，勁以曲蓄而有餘。心為令，氣為旗，腰為纛，先求開展，後求緊湊，乃可臻於縝密矣。

又曰，先在心，後在身，腹鬆，氣斂入骨，神舒體靜，刻刻在心。切記一動無有不動，一靜無有不靜。牽動往來，氣貼背，斂入脊骨。內固精神，外示安逸。邁步如貓行，運勁如抽絲。全身意在精神，不在氣，在氣則滯。有氣者無力，養氣者純剛。氣若車輪，腰如車軸。

又曰，彼不動，己不動，彼微動，己先動。似鬆非鬆，將展未展，勁斷意不斷。

又曰，一舉動，周身俱要輕靈，尤須貫串。氣宜鼓盪，神宜內斂。勿使有缺陷處，勿使有凹凸處，勿使有斷續處。其根在腳，發於腿，主宰於腰，形於手指。由腳而腿而腰，總須完整一氣，前進後退，乃能得機得勢。有不得機得勢處，身便散亂，其病必於腰腿求之，上下、前後、左右皆然。凡此皆是意，不在外面。有上即有下，有前即有後，有左即有右。如意要向上，即寓下意。若將物掀起，而加以挫之意，斯其根自斷，乃壞之速而無疑。虛實宜分清楚，一處有一處虛實，處處總此一虛實，周身節節貫串，勿令絲毫間斷耳。

（摘自《太極拳譜》，人民體育出版社出版）

王宗岳《十三勢歌訣》

十三總勢莫輕視，命意源頭在腰隙。
變轉虛實須留意，氣遍身軀不稍滯。
靜中觸動動猶靜，因敵變化示神奇。
勢勢存心揆用意，得來不覺費功夫。
刻刻留心在腰間，胸腹鬆淨氣騰然。
尾閭中正神貫頂，滿身輕利頂頭懸。
仔細留心向推求，曲伸開合聽自由。
入門引路須口授，功夫無息法自修。
若言體用何爲準，意氣君來骨肉臣。
詳推用意終何在，益壽延年不老春。
歌兮歌兮百四十，字字眞切義無遺。
若不向此推求去，枉費功夫貽嘆惜。

拳經、拳訣、短語、歌訣。要背誦，實踐常用：

一處有一處虛實，處處總此一虛實。

一動無有不動，一靜無有不靜。

一舉動，周身俱要輕靈，用意不用勁。

接手分清你和我，你我之間不混合。

太極無手，渾身皆手。

太極不用手，手到不要走。

形於手指，妙手空空。無形無象，全體透空。

外面之形，秀若處女，不可帶張狂氣；一片幽閒之神，儘是大雅風規。

自然太極拳拳法

　　傳統自然太極拳拳法操作簡單化、科學化。每動都以步型、方向、方位、實腳、虛腳、實手、虛手、視線解析。「內功篇」解析內功修練，內功解讀陰陽結構剖析，動之則分，陰陽相濟。「技擊篇」顯示技擊應用，從轉變思想認識入手。而養生篇最後一條是「話養生」，說得清楚明白，並配以拳照對照習練檢查。

　　自然太極拳堅持通俗簡捷，以「三易」為廣大太極愛好者提供便利的學練文字和圖片。書中文字和授課均以易學、易懂、易操作為準則。每個動作一學就會，一說就懂，操作簡便。對於初學者習拳很方便，對多年的修練者也有益於深研。

　　拳場有一句大家常說又都認同的話，「練太極拳的人多如牛毛，成功者鳳毛麟角」。自然太極拳要改變這種觀念，改變習練者狀況，提高整體太極拳水準，以健體、養生為目的。

　　在拳法習練中有以下幾點說明：

（一）欲練好傳統太極拳，對拳的特性、拳架結構要有一定的認識和研究，找到最適合你的「切入點」，千萬勿盲練

　　1. 極拳有它自身的運動規律和運行軌跡。欲習練太極

圖 4　太極圖

拳者，必須放棄自己的生活規律和運動軌跡，以符合拳的運動規律和運行軌跡。

　2. 太極拳的特性是陰陽變化，舉動輕靈，用意不用力，上下相隨，內外相合……這也是拳的規範，習練時要循規蹈矩。

　3. 習練太極拳不要以人的主觀和主動行拳，要符合太極拳的陰陽變化動態，外動內靜、外靜內動、循環往返，始終保持鬆柔、鬆空、鬆無的狀態。其根在腳，形於手指。手上絕對不能用力，不要出拙力，不能有力，「太極手」妙手空空。

　4. 改變思維，改變觀念。從太極拳的視角看待太極拳，以太極拳的陰陽變化改變自己的觀念。改變思維之後將改變多年的習慣看法，你將認識到不是一切力勝，你將認為兩軍對陣智者勝，虛者勝，二人掰手腕鬆者勝。

　5. 太極拳以被動減法習練。所謂被動，行拳時，放鬆周身，內求心、神、意、氣安靜，外示安舒中正，行拳自然輕靈，隨著拳的運行軌跡用意不用力。勿想這想那，如想經絡，想穴位，想著拳的走向等等。減法，被動，不是你

練拳，是拳練你，如此才有成功的可能，勿主觀，勿主動。

6. 陰陽相濟，太極圖騰陰陽互抱不離，拳之母是陰陽。但在解說單式時，以陰動和陽動講解不是不要陰陽相濟，請別誤解。太極拳不能離開陰陽相濟，運動中是沒有單陰單陽的。

天地大宇宙，人身小太極，離開陰陽就不是太極拳，請拳友悟道。

(二)操作中的注意事項

1. 從下往上放鬆，腳（腳趾）、踝、膝、胯、腰、肩、肘、腕、手（手指）。還要放鬆的部位是：溜臀、裹襠、收吸左右腹股溝、收小腹、展胸、收左右胸窩、圓背、弛項、頂上要虛靈有神，越自然越好，稱為「虛靈神頂」。頂分陰陽，拳式中有細解。

2. 步型

步型還有：側弓步、點步、一字步、歇步、虛丁步、仆步、八字步等等，在拳式中將一一作介紹。

步幅在拳中有嚴格規範，但習拳人高、矮、胖、瘦、腿長、腿短不同，根據個人習慣，又不強求度數，步幅，以習練者舒服為準。

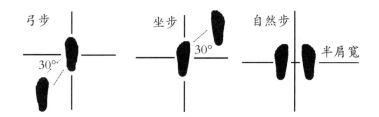

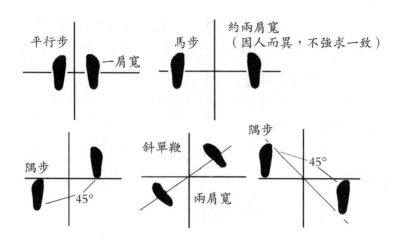

附步型圖如下：

圖 5　左隅坐步

圖 6　右隅弓步

圖 7　隅步 45°

3. 掌、鉤、拳

4. 書中說到「鬆腳」，是簡稱應從下往上鬆腳（腳趾）、鬆膝、鬆胯、鬆腰、鬆肩、鬆肘、鬆腕、鬆手（手指）。每個動作都應先鬆腳，這是太極內功必修的「太極腳」。

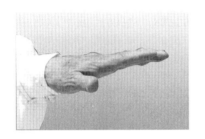
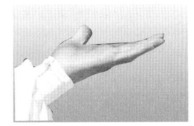

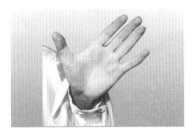
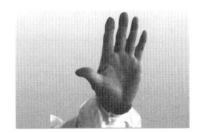

圖 8　掌

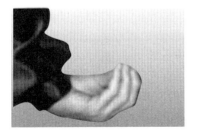
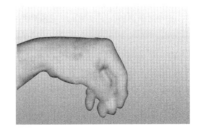

圖 9　鉤

(三)方向、方位及八方線

自然太極拳在自然習練時也有嚴格的規範。

1. 八方線和弧形線

傳統太極拳對方向方位，單腿重心，腳下八方線中心點有嚴格要求。在中心點的那隻腳便是實腳，實腳腳下（腿）是八條線的中心點（見八方線圖）。

註：①東西南北四條正線稱正線，也稱正位。以實腳

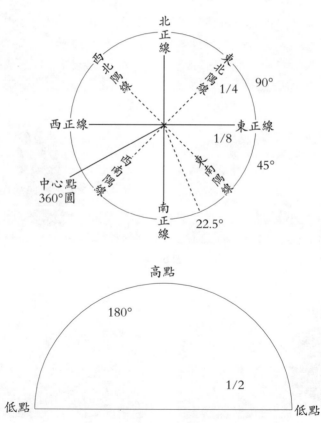

圖 11　弧形線圖

為準，腳尖朝東為東正線（東正位），腳尖朝南，為南正線（南正位），以腳尖朝向為準。

②四條隅線，拳中也稱隅位。

弧形線是八方線的邊緣線（見弧形線圖）。

360°圓形八方線分為 4 塊，即 180°弧線，90°弧線，45°弧線，22.5°弧線。

太極拳是圓和點的組成，大圓有大弧線，小點也是圓。弧線的特點是由低點—高點—低點。小點也是圓，它也同樣有弧形線。圓在拳中稱為環，無論怎麼亂的環也是低點—高點—低點。這是弧形線的規律，太極拳沒有直線和橫線，動則弧形線。

輕扶八方線：實手的實指不用力，輕輕扶著拳套路路線，空手輕扶是太極內功修練的起點。輕扶，一要輕，二要扶，扶住勿斷。一旦扶出功夫，在推手、技擊運用時，扶上接觸點，能使對方腳下拔根，身上打晃。

內功篇

無極勢

　　習練太極拳先要站好無極勢，周身放鬆。無極勢久站是無極樁，有時間的朋友可以嘗試。練拳之前站好無極勢，「潔源清流」。

　　無極勢內功修練操作如下：

　　練時要盡所知按拳學從周身放鬆開始。面南而立，兩腳相距肩寬，周身上下九大關節、腳及腳趾平鬆落地，似站在厚草坪上，有上浮之感，理論上稱腳下雙輕。踝有熱擴感；膝有上提感；鬆胯，有左右外開下沉感；空腰，腰不要有力，要忘記自己的腰；肩自然下鬆，肘自然下垂，鬆腕，手要空，食指輕扶空氣；溜臀、裹襠；注意收吸腹股溝，收小腹、收腹；空胸，微微自然收胸窩，左右胸窩有後吸感；圓背，不要刻意去拔背；弛頸，頂上虛靈，周身內外不掛力。如此站立，檢查自身要自然舒服，心、神、意、氣安靜為好。

　　注意，站無極勢不要有意念，也不要意守丹田。一位佛門大師說：「丹田練意不存意。」吳圖南、楊禹廷兩位太極大師均反對意守丹田。取鬆鬆、空空、虛虛、靈靈、自自、然然，身心舒暢、舒服為好。這是無極勢身形，鬆

功單操手和練拳、推手均應取無極勢身形。

無極勢除了注意鬆腳、踝、膝、胯、腰、肩、肘、腕、手等九大關節，以及裹襠、溜臀、收腹、收吸左右腹股溝、空胸、收左右胸窩、圓背、弛頸外，還要注意頂上虛靈等十項要求（九鬆十要一文附後）。（圖12）

圖12

以下各式的步型、方向、方位、實腳、虛腳、手型、實手、虛手、視線、內功、內功修練等逐一敘述。

（一）太極起勢

1. 左腳左移（陰動，陰頂）

〔步型〕①自然步：一順腳寬，腳尖向前，兩腳雙重。（圖13）

②平行步：兩腳平行站定，雙重，一肩寬。雙重是過渡步，應有潛虛實。（圖14）

〔方向〕面南而立。

〔方位〕兩腳平行步，「八方線」中心點在兩腳中間。

〔實腳〕鬆雙腳，左腳鬆到陰頂百會穴，從頂鬆下至右腳，右腳實足（以下以實腳，即實腿說理）。

〔虛腳〕左腳虛淨，自然左開一肩寬，大腳趾內側虛

圖 13　自然步　　　　　　圖 14　平行步

點地。

　　〔**手型**〕手掌平不掛力，中指與無名指虛靠，小指虛
鬆。注意小手指始終虛鬆，不掛力。食指鬆，不掛力，鬆
虛輕扶空氣。拇指鬆，虎口撐圓。

　　〔**實手**〕左手實手鬆垂，手心向內。

　　〔**虛手**〕右手虛手鬆垂，手心向內。

　　〔**視線**〕視線在前半公尺平視。

　　〔**意念**〕空左實手食指梢。（圖 15、圖 16）

圖 15　　　　　　　　　　圖 16

〔**內功修練**〕改變動作習慣，在移動重心時千萬不可左右橫移。重心的變轉以左實腳鬆上到頂，再下到右虛腳完成重心變換。

2. 兩腳平立（陽動，陽頂，陽頂在頭頂囟會穴）

〔**步型**〕平行步。

〔**方向**〕面南而立。

〔**實腳**〕右實腳鬆。

〔**虛腳**〕左虛腳虛落腳。

〔**內功修練**〕左虛腳平落，不要主動，左腳被動從大趾、二趾、中趾、四趾、小腳趾逐一落地，腳前掌及腳後跟平鬆落地後，兩腳從腳後跟向前舒展。

〔**視線**〕平遠視。

〔**意念**〕空左右食指梢。（圖17）

〔**內功修練**〕1、2兩動一陰一陽，陰隱陽顯。腳平鬆落地，注意落地千萬不要踩地，似站在厚草坪上，或站在五星級飯店的加厚地毯上，左右十個腳趾的小關節要放鬆。注意不要加任何意念。這種鬆腳法貫串八十一式套路全部過程。

3. 兩腕前掤（陰動，陰頂）

〔**步型**〕平行步。

〔**方向**〕面南而立。

〔**實腳**〕腳為雙重。

〔**虛實手**〕垂掌掌心向內，左右掌漸變化為掌心向下，與肩平，漸鬆攏成為虛鉤手。（圖18）

圖 17　　　　　　　　　圖 18

〔內功修練〕自然鬆肩，垂肘，每個動作，動則要鬆肩垂肘，外上弧輕扶。

4. 兩掌前下（陽動，陽頂）

〔步型、方向、實腳〕與第 3 動同。

〔手型〕虛鉤手漸向前舒展為俯掌。

〔操作〕雙俯掌向前舒展到 45°，鬆肩、垂肘，外下弧輕扶，似主動回臂，但不要主動，鬆肩垂肘，同時屈膝下坐，左右掌在左右胯側停，兩掌虎口向外，掌心向下。（圖 19、圖 20）

〔內功修練〕兩臂鬆回，先鬆腳、鬆踝、鬆膝、鬆胯、鬆腰、鬆肩、垂肘、展指舒腕，逐漸鬆到雙手指梢，勿自往回撤手。

陰動收斂入骨，與對方接觸，接觸點鬆到腳，盤拳相同。

圖 19　　　　　　　　　　　　圖 20

　　陽動從腳往上舒展，經九大關節到實手指梢，肢體沒
有往前的意念，從心、神、意、氣、骨筋、肌肉、皮毛向
外舒展。

（二）攬雀尾

1. 左抱七星（陰動，陰頂）

　　〔步型〕右坐步式。

　　〔方向〕面南。

　　〔方位〕正南。

　　〔實腳〕右腳實，尾閭即長強穴「坐」在右後腳跟。
腳尖、膝尖、鼻尖為「三尖相對」。右腳在八方線中心
點。

　　〔虛腳〕虛腳虛淨，左腳虛，左隅位約 30°出腳，左
虛腳腳跟虛著地，腳尖上揚。

〔手型〕實手仰掌。

〔實手〕左實手仰掌（坡形），上弧鬆腕，無名指引向前正線運行，拇指遙對鼻尖。

〔虛手〕右虛手掌心向左，拇、食指撐圓虛合左肘側。

〔操作〕接起勢四動，陽動止點是陰動的起點，身形不變，鬆左腳，由雙重變轉

圖 21

為重心在右腳（腿）。實手拇指遙對鼻尖。注意：頂上（百會穴處）虛靈。

〔視線〕注視實手拇指梢。

〔意念〕空實手。（圖 21）

〔內功修練〕實腳不要踩地，周身鬆減法不掛力，頭上虛靈神頂，周身輕鬆。注意鬆腕。

2. 右掌打擠（陽動，陽頂）

〔步型〕左腿弓步。

〔方向〕面南。

〔方位〕正南，左腳弓步為八方線中心點。

〔實腳〕左腳實弓步，腳尖、膝尖、鼻尖為「三尖相對」式。膝尖垂直線在大趾大敦穴上，膝往上鬆，不可向前「跪膝」，跪久傷膝。

〔虛腳〕右腿虛直，如不爽，後腳掌可向內扣。

〔手型〕變轉為橫掌虛手，掌心向內。

〔虛手〕左實手鬆腕，變轉為虛手，掌心向內，上弧輕扶。

〔實手〕右虛手變轉為右實手立掌，掌心向外，合左手脈門。食指遙對鼻尖。

〔視線〕從右實手食指上方平遠視。

圖22

〔意念〕虛鬆實手。（圖22）

〔內功修練〕鬆右實腳，吸收左右腹股溝，左腳鬆平落地，鬆右實腳，以減法從10漸至9、8、7、6、5、4、3、2、1、0，右腿虛淨，從1漸加至2、3、4、5、6、7、8、9、10，左腿由虛變實為弓步。注意，虛腿變實腿，虛腳不幫忙，變轉虛實腿以減加法。周身不掛力。請注意讀秒練拳。

3. 右抱七星（陰動，陰頂）

〔步型〕弓步變坐步。

〔方向〕面南變轉為面西。

〔方位〕面西，左腿坐步。

〔實腳〕左實腳弓步變轉為左實腳坐步，腳下為八方線中心點。

〔虛腳〕弓步右虛腳變轉為左坐步的虛腳，右腳後跟鬆著地，腳尖上揚。

圖 23　　　　　　　　　圖 24

〔手型〕仰掌。

〔實手〕右實手仍為實手，仰掌（坡形）。

〔虛手〕左手仍為虛手。拇指、食指虎口圓撐，虛合在右實手肘彎部位。

〔視線〕注視右手食指梢。

〔意念〕虛空右手。（圖 23、圖 24）

〔內功修練〕2～3 動均以左腳為實腳，在從面南變為面西時，以左實腳後跟與陽頂上下一條線鬆轉，右虛腳不協助，仍保持不掛力的鬆虛狀態。不要以腰帶動右轉。注意要在空腰狀態下，隔位立掌、左腳扣腳前掌時方可輕靈轉動。轉變方向以左胯鬆轉，右腿不能加力，協助左腿轉向。

4. 左掌打擠（陽動，陽頂）

〔步型〕右弓步。

〔方向〕面西。

〔方位〕正西位。

〔實腳〕右腿從虛腿變轉為弓步。右腳下為八方線中心點。

〔虛腳〕左腿虛直，如不爽可內扣後腳腳掌，如變轉為坐步，內扣之後腳掌要開為正腳形。

圖 25

〔實手〕左手實，立掌打擠，掌心向外，上弧輕扶。

〔虛手〕右實手鬆肩、垂肘、鬆腕，從 10 逐漸鬆減至 0，變轉為虛手，掌心向內。

〔視線〕從左手食指梢上平遠望。

〔意念〕鬆右實手食指。

〔操作〕坐步變轉為弓步，仍以先減後加的拳法，鬆實腿、減力，逐漸使虛腿由虛變實。（圖 25）

〔內功修練〕在弓坐步的虛實腿變換中，以吸收左右腹股溝退去身上本力。注意不要將全身重量都壓在坐弓步的實腿上。更不可壓在膝上，要腳掌虛靈減壓。

5. 右掌回将（陰動，陰頂）

〔步型〕右弓步變轉為左坐步。

〔方向〕正西。

〔方位〕面西。

〔實腳〕右腳實弓步，變轉為左腳實坐步。八方線中

心點從右腳下，又變轉到左實腳下。

〔虛腳〕隨弓步變轉為實腿坐步時，虛腳變轉為實腳，腳尖要外開還正。

〔實手〕手背向上外弧輕扶回捋至右胯上方，前臂要平，手位不可下垂。

〔虛手〕左手心向上，中指輕扶右實手脈門。

〔視線〕視線從平遠收回追視右實手食指。

〔意念〕空腕。

〔操作〕右實手向西北 22.5°舒展，鬆小指、鬆肩、垂肘，掌心向下看似右手回捋，此時腳下弓步變轉為坐步，弓步變轉坐步是腳的陰陽虛實變化，手的動作很少。（圖 26、圖 27、圖 28）

〔內功修練〕在虛實腿坐、弓步及弓、坐步的陰陽虛實變轉中，收吸左右腹股溝起著決定作用，這是內功上身的關要。注意陰陽從腳下始，要刻意進行「太極腳」的修練。

圖 26

圖 27

圖 28

圖 29

6. 右掌前掤（陽動，陽頂）

〔步型〕弓步、坐步。

〔方位〕左右腳弓、坐步變換重心。

〔方向〕面西、偏西北，面北。

〔實腳〕左實腳坐步變換成右實腳弓步，再變換成左實腳坐步。八方線中心點在實腳下。

〔虛腳〕虛右腳變弓步成虛左腳，左坐步再變換成虛右腳，腳尖上揚。

〔實手〕實手仰掌，掌心向上，外弧輕扶。

〔虛手〕左手中指輕扶右腕脈門隨實手動。

〔視線〕視線在前實手。

〔意念〕空實手。

〔操作〕陽動手引腳，視線在前手，但右實手指梢與眼平。實手隨坐—弓—坐步的變換，手從正西前掤運行至

圖 30

圖 31

西北隅位，再後掤，運行至北面。（圖 29、圖 30、圖 31）

〔**內功修練**〕收吸腹股溝，鬆腳，鬆踝坐、弓步。請注意讀秒練拳。

7. 右掌前舒（陰動，陰頂）

〔**步型**〕右腳內扣。

〔**方向**〕面北變換成面向西南。

〔**方位**〕身位向西，運行至向西南。虛實腳變換，但實腳下是八方線中心點。

〔**實腳**〕左實腿坐步。

〔**虛腳**〕右腳虛，隨式變換向南，扣前腳掌，形成八字步。

〔**實手**〕右實手掌心向上，掌指向北，漸漸變換為立掌，掌心向南。

〔虛手〕左虛手中指輕扶右實手脈門。

〔視線〕注視實手食指梢。

〔意念〕空實手食指。

〔操作〕第6動右實手掌心向上後掤至指尖向北止，高與眼平，視線注視右拇指。注意鬆肩、垂肘，前臂、肘上下垂直，不可歪斜，漸變立掌，鬆左胯向南運行，右肘與右腳揚起的腳尖上下遙對，扣右腳前掌成八字步型，右手隨。面漸向西南隅位。身形變轉，不可以腰帶，空腰以左胯變轉方位。（圖32）

〔內功修練〕從腳上至手逐一放鬆九大關節。

8. 右掌右展（陽動，陽頂）

〔步型〕八字步。

〔方向〕西南隅位。

〔方位〕西南。

〔實腳〕八字步，左腳實漸漸變為右腳實。

〔虛腳〕左腳虛。

〔實手〕右立掌，掌心向南，上弧輕扶。

〔虛手〕左手虛，中指梢輕扶右實手腕脈門。

〔視線〕順右手食指梢遠望。

〔意念〕鬆胯。

〔操作〕腳下左腳支援重心漸變為右腳支持重心，左腳腳後跟虛起，前腳掌虛靠在右腳內側。腳下左右腳重心變換，身形從東向西轉約30°，右實掌不動。這個動作的過程以收吸左右腹股溝完成，身形不動，不要有動意。（圖33）

圖 32

圖 33

〔內功修練〕實腿實足，虛腿虛淨，空腰，按照自己
對拳藝的理解去鬆腳、踝、膝、胯、腰、肩、肘、腕、手
等九大關節，注意肩以下、胯以上軀幹要空，每動要收小
腹、空胸。

（三）斜單鞭

1.右掌變鈎（陰動，陰頂）

〔步型〕坐步。

〔方向〕面向西。

〔方位〕身形正西南。

〔實腳〕右實腳坐步。腳下為八方線中心點。

〔虛腳〕左虛腳虛靠右腳內側。

〔實手〕右實手空掌，鬆腕，自然鬆攏五指，食指引
領向外上弧圓鬆變虛鈎，腕與眼平，拇指與食指、中指虛

貼，無名指、小指鬆垂，指尖向下。

〔**虛手**〕左虛手掌心向上，食指、中指、無名指、小指等四個指背虛貼右實手手腕部位。

圖 34

〔**視線**〕注視右腕隆起部位。

〔**意念**〕空右腕。（圖34）

〔**內功修練**〕右實手變鉤時，定要虛左腳，鬆腕，五指自然鬆攏為虛鉤。原立掌食指梢與眼平，鬆攏變鉤的過程五指應上弧前圓鬆攏成鉤狀，腕應與眼平。

2. 左掌弧捋（陽動，陽頂）

〔**步型**〕馬步。

〔**方向**〕面向正東。

〔**方位**〕身形東南。

〔**實腳**〕左右腳雙重，左右腳中間尾閭垂點為八方線中心點。

〔**實手**〕左實手從掌心向上運動，漸漸變掌心向西，再變為掌心向東。手指向外側 45°，為斜掌狀。

〔**虛手**〕右虛手虛鉤不動，要低於左實掌。

〔**視線**〕從左拇指內側小關節遠望。

〔**意念**〕空左手。

圖 35　　　　　　　　　　圖 36

〔操作〕右坐步腿不動，原地鬆；左腳沿西南至東北隅線後伸，鬆右腳，收吸右腹股溝，落左腳，身形漸變東南隅位。左腳拇趾、二趾、中趾、四趾、小趾逐一落地成馬步。

左實手弧形線運動到鼻前方，掌心變轉為向東位；面正東。（圖 35、圖 36）

〔內功修練〕斜單鞭動作大，左實手運行 90°，注意手隨步換，上身不可主動，隨腳下陰陽變化而動。

（四）提手上勢

1.右抱七星（陰動，陰頂）

〔步型〕左坐步。

〔方向〕面南。

〔方位〕正南。

〔**實腳**〕左腳實，腳下為八方線中心點。

〔**虛腳**〕右腳虛，腳後跟虛著地，腳尖上揚。

〔**實手**〕右手實，掌外上弧坡形，掌心向上，拇指對鼻尖。

〔**虛手**〕隨身形正東變正南，左虛手外上弧運行270°，食指、拇指虛靠右肘。注意身形方位正東漸變轉為正南，隨左右腿虛實變化運行，左實手漸變為虛手不動。

〔**視線**〕注視右手拇指梢上一寸。

〔**意念**〕空右實掌。

〔**操作**〕此勢接「斜單鞭」（陽），右手虛鉤變仰掌，向南引視線，同時，向南正位扣左腳，腳尖指向正南，左坐步形成右手抱七星。（圖37）

〔**內功修練**〕鬆左右腳，雙重變換為左腳重心坐步，收吸左腹股溝。

2. 左掌打擠（陽動，陽頂）

〔**步型**〕右弓步。

〔**方向**〕面南。

〔**方位**〕正南，右實腳為八方線中心點。

〔**實腳**〕右膝、鼻尖與腳尖上下三尖相對，後面長強穴「坐」在右腳的腳後跟部位。

〔**虛腳**〕左腿虛直，後腳腳掌可以稍向內扣，避免強直出力。

〔**實手**〕左虛手變化為實手，上弧漸立掌，掌心向外，外弧運行至右腕脈門。

〔**虛手**〕右實手掌心向上變化為虛手掌心向內。

圖 37　　　　　　　　　　圖 38

〔視線〕從左手食指上遠望。

〔意念〕空右掌。（圖38）

〔內功修練〕右實手掌心向上，逐漸變化為虛手，掌心向內，漸變要慢，右腳位逐漸虛變即時，左虛手循右前臂上弧到右腕脈門位，虛手漸變為實手。

3.右掌變鉤（陰動，陰頂）

〔步型〕右弓步變轉為平行步。

〔方向〕面南。

〔方位〕南偏西南。

〔實腳〕右腳實，腳下為八方線中心點。

〔虛腳〕左虛腳上步，向右轉右胯與右腳成肩寬平行步。上步時，左食指遙對右小趾。

〔實手〕右掌變化為右鉤手。掌變虛鉤以小指、無名指、中指、食指、拇指逐一鬆攏。

圖 39 圖 40

〔虛手〕左虛手。

〔視線〕仰視右手拇指橫下方。

〔意念〕空右鉤手。（圖39、圖40）

〔內功修練〕右手勾向西南側約 12° 並向上運行到極限，左虛手向下運行，掌心向下，注意鬆肩、垂肘。

4. 右鉤變掌（陽動，陽頂）

〔步型〕平行步。

〔方向〕面南，上仰。

〔方位〕南位。

〔實手〕右實手鉤，外弧。

〔虛手〕左虛手鬆落於小腹上方，掌心向下。

〔實腳〕右腳單重，右腳下為八方線中心點。

〔虛腳〕左腳虛。

〔意念〕空右手虛鉤。

〔操作〕此動動作很小，右鈎手展開成掌，鈎變掌時以拇指、食指、中指、無名指、小指次序逐一展開。右掌立掌從南側 12°向東鬆腕，掌心向南，身形還原至對正南方。（圖41）

〔內功修練〕鬆右實腳，往上節節鬆九大關節到手，手空腕鬆。

圖41

（五）白鶴亮翅

1. 俯身舒掌（陰動，陰頂）

〔步型〕平行步。

〔方向〕面南。

〔方位〕南位。

〔實腳〕平行步，右腳單重，腳下為八方線中心點。

〔虛腳〕左腳虛不負重，可以理解為擺設。

〔實手〕右實手掌心向南變為向下，漸收至額頭前。

〔虛手〕左虛手虛垂在右踝前，掌心向內。

〔視線〕順右拇指橫指下方遠視，隨俯身，視線注視左食指梢。

〔意念〕空左手。

〔操作〕俯身時，注意空腰、鬆腳，各大關節逐節放鬆，胯肩平，勿隆背，此勢鬆腰、收吸腹股溝為關要。注

圖 42

南正線

東南

西南

南北正線

東西正線 東西正線

西正線

左腳

東北

西北

北正線

圖 43

意臀部不要往後坐。（圖42）

〔內功修練〕腳下重心十分關要，習練者左右腳下各有一個八方線圖（圖43），重心腳是八方線中心點（中心點位置為左右耳垂直下方），腳前後為南北向稱為南北正線，東西向稱東西正線。修練者左腳有左腳正線，右腳有右腳正線。從第六式起，左腳重心，文字上寫明左腳正線，右腳正線為右腳重心。練拳過程中注意腳的內功修練。

2. 左轉翻掌（陽動，陽頂）

〔步型〕平行步。

〔方向〕頂朝南、面向下，轉向頂朝東、面向下。

〔方位〕身形南位轉向東位，平行步不變。

〔實腳〕右實腳變轉為右虛腳。

〔虛腳〕左虛腳變轉為左實腳。腳下為八方線中心點。

〔**實手**〕左掌實，外弧
輕扶。

〔**虛手**〕右虛手在額前
掌心向下，虛隨。

〔**視線**〕注視左實手食
指梢下方。

〔**意念**〕空左掌。（圖
44）

〔**內功修練**〕鬆右實
腳，左腳變轉為實腳，隨左
右腳陰陽虛實變化，鬆左

圖 44

胯，左右肩朝南變轉為朝東。左掌掌心向內漸翻轉為掌心
向外、向東，視線留在東外側，左手鬆肩垂肘鬆虛靠在左
腿外側。身形仍保持俯身狀，注意臀部不要後坐。

3. 左掌上掤（陰動，陰頂）

〔**步型**〕平行步。

〔**方向**〕頭頂朝東，面東南。

〔**方位**〕正南位。

〔**實腳**〕左實腳，腳下為八方線中心點。

〔**虛腳**〕右腳虛。

〔**實手**〕左手實。掌心上弧輕扶向東漸向東南，再向
正南。

〔**虛手**〕右手虛，掌心向下，變換為掌心向南。

〔**視線**〕注視左手食指梢前一寸。

〔**意念**〕空左實手。

圖 45　　　　　　　　圖 46

〔操作〕鬆實腳，左掌向上弧形往前運行，向東南隅位舒展，空腰，腳以上大關節逐節鬆起，仰首，視線上望，左手追視線，左實手、右虛手指尖向上。（圖 45、圖 46）

〔內功修練〕從第六式「摟膝拗步」始，每一動一次陰陽開合，就是鬆腰——以練者的理解鬆一次腰，以加強內功修練開合準確，每個勢都很輕鬆，每一次都很虛靈。

4. 兩肘下垂（陽動，陽頂）

〔步型〕平行步。

〔方向〕西南。

〔方位〕南位。

〔實腳〕左實腳為八方線中心點。

〔虛腳〕右腳虛。

〔實手〕左手實，掌心向外。

〔**虛手**〕右手虛，掌心
向外。

〔**視線**〕從兩掌之間遠
視。

〔**意念**〕空左手。

〔**操作**〕鬆左實腳，從
下往上逐一放鬆踝、膝、
胯、腰、肩、肘、腕、手等
關節，左右手鬆落，不要有
動意，自然鬆肩、垂肘而
落。然後左右掌外弧鬆腕向

圖 47

內變轉成掌心向內，屈膝成坐步，左腳重心。（圖47）

〔**內功修練**〕兩肘下垂，鬆肩垂肘，關要是垂肘。
坐，關要是收吸左右腹股溝。

此勢為內功修練的「三動三不動」，兩手下落鬆肩垂
肘，手動腳不動，手與肩平時，鬆腳屈膝坐步，腳動手不
動。

至此已完成五式22動，11動陰動，11動陽動。注意
陰動腳引手，陽動手引腳，似燈和電門的關係，手是電
門，腳是燈；陰動，手引腳，手是電門……

（六）摟膝拗步

從此式起始注意頂的修練，修練者頭上有陰頂、陽
頂，陰頂在「百會穴」，陽頂在「囟會穴」（俗稱囟腦
門）。不要有意念，頂上虛靈，有神即可，稱虛靈神頂。
陰動想百會，陽動想囟門，一想即逝，或根本不去想陽

頂，技擊大用，平時不想是人類自然活動，但需明白。

1. 左掌圓展（陰動，陰頂）

〔**步型**〕平行步變化為右坐步。

〔**方向**〕面南轉面東下位。

〔**方位**〕南轉東位。

〔**實腳**〕左腳實變轉為右腳實，右腳尖向南，腳下為八方線中心點。

〔**虛腳**〕鬆右腳鬆轉右胯，左胯虛，向左開腳，左腳腳後跟虛著地。

〔**實手**〕左實手以小指引向東位外弧舒展，掌心向下，停在左胯側。

〔**虛手**〕鬆肩、垂肘，右虛手鬆攏虛鉤上弧運行，虎口停於右耳外側，手背向上。

〔**視線**〕注視左手食指梢。

〔**意念**〕空腰。（圖48）

〔**內功修練**〕身形在南位，鬆左腳到頂，變轉為右腳重心，右胯向東鬆轉。向東轉動時注意切勿動腰，空腰內功修練，有腰將前功盡棄。

每動注明左或右實腳八方線中心點，因為左腳南北正線和右腳南北正線不在一個方位上，故每動根據左右

圖48

腳重心，強調實腳的八方線中心點。

陰動腳引手：鬆腳、手動，似電門和燈泡的關係。

2.右掌前展（陽動，陽頂）

〔步型〕右腿坐步變轉成左腿弓步。

〔方向〕面東。

〔方位〕東位。

〔實腳〕左腳為八方線中心點。弓步要求站住東西正線，收吸左腹股溝。勿有往前去的意思，以坐步心態為佳。

〔虛腳〕右腳虛淨，淨到肉隙骨縫不留力。

〔實手〕右實手虛鉤，手背由向上轉向外，掌心向內，此時食指放鬆向上旋一個小弧，鉤展為掌，從小指、無名指、中指、食指、拇指逐漸展開，以無名指引領為掌，掌心向外。

〔虛手〕左掌虛，掌心向下虛隨。

〔視線〕順拇指中節內側遠視。關於視線，循拳理規定，陽動視線在前，實手追視線，陰動視線回來追實手手梢。

〔意念〕空右拳。（圖49）

圖49

〔內功修練〕右實腿坐步變轉為左實腿弓步，實腿減力、虛腿逐漸加力，虛腿被動，不可主動加力。變動

時鬆右實腿，從腳往上鬆，九大關節逐節上鬆，右坐步（陰）變轉為左弓步（陽），右實手從鉤變掌不動——腳動手不動。左實腿完成弓步後，右掌已運動在左正線，手往前運動時，掌向外開，成為右偏立掌，視線從拇指內側小關節線平遠視。

陽動手引腳：手是電門腳是燈泡。

3.右掌展按（陰動，陰頂）

〔步型〕左弓步。

〔方向〕面東。

〔方位〕東位。

〔實腳〕左實腿弓步，左腳站在左正線上；腳下為八方線中心點。收吸左腹股溝。

〔虛腳〕虛腳虛淨。

〔實手〕右實手掌心向下，前外弧輕扶右掌向前舒展，食指梢在左實腳正線，拇指與食指虎口開大約 15 公分，這個距離不是靠往前延伸上肢完成，而是由收吸腹股溝向前俯來完成。

〔虛手〕左虛手掌心向下摟膝虛隨。

〔視線〕注視右手食指梢。

〔意念〕空腰。（圖50）

圖50

〔內功修練〕關要為鬆左腳，收吸左腹股溝，不要向前延伸右肢。手與身形距離不變，上肢手形的變化，垂肘，肘尖垂下，永遠不變。在身形方位變轉時，注意腰不可主動加力，空腰隨，提示意念「空腰」。

4. 左掌前展（陽動，陽頂）

〔步型〕右弓步。

〔方向〕面東。

〔方位〕東位。

〔實腳〕鬆腳，節節貫串到頂，身正，收吸左腹股溝。由左腳重心，坐步形，逐漸轉虛腿虛直。

〔虛腳〕虛右腳腳掌不著地，屈膝鬆靠在左腳側過渡，然後向右側隅位出腳，漸變轉為實腿弓步，腳下為八方線中心點。

〔實手〕左手實，鉤漸變掌，外弧運行，由拇指始逐一鬆展五指，食指尖有一次外旋，無名指引領，側立掌掌心向東，掌指向上。

〔虛手〕右掌虛，掌心向下，指尖向前鬆落在右膝側。

〔視線〕從左手拇指食指梢上遠視。

〔意念〕空腰。（圖51）

〔內功修練〕這一動是

圖51

從左實腿弓步、左腳正變轉為右實腿弓步，站住右正線，左右腿陰陽變轉兩次虛實，以鬆左右腳、收吸左右腹股溝來完成。兩次變換陰陽，均為腳動手不動，手動作微小。在左掌前展運動中，右弓步腳站住八方線右正線後，右手在到位運動中，掌心由向下變轉為向左再轉為掌心向前，走一個弧形線。

5. 左掌展按（陰動，陰頂）

〔步型〕右弓步。

〔方向〕面東。

〔方位〕東位。

〔實腳〕右腳重心，右正線，腳下為八方線中心點。

〔虛腳〕左腿虛直，如感覺不適可內扣左腳掌。有功夫後虛腿鬆直，可不再扣後腳掌。虛腳不正，實腳鬆。

〔實手〕左實掌下弧運行至掌心向下。再提示：所有上肢伸展動作，肘應自然下垂，肘尖自然下落，不可翻肘。

〔虛手〕右掌虛，掌心向下，鬆攏小指引領成虛鉤，鬆提止於右耳外側，虎口對耳輪，手背向上。

〔視線〕注視左掌食指梢。

〔意念〕空腰。（圖52）

〔內功修練〕此勢內功修練與第3勢「右掌展按」同，而左右上下掌腿不同。關要收吸腹股溝，空腰必溜臀。

修練太極拳一次有一次體驗，一次有一次收益。一個動作循拳理規律，規範準確，要千百次反覆練，練中悟，悟中練，自有新的體驗。

圖 52　　　　　　　　　圖 53

6. 右掌前展（陽動，陽頂）

〔步型〕右弓步變左弓步。

〔方向〕面東。

〔方位〕東位。

〔實腳〕右腿弓步變轉為左腿弓步，左腳正線，腳下
為八方線中心點。

〔虛腳〕左虛腿變轉為右實腿。

〔實手〕左實手變虛手，掌心向下，鬆落於左胯側。

〔虛手〕右虛手變轉為右實手前展，手心向前。

〔視線〕從右手拇指梢遠視。

〔意念〕空腰。（圖 53）

〔內功修練〕此動與第 4 動「左掌前展」動作同，只
是左右變換。左實腿弓步，有兩次左右腳陰陽變化。關要
為左右腿弓步，均應站住東西正線，弓步一定要腳、膝、

鼻尖三尖相對，「長強」遙坐在實腳後跟上，勿有向前之意，以坐弓為佳。

7. 右掌回捋（陰動，陰頂）

〔步型〕右坐步。

〔方向〕面東。

〔方位〕東位。

〔實腳〕鬆左實腿，漸減重心，變轉為右坐步之左虛腿，腳尖上揚。

〔虛腳〕右虛腿漸變為實，右腿坐步。腳下為八方線中心點。

〔實手〕右實手掌心向東漸虛鬆，鬆肩垂肘，下弧運行，實手變轉為虛，掌心向東變轉為向北，空掌鬆垂。

〔虛手〕鬆垂在左胯側，掌心向下。

〔視線〕注視右掌食指上方。

〔意念〕空腰。（圖54）

〔內功修練〕左腳由左實腿弓步，鬆腳減力漸變轉為虛腳，腳尖上揚，右腿實坐步。注意，坐步變弓步，不要有向前去的動意，弓步變坐步，同樣不要有向後退的動意。修練者宜養成無動意，無意念，無雜念，無進、無退的無障礙練拳的習慣。

圖54

陰動陰頂，陽動陽頂，在內功修練中要在練中悟、悟中練，每動定分陰陽，均應有頂。

8. 左掌前掤（陽動，陽頂）

〔**步型**〕右坐步。

〔**方向**〕面東。

〔**方位**〕東位。

〔**實腳**〕右實腳坐步，站住右正線，腳下為八方線中心點。

〔**虛腳**〕左腳虛，腳後跟虛著地，腳尖上揚。

〔**實手**〕左實手，從左側掌心變轉向外（北）、向上、向前走上弧線，輕扶至鼻前方右正線，左抱七星，拇指遙對鼻尖。

〔**虛手**〕右手虛，拇指、食指虛貼於左肘彎部位。

〔**視線**〕從左實手拇指梢上遠望。

〔**意念**〕空左手。（圖55）

〔**內功修練**〕上肢左右手屈伸，應注意小指鬆，凡回抒動勢更應注意鬆小指，以利於放鬆周身九大關節及腳趾 26 個小關節，手指 28 個小關節。實手食指輕扶。

圖 55

（七）手揮琵琶

1. 左掌前合（陰動，陰頂）

〔步型〕右腿坐步變轉成左腿弓步。

〔方向〕面東變轉偏東北。

〔方位〕身形東位。

〔實腳〕鬆右腿，逐漸變轉為左弓步，腳下為八方線中心點。

〔虛腳〕鬆右腳，收吸腹股溝，虛腳逐漸落地，右實腿減力，重心逐漸移至左腿，變轉為左弓步。

〔實手〕左實手向右東南隅位走外弧，輕扶，經右腳正線運行至左弓步實腳正線，仍漸向東北隅位運行。

〔虛手〕右虛手掌心向上，中指輕扶左實手脈門虛隨。

〔視線〕注視左掌食指梢。

〔意念〕空左手。（圖56、圖57、圖58）

〔內功修練〕左手食指輕扶拳套路路線，注意陰頂。

圖56

圖 57　　　　　　　　　圖 58

2. 左掌上掤（陽動，陽頂）

〔步型〕左腿弓步變轉成兩腳併步（自然步）。

〔方向〕面東北。

〔方位〕身形東位。

〔實腳〕左腳實，腳下為八方線中心點。

〔虛腳〕右腳上自然步虛落於左腳側，鬆腳漸立身。

〔實手〕左實手漸向東北隅位約 45°運行到位。外弧輕扶。注意上臂與肩平。

〔虛手〕虛隨左實手，漸鬆肩垂肘，右虛手掌心向內鬆落在右肋下，似彈琵琶，手動腳不動。

〔視線〕順左手食指梢遠望。

〔意念〕空左手。（圖 59）

〔內功修練〕左實手運行至東北隅位 45°，立左掌，右虛腳上步虛停在左實腳側。鬆左腳，漸立身，腳動手不

圖 59　　　　　　　　　　　圖 60

動。注意，左實手向東北隅舒伸，掌心向上。此動與「斜
飛勢」「野馬分鬃」式的上肢相似，均為上臂與肩平，前
臂斜上。

　　注意隅線上步。

（八）上步搬攔捶

1. 左掌下合（陰動，陰頂）

　　〔步型〕自然步。

　　〔方向〕面東北隅。

　　〔方位〕正東位。

　　〔實腳〕自然步，右腳虛，左手運行至右正線上，右
腳變轉為實腳，坐步。腳下為八方線中心點。

　　〔虛腳〕左腳實，漸變虛。

　　〔實手〕左實手東北隅上弧運行，掌心向上逐漸變轉

圖 60 附圖　　　　　　　　圖 61

為掌心向下，小指引動實掌向左正線上、右正線上運行，此時左虛腿變為實腿。

〔**虛手**〕右虛手翻轉，掌心向上，與下落的左實手虛合，一拳距。

〔**視線**〕注視左食指梢。

〔**意念**〕空腰。（圖 60、圖 60 附圖、圖 61）

〔**內功修練**〕動作被動，意在退去身上本力。手動腳不動，從體形講，左右腿左實右虛不動；從內功解，右實腿從腳下往上逐節上鬆。

2. 左掌前掤（搬）（陽動，陽頂）

〔**步型**〕右坐步，左腿弓步。

〔**方向**〕面東南轉向東北。

〔**方位**〕東位。

〔**實腳**〕右坐步逐漸變轉為左弓步。腳下為八方線中

心點。

〔虛腳〕左虛腿腳尖漸落平變左腿弓步，右腿實漸變為虛。

〔實手〕左掌掌心向下，下落與右手虛合後，左掌掌心向下向東北隅舒展；同時，左虛腿變轉為左弓步。左掌從右正線弧形舒落至左正線，再向東北隅位停。

圖 62

〔虛手〕右掌心向上，中指輕扶左腕脈門虛隨。

〔視線〕左掌食指與眼平，視線順左食指遠視。

〔意念〕凡動勢意在空腰。（圖62）

〔內功修練〕此動為陽，與「手揮琵琶」第1動「左掌前合」路線相同，但後者為陰動。陰陽動的變轉不以形分，以腳下的陰陽變轉。注意陽頂的運動。兩掌上下相合運行到隅位上步。

3. 左掌回捋（攔）（陰動，陰頂）

〔步型〕左弓步變右坐步。

〔方向〕面東北，面東。

〔方位〕東正位。

〔實腳〕左弓步漸變轉成右坐步，右腳下為八方線中心點。

〔虛腳〕左實腳變轉為左虛腳。

〔實手〕隨左弓步變轉
為右坐步，左掌掌心向下，
上弧線回捋，左肘垂至左肋
處，向右正線立掌，掌心向
右。鬆肩，垂肘。

〔虛手〕右虛手虛隨至
左肋部位，垂肘掌變虛捶，
捶平面向東。注意，上臂垂
立，前臂平。

〔視線〕注視左掌食指
梢（平視）。

圖 63

〔意念〕鬆小指。（圖 63）

〔內功修練〕此動動作多變，左右腿虛實變轉，俯掌
變轉為立掌，左虛掌變化為捶，成攔勢，但不可有攔擊的
動意。內功修練把握百會陰頂，周身放鬆，手腳空結合。

4.右捶前出（陽動，陽頂）

〔步型〕右坐步轉變成左弓步。

〔方向〕面東。

〔方位〕東位。

〔虛腳〕鬆右坐步至頂，收吸右腹股溝，逐漸減力，
實減為虛。

〔實腳〕鬆落左腿，腳掌虛鬆著地，逐漸變轉為實弓
步。腳下為八方線中心點。

〔虛手〕虛左掌，鬆肩、垂肘，外弧運行，立掌落於
胸前。

圖 64　　　　　　　　　　圖 64 附圖

〔**實手**〕右捶鬆肩垂肘下弧運行，再從左掌掌心處向前上弧運行，遙與胸部相對，或捶向前與臉遙對，立拳。

〔**視線**〕從右捶食指中節遠視。

〔**意念**〕空腰，按修練者對腰的理解空腰，不掛力。（圖 64、圖 64 附圖）

〔**內功修練**〕捶從右正線上弧到左正線，千萬不要往前走捶，而是以右坐步變轉為左弓步，形似動，而捶不動。拳訣「太極不用手，手到不要走」，「大動不如小動，小動不如不動」「不動、不主動，不妄動」是上乘大道。

（九）如封似閉

1.回拳立掌（陰動，陰頂）

〔**步型**〕右坐步。

〔**方向**〕面東。

圖 65

圖 65 附圖

〔**方位**〕東位。

〔**虛腳**〕左實腿弓步變轉為右腿實坐步。變轉時先減左實腿之力，漸變虛腿，腳後跟虛著地，腳尖上揚。

〔**實腳**〕右虛腿變轉成右實腿坐步。注意虛腿變轉為實腿，虛腿不協助加力，由實腿減力漸虛，虛腿漸變轉為實。腳下為八方線中心點。

〔**實手**〕右捶上弧運行，鬆腳回拳，拳面向上。

〔**虛手**〕左掌漸變成掌心向上，鬆肩、垂肘，運行至右上臂下見四個手指。右捶漸鬆展拇指、食指、中指、無名指、小指，變為立掌，鬆肩，垂肘，左立掌，掌心向內，手動腳不動。（圖 65、圖 65 附圖）

〔**內功修練**〕左右手屈伸變化大，時時注意鬆腰，右腿坐步，站住右正線，身形不可歪斜，同時把握胯以上、肩以下軀體的鬆空。

2.兩掌前展（掤）（陽動，陽頂）

〔步型〕左弓步。

〔方向〕面東。

〔方位〕正東位。

〔實腳〕左實腿弓步，腳下為八方線中心點。

〔虛腳〕右虛腿直伸虛位，空腿為佳。

〔實手〕左實腿弓步，左掌為實，鬆肩、垂肘，下弧向前運行，立掌，右掌心向左變右掌心向前上弧線前掤。

〔虛手〕左掌立掌，掌心向右與右掌心相對，鬆肩、垂肘，掌心漸變轉為向前，東位外上弧舒展，空掌上掤。

〔視線〕從左右兩掌中間遠視。

〔意念〕空腰。（圖66）

〔內功修練〕左右手前展上掤，左右臂和左右掌均不得有向前上掤之意念，而是由坐步變轉為左弓步的過程中，從右正線運行至左正線，左右手形於向前，其實並沒有向前的動作，請習練者細細品味。

(十) 抱虎歸山

1.兩掌前展（陰動，陰頂）

〔步型〕左弓步。

〔方向〕面東，面向下。

〔方位〕正東位。

〔實腳〕左腳實弓步，腳下為八方線中心點。

〔虛腳〕右腳虛伸向後隅位（西南）。

圖 66 圖 67

〔**實手**〕右手掌實，掌心向前漸變為掌心向下。

〔**虛手**〕左手立掌虛，掌心向前漸變為掌心向下。

〔**視線**〕注視左右兩掌中間。

〔**意念**〕空腰。（圖67）

〔**內功修練**〕鬆左腳，逐節上鬆至手梢，鬆腕空腰，左右掌前展，關要是收吸左腹股溝，背平不可隆起，中正安舒不丟頂。

2. 兩掌展開（陽動，陽頂）

〔**步型**〕左弓步變右弓步。

〔**方向**〕面東、面南、面西南隅位。

〔**方位**〕正東位，正南位。

〔**實腳**〕左實腿弓步變轉為右實腿弓步。

〔**虛腳**〕左腿虛，不可強直。

〔**實手**〕右實手掌心向下，隨左右腿重心的變化，外

圖 68　　　　　　　　　圖 69

弧輕扶從正東左腳正線，依次向東南、南、西南、西運行，停於西位，完成 180°運行。

〔**虛手**〕左手掌心向下、指梢向東不動。

〔**視線**〕順右掌食指梢遠望。

〔**意念**〕空右腕。（圖68、圖69）

〔**內功修練**〕「兩掌展開」不是刻意去展開兩掌，而是鬆左腿，鬆右腳，收吸右腹股溝，「其根在腳，形於手指」，鬆腳，反映於展開的雙掌上。不能有兩掌伸開之動意，如有動意，腰、肩、肘、腕、手均形成僵緊之狀態。

3. 兩掌上掤（陰動，陰頂）

〔**步型**〕右弓步。

〔**方向**〕面西南，面南。

〔**方位**〕南位。

〔**實腳**〕右弓步變轉為自然步，右腳下為八方線中心

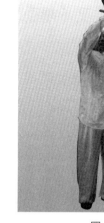

圖 70　　　　　　　　　　圖 71

點。

〔**虛腳**〕右腿弓步，右手運行至隅線（西南），左虛
腿上步成自然步。

〔**實手**〕右掌實手。左右兩掌上弧舒展變轉為上掤左
右掌交叉，左手在外，掌背相對，指尖向上。

〔**虛手**〕左掌虛。

〔**視線**〕注視右手食指梢，隨左右手交叉，注視左右
兩腕交叉上方。

〔**意念**〕空腰。（圖 70、圖 71）

〔**內功修練**〕左右掌相合，鬆腕，空手。注意，右掌
外上弧運行到西南隅位 45°，左腳自然前上立身不可主動
上步。運行中，手腳齊動，手動腳不動。

陰頂虛靈百會部位。

4. 兩腕交叉（陽動，陽頂）

〔步型〕平行步。

〔方向〕面南微仰。

〔方位〕正南位。

〔實腳〕右腿實坐步。腳下為八方線中心點。

〔虛腳〕左腿虛，虛坐步，腳虛著地不掛力。

〔實手〕右手實。鬆肩、垂肘，下弧輕扶，止於胸前。

〔虛手〕虛左掌，隨右掌鬆肩、垂肘落於胸前。

〔視線〕順左右掌交叉處遠視，隨掌落，平遠視。

〔意念〕空右掌。（圖72）

〔內功修練〕鬆實腳，節節貫串自下而上鬆至手梢，鬆肩、垂肘，左右肘鬆垂至左右肋部位，臉部在兩掌掌背中，屈膝成左右腿坐步。以鬆腰、鬆腕、鬆肩、垂肘完成此動。

左右掌下垂肘，指梢留下，兩腿屈膝，陽頂（即囟會，民間稱囟腦門）留下。

（十一）左右隅步摟膝

1. 左掌斜摟（陰動，陰頂）

〔步型〕左右隅步。

〔方向〕面南變面東南。

〔方位〕南變東南。

〔實腳〕右腳實坐步。腳下為八方線中心點。

圖 72

圖 73

〔**虛腳**〕右坐步，左虛腳向東南隅位舒伸，腳跟虛著地，腳尖上揚。

〔**實手**〕左右手從交叉狀態，右手實變虛鉤運行至與右耳平，手背向上，虎口虛對右耳輪，約一拳寬。

〔**虛手**〕左虛手變實，鬆小指，外弧從南向東南、東正線運行，手心向下，手指向前。

〔**視線**〕注視左實掌食指梢。

〔**意念**〕空腰。（圖73）

〔**內功修練**〕右實手虛鉤，虎口對右耳輪，手背朝上。手腳齊動，動分虛實。凡方向、方位變化，空腰，減法，腰不可加力。練拳的過程是退去本力的過程，內功上身。

2.右掌前展（陽動，陽頂）

〔**步型**〕左弓步。

〔**方向**〕面東南。

〔方位〕東南隅位。

〔實腳〕右實腳坐步漸變轉為左實腳弓步。左腳下為八方線中心點。

〔虛腳〕右實腳變轉為虛腳直伸向隅線，不可強直。

圖74

〔實手〕右虛鉤漸變為手背向外，鉤變橫立掌，指尖向前。隨右腿坐步變左腳弓步，右掌不動運行到鼻前、左弓步上方，隨即鬆右腕斜立掌，掌心向外。

〔虛手〕左掌虛隨，掌心向下，指尖向前，虛停在左膝左側。

〔視線〕從右拇指關節內側遠望。

〔意念〕空腰（注意空腰，無意念空腰）。（圖74）

〔內功修練〕虛實腿變轉，重心先減後加，公式：減實——加虛——虛變實，千萬不可在重心虛實變轉時橫移左右胯。凡在虛實變轉時均應循規範先減後加。內功修練聽起來玄，也不易操作，但減法內功修練起來有法可依。

3.右轉回捋（陰動，陰頂）

〔步型〕左隅坐步。

〔方向〕面東南轉為面西北。

〔方位〕東南隅位漸變轉為西北隅位。

〔實腳〕鬆左腳，重心在左腳後跟，隨右掌向西北隅

圖 75　　　　　　　　　　　圖 75 附圖

位運動，左腳向正西扣腳前掌，腳尖向西，腳下為八方線中心點。

〔虛腳〕右虛腳外開，腳尖上揚。

〔實手〕右掌實。以小指引動，鬆右腕，右掌外下弧向西北隅舒展。

〔虛手〕左掌漸變鈎提與耳平，虎口對耳輪。

〔視線〕注視右掌食指梢。

〔意念〕空腰。（圖 75、圖 75 附圖）

〔內功修練〕此動動作大，從東南隅位鬆左胯至西北隅線，右實掌食指輕扶拳套路路線。注意方向方位，空腰。轉身上步均在隅線完成。

4. 左掌前展（陽動，陽頂）

〔步型〕右弓步。

〔方向〕面西北。

圖 76

圖 76 附圖

〔方位〕西北隅位。

〔實腳〕左坐步變轉成右弓步。腳下為八方線中心點。

〔虛腳〕左腿虛，勿強直，勿屈膝。

〔實手〕左實手橫立掌，掌心向裏，身軀隨左腿坐步變轉為右腿弓，向前移動，左掌指尖向前，隨腿運行在弓步上。

〔虛手〕右虛掌掌心向下，指尖向前虛落於右膝右側。

〔視線〕順左拇指關節內側平遠視。

〔意念〕空腰，空腰不想腰。（圖 76、圖 76 附圖）

〔內功修練〕鬆腳，從下往上節節貫串鬆到手梢。

（十二）隅步攬雀尾

1. 左掌翻轉（陰動，陰頂）

〔步型〕右弓步。

〔方向〕面西北。

〔方位〕西北隅位。

〔實腳〕右腿實。腳下為八方線中心點。

〔虛腳〕左虛腳後隅位虛伸，腳平鬆虛著地。如腿僵緊，左腳外開些，以虛靈為好。

〔實手〕左實手掌心向前漸變轉為掌心向上。在翻掌時，鬆腕以食指為中心，

圖77

逐漸放鬆舒展中指、無名指、小指、拇指。變動時，以鬆左腳為本。

〔虛手〕右虛手仍虛靠在右弓步膝外側。

〔視線〕注視左掌食指梢。

〔意念〕空左手。（圖77）

〔內功修練〕每動均提示習練者陰頂、陽頂，不是紙上空談，而是修練時一定要注意頂上變化，不要有意念，虛靈神頂。注意虛靈不是「虛領」。陽頂自然不去想。

2.右掌前展（陽動，陽頂）

〔步型〕右弓步。

〔方向〕面西北。

〔方位〕西北隅位。

〔實腳〕右實腿隅位弓步。腳下為八方線中心點。

〔虛腳〕左腿虛。

〔**實手**〕右掌虛漸變實，鬆肩垂肘鬆腕，上弧循腹、胸前向左前臂運行至左掌位停，掌心向下。

〔**虛手**〕左手實漸變虛，右掌運行至左腕時，左腕鬆，鬆肩，垂肘，左掌垂，掌心仍向上，中指輕扶右腕脈門。

〔**視線**〕從右掌食指梢遠望。

〔**意念**〕空右掌。（圖78）

〔**內功修練**〕陽頂，虛靈囟會穴。動分陰陽，動鬆周身九大關節，每動多次鬆腳，從腳往上鬆，周身鬆，退去本力，這就是減法內功。

3. 右掌回挒（陰動，陰頂）

〔**步型**〕右弓步，變左坐步。

〔**方向**〕面西北、面西。

〔**方位**〕正西位。

〔**實腳**〕右弓步漸變轉為左腿坐步。

〔**虛腳**〕左腿虛漸變為左腿實坐步。腳下為八方線中心點。

〔**實手**〕右掌實。隨著逐漸變轉左坐步，右掌外弧回挒，鬆肩、垂肘，變仰掌鬆停於右肋側。

〔**虛手**〕左手虛。掌心向上，中指輕扶右腕脈門虛隨。

〔**視線**〕注視右掌食指梢。

〔**意念**〕空腰。（圖79）

〔**內功修練**〕減法內功，盤拳須無障礙修練，不要有動意，意念想手、想腰，鬆柔、輕靈，自然練煉，去掉一切雜念。在拳中退去本力，身軀周身無勁力，輕靈、空

圖 78　　　　　　　　　　圖 79

鬆，則太極內功進身，請細細體驗。

4. 右掌前掤（陽動，陽頂）

〔步型〕右弓步，逐漸變左腿坐步。

〔方向〕面南俯視，逐漸變面西北，漸變面東北。

〔方位〕西正線位漸變西北隅位。

〔實腳〕左腿隅坐步，漸變為右腿隅弓步，再逐漸變轉為左腿隅坐步。八方線中心點隨步型變化而變化。

〔虛腳〕右虛腿變轉右腿實，隅弓步，逐漸變左腿隅坐步，右腿虛，腳尖上揚。

〔實手〕右掌掌心向上。

〔虛手〕左手虛，掌心向下，中指輕扶右腕脈門。

〔視線〕從右掌食指梢遠視。（圖80、圖81）

〔內功修練〕腿的動作大，變化大，注意上肢實，虛手的動作要小，不動、不丟、不頂，大動不如小動，小動

圖80　　　　　　　　　圖81

不如不動，注意，空手食指輕扶。隅步大於正步15°，身形轉動大一些。

5.右掌前展（陰動，陰頂）

〔步型〕左腿實，隅坐步。

〔方向〕面東北轉向面西南。

〔方位〕西南隅位。

〔實腳〕左腿實，隅坐步，鬆左胯。腳下為八方線中心點。

〔虛腳〕空右胯，右腳虛，腳尖上揚，隨右實手動作，腳與右肘尖上下遙合，扣前腳掌，腳尖向西。

〔實手〕右仰掌漸變立掌，掌心向西、西南，立於鼻前。

〔虛手〕左虛手中指輕扶右腕脈門虛隨。

〔意念〕空腰。（圖82）

圖 82 　　　　　　　　圖 83

〔**內功修練**〕身形方向方位變化，切勿動腰，向左轉空右胯，向右轉空左胯，這是太極拳陰陽學，身形變動的關要請在練中悟道。

6. 右掌右展（陽動，陽頂）

〔**步型**〕右腿隅位弓步。

〔**方向**〕面向西南。

〔**方位**〕西南隅位。

〔**實腳**〕右隅弓步。右腳位於八方線中心點。

〔**虛腳**〕左虛腿勿強直。

〔**實手**〕右手實立掌掌心向外，循上弧向西北隅位右展（也可稱為弧展）。

〔**虛手**〕左手立掌虛隨，中指輕扶右腕脈門。

〔**視線**〕從右立掌食指梢上遠視。

〔**意念**〕空腰。（圖 83）

〔內功修練〕虛腿腳掌落地，不要主動落地，應收吸實腿的腹股溝，使上揚的腳尖被動鬆落。這是內功的關要心法。也是被動練拳的重要體驗。

（十三）斜單鞭

1. 右掌變鉤（陰動，陰頂）

〔步型〕右坐步。
〔方向〕面西南。
〔方位〕南正位。
〔實腳〕右腿實，屈膝單腿坐步。腳下為八方線中心點。
〔虛腳〕左腿虛，左腳後腳微起，自然點步。
〔實手〕右掌從小指始，無名指、中指、食指、拇指鬆攏成虛鉤。
〔虛手〕左掌仰，掌心向內，指背輕扶右腕側。
〔視線〕注視右掌食指梢。
〔意念〕空右鉤。（圖84）
〔內功修練〕此動動作微小，但修練者從腳往上鬆踝、膝、胯、腰、肩、肘、腕、手等九大關節，周身不得掛力，在練中退去本力。

2. 左掌弧捋（陽動、陽頂）

〔步型〕馬步。
〔方向〕面東南。
〔方位〕西南隅位。

圖 84　　　　　　　　　　圖 85

〔**實腳**〕馬步。「長強」尾閭垂線點、兩腳中間為八方線中心點。

〔**虛腳**〕雙重馬步。左腳後腳跟虛起部位虛落。女性練此式可左腳重心，虛實 3 / 7 或 2 / 8。

〔**實手**〕左手實。隨左虛腳腳後跟虛落，左手外上弧向左後運行，掌心向右運行至鼻中正線處時，漸變掌心向外弧線向東南隅運行，成斜立掌。

〔**虛手**〕右實手虛鉤，注意低於左掌。

〔**視線**〕順左拇指內側關節橫線遠視。

〔**意念**〕空左掌。（圖 85）

〔**內功修練**〕鬆腳，腳下陰陽變動，但腳腿動——腳動手不動。注意空腰，讀秒練拳。

（十四）肘底看捶

1. 右腕鬆伸（陰動、陰頂）

〔步型〕馬步漸變為左弓步。

〔方向〕面東南，轉為面東。

〔方位〕東南隅、正東。

〔實腳〕逐漸鬆右腿，變轉為左腿重心，隨勢空鬆右胯，逆時針向東旋轉，左腳後跟內扣，變為正東左腿弓步，左腳下為八方線中心點。

〔虛腳〕右腿逐漸鬆為虛腿，向東旋轉時，右腳腳前掌點地，腳後跟起，當形成左腿弓步時，右腳移落於右側，由腳尖點地漸變為腳平鬆落地。

〔實手〕左手漸實。輕扶外上弧，五指成鉤，指尖向上，向東—北—西旋，落於身後。

〔虛手〕右虛手虛鉤不變。從東北隅—正西—東南接視線，隨身形方位變化而右腕停於正東。

〔視線〕面東南，視線不動。當右腕運旋至東南，隨右腕向東，注視右腕。

〔意念〕空腰。（圖86、圖87、圖87附圖）

〔內功修練〕動作變化，注意成立柱式身形，弓

圖86

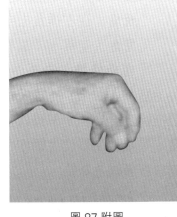

圖 87　　　　　　　　　　　圖 87 附圖

步是腳尖、膝尖、鼻尖三尖相對，鬆實腳逐節上鬆到頂，
求得腳、尾閭、頂的上下一條線，立柱式單腿重心。主要
實胯轉，否則旋轉身形很困難，用腰幫忙犯忌，請細心品
味。

2. 鬆肩進捶（陽動，陽頂）

〔步型〕坐步。

〔方向〕面東。

〔方位〕東正位。

〔實腳〕右實腳坐步，在東西正線上，腳下為八方線
中心點。

〔虛腳〕左腳虛，虛伸，腳尖上揚。

〔實手〕左手身後實鉤上弧鬆腕攏捶，拳心向內，止
於胸前，與鼻遙相對。

〔虛手〕右虛鉤隨腳虛實漸變右腿坐步，逐漸下落至

胸前變虛立拳，拳眼向上。

〔視線〕從左捶食指中節遠視。

〔意念〕空腰。（圖88）

〔內功修練〕左捶占右正線，左捶食指中節遙對鼻尖，右拳占右坐步正線，也稱左右手的交叉重心，切記身形把握安舒中正，不得以歪斜左右肩去找左右中心的準確度。這幾式為難度大動作小的陰陽動，中正的準確以收吸左右腹股溝為關要。

（十五）倒攆猴

1. 兩拳變掌（陰動、陰頂）

〔步型〕右坐步。

〔方向〕面東。

〔方位〕東正位。

〔實腳〕右腿實坐步。腳下為八方線中心點。

〔虛腳〕左腿虛，左腳尖上揚。

〔實手〕左掌外上弧輕扶，鬆張拇指、食指、中指、無名指、小指，漸變掌，掌心向右。拇指梢與鼻遙對。

〔虛手〕右手捶漸變掌，鬆肩、垂肘，鬆於右膝側，掌心向下。

〔視線〕注視左掌食指梢。

〔意念〕鬆空左掌。（圖89）

〔內功修練〕左實捶變掌，右虛拳變掌虛落於右膝側，動作甚小。但一定要循太極拳規範行功，逐一放鬆腳踝以上九大關節，鬆腳到頂虛右手虛落，動作被動運行，

圖 88　　　　　　　　圖 89

不得主動。

2.右掌前展（陽動，陽頂）

〔步型〕右弓步。

〔方向〕面東。

〔方位〕右腳占東正線，東正位。

〔實腳〕鬆右腳到頂，坐步式不動，腳下為八方線中心點。

〔虛腳〕左虛腳鬆，在右腳鬆空到頂時，左虛腳走弧線經右腳內側被動後伸，中途左腳離地，腳前掌先著地，逐漸過渡到腳後跟落地，成為右弓步之虛腿。

〔實手〕左實手向內鬆腕，小指引，下外弧輕扶，向左旋轉為斜立掌，掌心向外。

〔虛手〕右虛手掌心向下，在右膝側不動。

〔視線〕順左掌拇指梢遠視。（圖90）

圖90   圖91

〔**內功修練**〕此動手上動作微小，左腳動作大，但左腿不要主動後伸，右實腳放鬆意識到頂，左虛腿再被動運行，千萬不可主動移動左腿，這是腳下內功的積累。

3. 左掌下按（陰動，陰頂）

〔**步型**〕左腿實坐步。

〔**方向**〕東南隅俯面。

〔**方位**〕東南隅位。

〔**實腳**〕右腳鬆腳到頂，漸變轉為虛右腿、實左腿坐步。左腳下為八方線中心點。

〔**虛腳**〕右腿漸變轉為坐步的虛腿，腳尖上揚。

〔**實手**〕左掌實，外弧輕扶，小指引領，隨右胯空鬆向前舒展下按，掌心向下遙對右腳上揚的腳尖。

〔**虛手**〕右虛手虛攏為虛鉤，上提至右耳側，虎口與耳輪平，亦稱「虎口找耳輪」。

〔視線〕注視左掌食指梢。（圖91）

〔內功修練〕太極拳修為是退掉周身上下四肢的本力，要特別注意退去腕力。下按時，腕被動隨掌指向前舒展而放鬆。

4. 右掌前展（陽動，陽頂）

〔步型〕左腿弓步。

〔方向〕面東。

〔方位〕東正位。

〔實腳〕左腿坐步不變，腳鬆虛意識上至頂，頂上虛靈。漸變為左弓步，左腳下為八方線中心點。

〔虛腳〕左弓步虛鬆，在鬆右腳上至頂時，右腿被動自然後移，成為弓步的虛腿，腳前掌先著地，逐漸過渡到腳後跟鬆平落地。

〔實手〕右手實。從右耳輪部位，右手虛鉤上旋成橫立掌，無名指引動，外弧輕扶，隨著左坐步變轉為左弓步，腿的重心變化，手掌運動到左膝上方，鬆腕，右掌向外旋成右側立掌，拇指遙對鼻尖。

〔虛手〕左掌虛。小指引動外弧運行，摟膝鬆落於左膝外側。

〔視線〕從右掌拇指關節橫紋內側遠望。

〔意念〕空腰。（圖92）

〔內功修練〕東南隅位變轉為正東，左腿實占東西正線。方位變化，從東南向正東旋45°，身形變轉時，空腰、鬆右胯，不可腰動，左右肩不可歪斜，保持身形安舒中正。

圖 92　　　　　　　　　圖 93

5. 右掌下按（陰動、陰頂）

〔步型〕右坐步。

〔方向〕東北隅俯面。

〔方位〕東北隅位。

〔實腳〕左弓步鬆腳到頂漸變為虛，右虛腳變為實腿坐步，腳下為八方線中心點。

〔虛腳〕左腿逐漸變轉為虛腿，腳後跟虛著地，腳尖上揚。

〔實手〕右掌實，以小指引領，外弧輕扶，向前舒展下按，掌心向下，遙對右腳腳尖。

〔虛手〕左掌虛鬆漸變虛鉤，鬆肩，垂肘，鬆提至與耳平，虎口對左耳輪。

〔視線〕注視右掌食指梢。

〔意念〕鬆空右手。（圖 93）

〔內功修練〕下按，不是以腕下按，而是腕鬆力，右掌鬆空向前舒展。

6. 左掌前展（陽動，陽頂）

〔步型〕右弓步。

〔方向〕面東。

〔方位〕東正位。

〔實腳〕由右實腿坐步，上鬆至頂，漸變轉為右弓步，右腳下為八方線中心點。

〔虛腳〕左虛腿被動向後隅位舒伸，腳底與地面平行，中途虛靠右腳內側後繼續向後隅位舒伸，腳前掌先落地，逐漸過渡到腳後跟平鬆落地。

〔實手〕左手漸鬆旋展為實橫掌，外下弧輕扶。掌旋展時，食指尖有一個小上旋，指尖向前，掌背向外。隨著左右腳虛實變化，左掌與右膝上下遙相對時，左旋側立掌，拇指向上。

〔虛手〕右掌虛。向右外弧摟膝，鬆落至右膝外側，掌心向下，指梢向前。

〔視線〕從左實手拇指關節橫紋內側遠望。（圖94）

〔內功修練〕提示修練者初始不可注意視線，待動作熟練後，陽動視線遠望，手追視線，陰動視線收回，

圖94

注視實掌食指梢。陰動的起點是陽動的止點。相反，陽動的起點是陰動的止點。在陰陽變轉時，陰動為虛，再虛一次，稱虛中虛；陽動為實，再實一次，稱實中實。陰陽變轉不到位的一瞬間，有瞬間的空無，稱為「中定」，中定功成能接任何來力之手。

（十六）斜飛勢

1. 左掌斜掤（陰動、陰頂）

〔步型〕右弓步。

〔方向〕面東。

〔方位〕東正位。

〔實腳〕右腿為實腿弓步。右腳站住八方線中心點，為東西正線。

〔虛腳〕左腿虛。

〔實手〕左掌鬆，小指引，空掌外上弧輕扶（凡有「輕扶」二字，應實手食指梢輕扶運行套路路線），向東北隅運行，掌心漸外旋，指尖高不過頭。

〔虛手〕右掌向後下方鬆落。手不主動，以鬆肩、垂肘完成，掌心向內虛於右胯後。

〔視線〕注視左掌食指梢。

〔意念〕空腰。（圖95）

〔內功修練〕動作不大，但一定從腳下陰陽變化起始，這是修練太極腳。訣云：「上下一條線，腳下陰陽變，頭上虛靈頂，手上空鬆轉。」上下指腳、尾閭、頂——立柱式身形，單腿重心，變轉靈活。根是太極腳，

圖 95

動則腳下陰陽變化。鬆腳到頂，頂上虛靈有神，不可大意。手是腳下陰陽變化的反映，被動運行，形於手指，妙手空空。

2. 左掌下捋（陽動、陽頂）

〔步型〕右弓步。

〔方向〕面東北回到面東。

〔方位〕東正位。

〔實腳〕右腿實弓步，腳下為八方線中心點。

〔虛腳〕左腿虛。

〔實手〕左掌小指引動，外弧輕扶，向上往北運行，到掌與肩平時，外下弧鬆落於右膝內側，掌心虛向右膝內側，指尖向下。

〔虛手〕右掌以無名指引，鬆肩垂肘，外上弧運行至胸前，右掌手背鬆虛貼於臉的左側，掌心向外，掌指向

圖96　　　　　　　　　　圖97

上。

〔視線〕平遠望。

〔意念〕空左掌。（圖96）

〔內功修練〕左右掌逆時針在身前劃一個圓，左右掌上下遙相呼應。

3. 左腳前伸（陰動，陰頂）

〔步型〕右隅坐步。

〔方向〕面東。

〔方位〕東正位。

〔實腳〕右腳坐步。

〔虛腳〕右腳上鬆到頂，左腳虛，向前舒伸，腳底離地虛平移，左腳經右腳側虛靠後再向隅位45°虛伸，成右隅坐步。

〔實手〕右掌外弧輕扶，小指引動，虛落於中與左掌

合。

〔虛手〕左掌無名指引動，外上弧運行與右掌合。

〔視線〕注視左掌食指梢。

〔意念〕空腰。（圖97）

〔內功修練〕腳動手不動，但仍循拳之規範。從下往上逐節放鬆九大關節到手梢、到頂，空腰。注意坐、弓步勿跪膝，膝不著力。

4. 左肩左靠（陽動，陽頂）

〔步型〕左腿實，左隅弓步。

〔方向〕面東北。

〔方位〕身形東正位。

〔實腳〕虛右坐步，減力，左虛腿漸變轉為實腿弓步。左腳下為八方線中心點。

〔虛腳〕鬆虛右腿，收吸右腹股溝，左腳被動平鬆落地成弓步。

〔實手〕左掌輕扶外弧，以無名指引，鬆肩、垂肘，向東北隅向上運行，掌心斜向上。

〔虛手〕右掌外下弧下採，鬆貼於右胯外側，掌心向內。

〔視線〕順左掌食指梢遠望。（圖98）

〔內外修練〕左腿完成

圖98

弓步的同時，左右掌上下分掌。注意鬆左實腳、鬆腰，左右掌動時，先鬆肩、垂肘，否則兩臂主動，手掌、腕即僵緊。動作中應時時鬆肩垂肘。

（十七）提手上勢

1.右抱七星（陰動，陰頂）

同（四）提手上勢第 1 動。（圖 99）

2.左掌打擠（陽動，陽頂）

同（四）提手上勢第 2 動。（圖 100）

3.右掌變鉤（陰動，陰頂）

同（四）提手上勢第 3 動。（圖 101、圖 102）

圖 99

圖 100

圖 101

圖 102

4. 右鉤變掌（陽動，陽頂）

同（四）提手上勢第 4 動。（圖 103）

圖 103

（十八）白鶴亮翅

1. 俯身舒掌（陰動，陰頂）

同（五）白鶴亮翅第 1 動。（圖 104）

2. 左轉翻掌（陽動，陽頂）

同（五）白鶴亮翅第 2 動。（圖 105）

3. 左掌上挪（陰動，陰頂）

同（五）白鶴亮翅第 3 動。（圖 106、圖 107）

4. 兩肘下垂（陽動，陽頂）

同（五）白鶴亮翅第 4 動。（圖 108）

圖 104

圖 105

圖 106

圖 107

圖 108

（十九）左轉摟膝

1. 左手下按（陰動，陰頂）

〔步型〕平行步向東變轉為右坐步。

〔方向〕面東。

〔方位〕東正位。

〔實腳〕鬆左胯，鬆右實腳並上鬆至頂，虛靈百會，向左（東正位）舒伸左腿，形成右坐步。右腳下為八方線中心點。

〔虛腳〕左虛腿舒伸向 1／8 隅位，後腳跟虛著地。

〔實手〕左掌實。鬆肩、垂肘，外下弧舒伸至東南隅位，小指引，掌心漸旋轉為向下。注意手不可前伸至極限強直。

〔虛手〕右虛手漸小指引變為虛鉤，外上弧鬆腕，鬆垂至耳平，虎口虛對右耳輪，鉤心向下，手背向上。

〔視線〕注視左掌食指梢。（圖109）

〔內功修練〕內功積累，內功進入人體，全係每天一秒一分，日復一日、年復一年盤拳修練而得。練拳不可帶隨意性，應嚴格遵循太極拳的規律、規範行拳。所謂規律、規範，是按拳理拳法，陰陽學說行功。

拳之規律：其根在腳，形於手指，舉動輕靈，手上不著力，腕、手的大關節，手指的小關節均應一一鬆開。

拳之規範：從下往上鬆，腳平鬆落地，腳趾小關節亦應一一鬆開，繼而往上鬆踝、膝、胯、腰、肩、肘、腕、手等關節。

在練拳中養成從腳到手鬆九大關節的習慣。

2.右掌前展（陽動，陽頂）

〔步型〕左弓步。

〔方向〕面東。

圖 109

圖 110

〔**方位**〕東正線。

〔**實腳**〕左虛腳漸變轉為左弓步實腳，腳下為八方線中心點。

〔**虛腳**〕逐漸虛鬆右實腿，減力逐漸變轉為虛，右虛腿後隅位舒直。

〔**實手**〕右實手虛鉤，小指引動漸向內旋，食指梢有旋感，五指漸舒展為偏立掌，掌心向左，指尖向前，隨左虛腿變為左實腿弓步，向前舒展，右手到左膝上方時，鬆腕變右偏立掌，掌心向前。

〔**虛手**〕左手虛，鬆肩、垂肘，掌心向下虛落於左膝外側，指尖向前。

〔**視線**〕順右掌大指內側遠望。

〔**意念**〕空右手。（圖 110）

〔**內功修練**〕鬆實腳，腳下陰陽變坳，腳動與不動均應有陰陽變化，反映在手上。手上乾坤內涵豐富，請修練

者在練中去體驗，第一條件，空手不掛力。

（二十）海底針

1. 右掌前指（陰動，陰頂）

〔步型〕右坐步。

〔方向〕面東。

〔方位〕東正位。

〔實腳〕右虛腿漸變轉為實腿坐步。腳下為八方線中心點。

〔虛腳〕左腿漸鬆，逐漸變轉為坐步的左虛腿，左腳尖上揚。

〔實手〕鬆右實腳上至手梢，右掌前下弧向前舒展，掌心向左，掌指向前。

〔虛手〕左手虛，旋掌前下弧掌心向右，掌指向下。

〔視線〕注視右掌大拇指梢。

〔意念〕空右手。（圖111）

〔內功修練〕練拳有兩種方法，前者主動練拳，後者被動行拳，主動練拳為加法，被動行拳為減法，筆者遵減法修為。太極內功是減加修練，不可加力，在盤拳修練中，逐漸退去身上本力。凡動作均應鬆腳，屈伸、折疊均應以鬆肩、垂肘、鬆腕、空手而修。

2. 右掌下指（陽動，陽頂）

〔步型〕自然步，虛腳腳前掌虛點地。

〔方向〕面東。

圖 111

圖 112

〔**方位**〕東正位。

〔**實腳**〕右腿實，左虛腳鬆至右腳側，兩腳腳尖平
齊，相距一順腳寬，鬆踝，注意不可以腰下坐，而應循拳
之規律，鬆腳、踝、膝、胯、腰……腳下為八方線中心
點。

〔**虛腳**〕左虛腳虛撤回，腳前掌虛著地，腳後跟空
起。

〔**實手**〕右實手鬆肩、垂肘、鬆腕、空掌外下弧運
行，右臂鬆垂於右膝右側，掌心向左，掌指向下。

〔**虛手**〕虛鬆左掌，外上弧運行至右臉外側，掌背向
臉，掌心向右。

〔**視線**〕平遠望。

〔**意念**〕空腰。（圖112）

〔**內功修練**〕每動陰陽變化，均應鬆腰，鬆腰為開
合。腰不鬆，難有太極內功，而鬆腰是最難以功成的。太

極內功都屬於綜合功力，單項操練是困難的，如鬆腰要與修練溜臀、裹襠、收小腹、收吸腹股溝、鬆胯相關聯。在練拳過程中，習練者結合理論學習，以自己對太極拳技藝的理解進行習練。此式海底針，右掌指應意鬆至海底，甚至更為深遠。

（二十一）扇通背

1. 兩掌前伸（陰動，陰頂）

〔步型〕虛馬步。

〔方向〕面東南。

〔方位〕東正位，右腳偏向東南。

〔實腳〕右腿實。鬆腳，踝、膝、胯、腰逐節鬆起，腳下為八方線中心點。

〔虛腳〕左虛腿向前上步，腳後跟虛著地。

〔實手〕右掌實，鬆肩、垂肘，無名指引，右掌上外弧向前舒伸，至肩平，不可強直，肘有點垂，肘尖向下，掌心向下，掌指向前。

〔虛手〕鬆肩、垂肘，左掌上旋，掌心向上從右臂下鬆伸出四個指，在右肘鬆垂時，左掌指向前與右掌掌心虛合，相距約一拳。

〔視線〕注視右掌食指梢。

〔意念〕空腰。（圖113）

〔內功修練〕太極拳的起落，應「沒有上下」，均以鬆腳逐節上鬆九大關節來完成，決不能以腰力蹲起。仍修持根起於腳。

圖 113

圖 114

2.右掌上掤（陽動，陰頂）

〔步型〕馬步。

〔方向〕面東南。

〔方位〕南正位。

〔實腳〕右實腳漸變雙重馬步。腳前掌外開腳尖向南。

〔虛腳〕左虛腳向前上步，腳後跟虛著地，腳前掌向南落，鬆平落地。兩腳中間尾閭下為八方線中心點。

〔實手〕左實手向東南隅位外上弧舒展，斜立掌，掌心向下，四個指尖向東。

〔虛手〕右虛掌外上弧運行向上鬆腕，鬆落於前頂上方，掌心向上，掌指向東，拇指虛撐。

〔視線〕從左掌大指小關節橫線內側遠視。（圖114）

〔內功修練〕掌勢中手的運動術語，上弧、上外弧、外弧、外下弧等指的是套路路線，拳的路線沒有橫線，沒

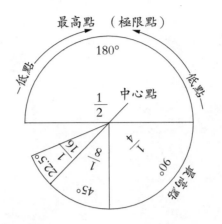

有直線，動則弧線。太極拳路線圖是 360°分為八塊，
22.5°、45°、90°、180°，每一塊都是弧形線，似西北窯洞
的拱形屋頂，弧線有很強的抗壓和撐力。而每一塊都有一
個從低至最高的極限點。我們行拳均以低點——極限高
點——低點運行，絕對不走橫直線。如此操作，日久內功
自會上身。

（二十二）撇身捶

1. 左掌右展（陰動，陰頂）

〔步型〕左坐步。

〔方向〕面西。（面南起）

〔方位〕西正位。

〔實腳〕左實腳腳前掌虛起，腳尖向裏扣，漸成為左
坐步。左腳下為八方線中心點。

〔虛腳〕右虛腳腳後跟虛起，虛鬆右胯，隨勢運行向
右開右腳，隨即腳後跟鬆虛落地，腳尖上揚。

〔實手〕左實手以無名指引動，食指輕扶外上弧，從隅位運行至西正位。

〔虛手〕右虛手虛攏為拳，鬆腕，與舒展的左掌在頭上方相遇，左掌指梢輕扶右拳指根。

〔視線〕注視左掌食指梢。

〔意念〕空腰。（圖115）

圖115

〔內功修練〕食指輕扶貫串太極拳套路始終。拳論要求「舉動輕靈」，動則周身輕靈，而食指不著力最能體現動作輕靈。「輕扶」是食指輕輕扶著拳套路所運行的路線，這是循拳動作規律的路線行拳的一種拳藝行功。輕扶是漸漸退去周身本力、內功上身的拳法，習練者要遵道而修。

2.右捶鬆落（陽動，陽頂）

〔步型〕右弓步。

〔方向〕面西。

〔方位〕西正位。

〔實腳〕右腳平鬆落地，鬆虛腳趾，漸變轉為右實腿弓步。注意不要向前傾身弓步，易丟重心。右腳下為八方線中心點。

〔虛腳〕左腳鬆，漸變轉為右弓步之虛腿，向後隅位

舒伸。

〔實手〕隨右腿弓步，右立拳拳眼向上，外下弧鬆落於右膝上方。

〔虛手〕左虛掌掌心向下，掌指向右鬆覆在右手立拳的拳眼上。

〔視線〕面西平遠視。

〔意念〕空左掌。（圖116）

〔內功修練〕實腳不要踩地，腳下要輕，輕放於地上。要到厚草坪上或星級飯店的地毯上去找腳下雙輕的感覺。

（二十三）卸步搬攔捶

1. 左掌前掤（陰動，陰頂）

〔步型〕左坐步。

〔方向〕面西。

〔方位〕西正位。

〔實腳〕左坐步，左腳下為八方線中心點。

〔虛腳〕右虛腿留在西北隅位，腳尖上揚。

〔實手〕右實手仍為立捶，外上弧向西北隅位運行，捶與肩平。

〔虛手〕左虛手掌心向下，覆於右拳眼上，隨至西北隅。

〔視線〕注視左掌食指梢。

〔意念〕空右拳。（圖117）

〔內功修練〕太極拳套路是以手的運行表現出來，

圖 116

圖 117

「形於手指」。上世紀某些太極拳家身懷絕技，一般有三
套拳，一套功夫拳，自己練功，也教授喜歡的弟子，不外
示；一套教學拳；一套表演拳。本書直接揭示內功，傳內
功拳。內功似乎神秘，為了解秘，故直接教授修練內功。
注意每動拳之規律為鬆肩、垂肘、鬆腕、空手。

2. 左掌左展（陽動，陽頂）

〔步型〕左坐步。

〔方向〕面西。

〔方位〕西正位。

〔實腳〕左腳實。

〔虛腳〕右腿虛。

〔實手〕左掌實從西北隅位，輕扶外弧舒展至西南隅
位約 22.5°，掌與肩平，掌心向下，覆於右拳眼上。

〔虛手〕右捶虛隨左掌。

圖 118

〔視線〕順左掌食指梢遠視。

〔意念〕空左掌。（圖 118）

〔內功修練〕在手臂屈伸時，一般寫「舒展」，指從腳逐節到手梢的舒展，指「裏邊」，也就是內功的舒展，肢體沒有動作，但對方能感覺到。上下肢都不可強直，否則阻塞氣、血、經絡通道，上肢伸勢微垂肘，下肢微收吸腹股溝。

3. 左掌回捋（陰動，陰頂）

〔步型〕右坐步。

〔方向〕面西。

〔方位〕西正位。

〔實腳〕左腿弓步鬆力漸變轉為虛腿，腳尖上揚。

〔虛腳〕右虛腿漸變轉為實坐步，腳下為八方線中心點。

圖 119　　　　　　　　圖 120

〔**實手**〕左掌實。鬆力微垂肘，鬆肩，右手沿左外弧輕扶回捋，攔在左胯前；左掌外弧向上舒展，立掌，掌心向右，食指遙對鼻尖。

〔**虛手**〕右手虛捶，隨左掌，在左胯部位分，右拳鬆回至右胯前，前臂與上臂垂直，前臂平。

〔**視線**〕注視左掌食指梢。

〔**意念**〕空腰。（圖 119、圖 120）

〔**內功修練**〕提示修練注意運用陰陽頂，體驗陰頂不能前去，陽頂不能後退。

4.右掌前伸（陽動，陽頂）

〔**步型**〕左弓步。

〔**方向**〕面西。

〔**方位**〕西正位。

〔**實腳**〕左虛腿漸變轉為左實腿弓步，腳下為八方線

中心點。

〔虛腳〕右腿虛。

〔實手〕右空心拳為實，立拳，上弧輕扶從右向左正線（搬）舒伸，拳食指中節遙對鼻尖，拳面平。

〔虛手〕虛左手立掌，掌心向右，鬆肩垂肘，右拳經左掌掌心向前上舒伸，左手拇、食二指虛靠右肘彎部位。

〔視線〕順右拳食指中節平遠視。

〔意念〕空右拳。（圖121）

〔內功修練〕空拳不著力，拳運行中同樣輕扶八方線拳勢路線。

（二十四）上步攬雀尾

1. 右拳鬆轉（陰動，陰頂）

〔步型〕左坐步。

〔方向〕面西。

〔方位〕西正位。

〔實腳〕左弓步鬆力漸變為左實腿坐步，左腳下為八方線中心點。

〔虛腳〕左實腳鬆至頂，（在右拳外上弧旋轉時）右腳經左腳內側虛靠後向西北隅舒伸，腳後跟虛鬆落地，腳尖上揚。

〔實手〕右拳實、外上弧旋轉，拳心向上。

〔虛手〕左掌虛隨。

〔視線〕注視右拳食指中節。

〔意念〕右空拳。（圖122）

圖 121　　　　　　　　圖 122

〔**內功修練**〕在內功「上下相隨」的修為中，手腳上下要結合，結合的表現是陰動腳動在先，腳引手再鬆一鬆。陽動手動在先，手引腳再實一實。手腳先後的時間差極小，似電門和燈泡的關係，難以計算。即使瞬間即逝，也有先後。修練者要把握陰陽運行的時間差。

2. 右拳變掌（陽動，陽頂）

〔**步型**〕右弓步。

〔**方向**〕面西。

〔**方位**〕西正位。

〔**實腳**〕右腿虛漸變轉為實，成為弓步。腳下為八方線中心點。

〔**虛腳**〕鬆左腳，逐節鬆至頂，實腿減力為虛腿。

〔**實手**〕鬆腳、鬆腰、鬆肩、垂肘，右拳向前右外弧旋翻，拳心漸向卜，拇指引，食指、中指、無名指、小指

圖 123　　　　　　　圖 124

逐一舒伸變為掌，輕扶，掌心向下。

〔**虛手**〕左虛掌掌心向上，中指輕扶右腕脈門。

〔**視線**〕順右掌食指梢遠視。

〔**意念**〕空右掌。（圖 123）

〔**內功修練**〕食指輕扶，食指、腕、前臂均空鬆不掛力。虛手中指輕扶實手脈門。輕扶關要，以下幾動掌勢相同。

3. 右掌回捋（陰動，陰頂）

〔**步型**〕左坐步。

〔**方向**〕面西。

〔**方位**〕西正位。

〔**實腳**〕右腳虛鬆逐節往上鬆至頂，右腿鬆，收吸左腹股溝，左腿漸變轉為實，成左坐步，腳下為八方線中心點。

自然太極拳81式

圖 125

圖 126

〔**虛腳**〕右腳虛，鬆直，腳尖上揚。

〔**實手**〕右掌實，鬆肩垂肘，以小指引動，掌心向下。左外弧輕扶，隨左右腿虛實變化，上臂鬆垂，前臂鬆平，變仰掌，置於右肋前側。

〔**虛手**〕左掌虛，漸變俯掌，中指輕扶右腕脈門。

〔**視線**〕注視右掌食指梢。

〔**意念**〕空右掌。（圖 124）

〔**內功修練**〕腿的虛實變轉，注意以收吸左右腹股溝來完成，同時以溜臀、裹襠、收腹、鬆胯配合。太極內功是綜合力，單獨一個部位行功，在初學、中學尚難以功成。

4. 右掌前掤（陽動，陽頂）

同（十二）隅步攬雀尾第 4 動。（圖 125、圖 126）

〔**內功修練**〕弓坐步變動幅度大，千萬不可以腰帶

141

動，以左右胯的實胯變轉虛實，虛胯不加力協助旋轉。注意空腰。

5. 右掌前展（陰動，陰頂）

同（十二）隅步攬雀尾第 5 動。（圖 127）

〔內功修練〕每動注意實腳與頂上下一條線，實手與鼻相對，保持身形安舒中正。行功中手不主動，不妄動，不要有動意，身形方位的變化，由腿的陰陽變化而變。

6. 右掌右展（陽動，陽頂）

〔步型〕右坐步。

〔方向〕面西南。

〔方位〕南正位。

〔實腳〕左腿鬆腿減力，變轉為右坐步實，腳下為八方線中心點。

〔虛腳〕右坐步實完成時，左虛腳腳後跟虛起，腳前掌虛著地。

〔實手〕右立掌實。掌心向南，掌指向上，輕扶上弧向西舒展，以右腳實為度。

〔虛手〕左掌虛。立掌，掌指向上隨中指輕扶右腕脈門。

〔視線〕順右掌食指梢遠望。

〔意念〕空右掌。（圖 128）

〔內功修練〕根在腳，陰陽動均應先鬆實腳，節節貫串。手是形，形於手指被動行拳，千萬不可主動，一切動作都應以鬆腳、鬆肩、垂肘完成。動作要準確，到位。

圖 127　　　　　　　圖 128

（二十五）單　鞭

1. 右掌變鉤（陰動，陰頂）

〔步型〕右腿坐步。

〔方向〕面西。

〔方位〕南正位。

〔實腳〕右腿坐步。腳下為八方線中心點。

〔虛腳〕左腳後跟虛起，腳前掌虛靠右腳。

〔實手〕右掌鬆腕，小指引動，鬆攏五指變虛鉤，外上弧輕扶，右腕與眼平。

〔虛手〕左掌虛立掌，掌心向內，食指、中指、無名指、小指背鬆貼右腕內側。

〔視線〕注視右腕隆起部位。

〔意念〕空右腕。（圖 129）

圖 129

〔內功修練〕掌變拳、鉤或拳、鉤鬆展為掌時，操作中同時鬆腳。本式右掌鬆攏成虛鉤，同時鬆虛左腳。

2. 左掌弧捊（陽動，陽頂）

〔步型〕馬步。

〔方向〕面東。

〔方位〕南正位。

〔實腳〕右腳實坐步。左右腳中間尾閭下方為八方線中心點。

〔虛腳〕左腳從右腳內側向東舒展，至相距兩肩寬時，腳尖點地。

〔實手〕左實掌漸旋成掌心向上，小指引動，外弧向東運行，至東正線，立掌，掌心向東。

〔虛手〕右手虛鉤。

〔視線〕順左掌食指梢遠望。

圖 130

〔**意念**〕空左掌。（圖 130）

〔**內功修練**〕陽動的起點是陰動的止點，變轉虛實須留意。單鞭陽動 180°要走出弧形線，途經 45°極限點，90°極限點，45°極限點，要循低——高——低的弧形線運行。

（二十六）雲　手

1. 左掌下捋（陰動，陰頂）

〔**步型**〕右弓步——雙重步。

〔**方向**〕面東——俯面——西南——正南。

〔**方位**〕南正位。

〔**實腳、實手**〕右手虛鉤漸鬆，大指引動，依次舒展食指、中指、小指變掌，面東漸面西。右掌掌心向下。左掌掌心向下，鬆肩、垂肘、鬆腕，下弧輕扶，逐漸掌心向右，運行至左膝，鬆左腳虛左腿，左腳後跟提起，腳前掌

圖 131　　　　　　　　　　　圖 132

點地，右腿重心弓步。左掌仰外上弧輕扶，經右膝前向西
南隅位舒伸，長身至極限，鬆右腿。同時，右虛掌虛落於
右胯側，掌心向內。

〔虛腳、虛手〕左虛腳腳後跟平鬆落地，雙腿立，尾
閭直下位為八方線中心點。左掌上弧輕扶，鬆肩、垂肘，
鬆回至面前，掌心向內，立掌，食指與眼平。

〔視線〕注視左掌食指梢。

〔意念〕空右掌。（圖131、圖132）

〔內功修練〕此式180°從東至西運行，動作大，大動
作要注意拳之細節。腳為根，從腳下往上鬆，虛實手須鬆
肩、垂肘，屈伸、起落，上臂和前臂不可強直，腿不可僵
直，隨時收吸腹股溝。

2. 左掌弧捋（陽動，陽頂）

〔步型〕馬步——弓步。

圖 133

圖 134

〔**方向**〕面南——面東。

〔**方位**〕南正位，東南隅位。

〔**實腳、實手**〕左右腳鬆，逐節上鬆至左掌，鬆右腿減力，實左腿漸變左坐步；左實手外弧向東舒伸，隨左胯向左旋，左掌漸下弧運行，小指引，至掌心向下，掌指向東。

〔**虛腳、虛手**〕左掌向東至極限，右腳腳跟虛起，腳尖著地。右虛掌鬆垂。

〔**視線**〕順左掌食指梢遠望。（圖133、圖134）

〔**內功修練**〕每動由鬆腳始，往上鬆至手，兩個來回，鬆腳到頂，頂上虛靈，陽頂在囟會穴。旋轉身軀時，空腰，不要動腰，由實胯、實腳運轉。

3. 右掌上掤（陰動，陰頂）

〔**步型**〕左腿坐步。

圖 135

〔**方向**〕面南。

〔**方位**〕南正位。

〔**實腳、實手**〕鬆左實腳，上鬆到頂，左掌虛落；右掌上弧輕扶向前上運行至東南隅位，正身，右掌立，掌心向內，掌食指與眼平。

〔**虛腳、虛手**〕右虛腳上步，虛腳前掌靠於左腳內側。同時左掌虛落至左胯外側。

〔**視線**〕注視右掌食指。

〔**意念**〕空右掌。（圖 135）

〔**內功修練**〕鬆實腳到頂，注意陰陽頂的把握，鬆腳到頂準確到位，周身輕靈。

4. 右掌弧捯（陽動，陽頂）

〔**步型**〕右腿坐步。

〔**方向**〕面南，面西。

圖 136　　　　　　　　　圖 137

〔方位〕西南隅位。

〔實腳、實手〕右腿實坐步。右手實，掌心向內、向
前舒伸，小指外下弧旋轉，仰掌漸變俯掌，外弧輕扶，右
膝鬆虛旋向西，舒伸至極限。

〔虛腳、虛手〕左腿虛，左腳腳前掌虛著地，左虛手
鬆垂。

〔視線〕順右掌食指梢遠望。（圖 136、圖 137）

〔內功修練〕腳是根，由鬆腳始，上鬆到手。每動關
要是鬆腰，腰鬆，則一切動作都走得開。

5. 左掌下捋（陰動，陰頂）

〔步型〕右弓步，雙腳雙重馬步。

〔方向〕面西南。

〔方位〕西南隅——南正位。

〔實腳、實手〕左掌向西、西南上弧輕扶（左掌動，

左虛腿向東舒伸）至極限，
隨左腳鬆平落地，左立掌，
掌心向內，食指與眼平，左
右腳雙重過渡。

〔虛腳、虛手〕右掌
虛，下弧虛落於右胯外側。
左虛腿向東舒伸，腳尖虛點
地，鬆右腿，左腳鬆平落
地。

圖138

〔視線〕注視左掌食指
梢。（圖138）

〔內功修練〕注意手掌的方向到位準確。

6.左掌弧捋（陽動，陽頂）

〔步型〕馬步——弓步。

〔方向〕面南——面東。

〔方位〕南正位、東南隅位。

〔實腳、實手〕左右腳鬆，逐節上鬆至左掌，鬆右腿
減力，實左腿漸變左弓步。左實手外弧輕扶向前舒伸，隨
左胯向左旋，左掌漸下弧運行，小指引至掌心向下，掌指
向東。

〔虛腳、虛手〕左掌向東至極限，右腳腳跟虛起，腳
尖著地。右虛掌鬆垂。

〔視線〕順左掌食指梢遠望。（圖139）

〔內功修練〕行拳時鬆腳到手梢，只有空手時才可能
體驗到上下相隨（手腳結合）的奧妙，更能體驗到舉動輕

圖 139　　　　　　　　　　圖 140

靈。上下四肢、身軀絕對不要掛力。

7. 右掌上掤（陰動，陰頂）

〔步型〕雙腿坐步。

〔方向〕面南。

〔方位〕南正位。

〔實腳、實手〕鬆左實腳，上鬆到頂，左掌虛落，右掌上弧輕扶向前上運行至東南隅位，右掌立，掌心向內，掌食指與眼平。

〔虛腳、虛手〕右虛腳上步前腳掌虛靠於左腳內側，左掌虛落至左胯外側。

〔視線〕注視右掌食指。（圖 140）

〔內功修練〕注意上下肢周身放鬆，腳趾、手指的小關節及各大關節、肌肉間放鬆，盡可能不掛力。

8. 右掌弧捋（陽動，陽頂）

〔步型〕右腿坐步。

〔方向〕面南——西。

〔方位〕西南隅位。

〔實腳、實手〕右腿實坐步。右手實，掌心向內、向前舒伸，小手指引動，逐漸外下弧旋轉，外弧輕扶，鬆右掌向西南、西舒伸至極限。

〔虛腳、虛手〕左腿虛，左腳腳前掌虛著地，左虛手鬆垂，掌心向內虛靠於左胯外側。

〔視線〕順右掌食指梢遠望。

〔意念〕空左掌左腕。（圖141）

〔內功修練〕注意視線，陽動，視線在前手追視線；陰動，手動在前視線追手，在第一段26式全過程中，視線的功夫要貫串全套路。

9. 右掌變鉤（陰動，陰頂）

〔步型〕右腿弓步。

〔方向〕面西。

〔方位〕西南隅位。

〔實腳、實手〕右腿實。右掌鬆腕，小指引無名指、中指、食指、拇指虛攏為虛鉤。

〔虛腳、虛手〕左腿虛，腳前掌著地，腳後跟虛起。左虛掌從左側往右外上弧運動，食指與右鉤手食指相接。

〔視線〕注視右腕隆起部位。

〔意念〕空右掌。（圖142）

圖 141　　　　　　　　　　圖 142

〔內功修練〕放鬆周身，關要為鬆左右腕和左右踝關節。功夫在拳場之外，平時走路、乘車、室內勞作、寫字等活動，注意放鬆雙腕和兩踝。

10. 左掌弧捋（陽動，陽頂）

〔步型〕馬步。

〔方向〕面東。

〔方位〕南正位。

〔實腳、實手〕鬆右實腳，往上鬆到頂，左腳腳掌逐漸平鬆落地，成雙重馬步。左掌實，被動運行至中線鼻正位後，小指引動，外弧輕扶，鬆肩、垂肘運行至東正線停，立掌，掌心向外，掌指向上。

〔虛腳、虛手〕左腳虛。右掌虛鉤為虛手。

〔視線〕從左掌食指梢上遠望。

〔意念〕空左掌（圖143）

圖143

〔**內功修練**〕動即鬆腳，往上鬆到實手。步法有動
作，鬆腳到頂，腳退力被動變轉重心，動則分陰陽。關要
是循太極拳之規律、規範和陰陽學說行功。

技 擊 篇

　　太極拳講究體用結合，一般講體是拳架子，用是技擊（推手）。其實太極功夫在拳裏，體用是一類武功的不同應用，不應該將練習拳術和技擊術分離開。太極拳的體用是太極陰陽的「陰陽相濟」，是陰不離陽，陽不離陰，是一碼事。

　　當今由於常將太極拳跟治療慢性病和病後康復期聯繫在一起，單單認為太極拳的功能是保健養生，將技擊的應用放下，使拳的體用結合分了家。有人練拳若干年後，再去學練推手、技擊，走了一段大大的彎路。

　　太極功夫統稱內功，太極內功孕育在拳術的每一招、每一動之中。如果一位太極拳練家不重視練拳，只注意推手、技擊，他也永遠不可能成為技擊高手。筆者在技擊篇裏也講些招法，而重點講授技擊拳理，幫助喜愛這一活動的朋友，找到習練和提高技擊水準的階梯。

（二十七）左高探馬

1.兩掌虛合（陰動、陰頂）

　〔步型〕虛丁步。

　〔方向〕面東。

〔**方位**〕正東。

〔**實腳**〕鬆腰，鬆左腿，右實腿直立，直立腿不可強直，膝微屈，微收吸腹股溝。腳尖向南，身形向東，右腳下為八方線中心點。

〔**虛腳**〕步隨身換，虛左腿，左虛腳鬆回至右實腳內側，腳尖虛著地，腳跟抬起，虛靠在右腳內側，為虛丁步。

〔**實手**〕右手鉤變掌，掌心向上，鬆肩垂肘隨身形向東轉動，右掌經右耳鬆落於胸前，指尖向左。

〔**虛手**〕左手虛。鬆肩垂肘鬆小指，左掌鬆回至腹前，指尖向右。左右掌虛合，相距約兩拳。

〔**視線**〕平視正前。

〔**意念**〕空右掌心。（圖 144）

〔**應用**〕對方擄我左掌。我虛接對方來手，但要似接非接，實為不接，鬆腕，小指引動，鬆肩垂肘，則對方擄空，腳下失重，隨即我右手打擊，也可側發。

太極技擊不是力量和技巧的較量。在拳術修練中，體內有了鬆柔功夫的基礎，具有「關節要鬆，皮毛要攻，節節貫串，虛靈在中」的體能後，技擊是內功本能的反應，不是招式的應對。

2. 右掌舒展（陽動，陽頂）

〔**步型**〕左隅弓步。

〔**方向**〕面東。

〔**方位**〕正東。

〔**實腳**〕左虛腳向左隅位 45°出腳，成左隅弓步，腳下為八方線中心點。

圖 144　　　　　　　　圖 145

〔**虛腳**〕右實腿鬆，屈膝。減力，變化為左弓步的右虛腿。

〔**實手**〕左腿由虛變轉為實弓步的同時，鬆腰，右掌向東北隅位運行舒展，腕與肩平，掌心向下，掌指微斜向上。

〔**虛手**〕左虛掌，掌心向上，中指輕扶右腕脈門虛隨。

〔**視線**〕順右掌食指梢遠視。

〔**意念**〕空右掌掌心。（圖 145）

〔**應用**〕對方向我攻來（陽）撲空，我鬆腕（陰），在無名指引領下，向對方的外側舒展（陽），左手從腕下鎖住對方四個手指（陰）。對方想抽手逃之（陰），我掌向右舒展「砍」對方脖頸（陽）。

練拳、推手、技擊，在操作中，應頭腦冷靜，周身內外放鬆。特別在雙人較技實戰中，要牢牢把握太極陰陽變化，能變化便操勝券。時時不忘「陰陽之母，動靜之機」。

（二十八）右分腳

1. 右掌回捋（陰動，陰頂）

〔步型〕左隅弓步。

〔方向〕面東，面西北隅下位。

〔方位〕正東。

〔實腳〕左腿實，弓步，腳下為八方線中心點。

〔虛腳〕右腿虛，收吸腹股溝，腿勿強直，右腳尖向南，當實手運行至左膝外側時，右腳開後跟，腳尖正南轉為向正東位。

〔實手〕右手實但以空手運動，以小指引動，沿外下弧鬆肩垂肘向左膝外側運行，俯掌，指尖向下。

〔虛手〕右掌往下運行的同時，左臂鬆肩，垂肘，以無名指引動上弧運行虛停於右臉外側，掌心向右，指尖向上。

〔視線〕注視右掌食指梢。

〔意念〕空右掌。（圖146）

〔應用〕對方化解砍脖頸的招法，翻身攻擊我胸、咽部位。在緊要關頭，我鬆腰，空胸，陽頂向左側看掌指梢，對方腳下發飄，身形向右歪斜，企圖刁我左腕，

圖146

我左掌運行至右肩上方，轉危為安。

2. 兩掌交叉（陽動，陽頂）

〔步型〕左隅弓步。

〔方向〕面東。

〔方位〕正東。

〔實腳〕左腿實，隅位弓步，腳下為八方線中心點。

〔虛腳〕右腿虛，鬆虛不強直。

〔實手〕右掌實。鬆腰，以拇指為中心，食指、中指、無名指、小指逐漸向外翻，掌心向外。鬆腕上外弧運行，至胸前腕與肩平，鬆左胯，身形正東。

〔虛手〕左虛掌外上弧運行，掌心向外，掌指向上。兩腕交叉，右腕在外。

〔視線〕順左右腕交叉中間平遠視。

〔意念〕空右掌心。（圖147）

〔應用〕靜中制動，鬆虛雙腳，往上鬆九大關節，陽頂等待對方攻來。自身空鬆站好，對方不敢貿然進攻。因為自己規置好自己（空鬆），對攻方有威懾力，請注意研究「大道以虛靜為本」。

圖147

3. 兩掌高舉（陰動，陰頂）

〔步型〕左單腿獨立步。

〔方向〕面東。

〔方位〕正東。

〔實腳〕左腿實，單腿直立，立柱式身形，微收腹股溝。為了支撐全身重量，注意放鬆腳、腳踝、鬆膝、鬆胯、溜臀、裹襠、收腹、鬆腰，是穩固重心的基本保證。腳下為八方線中心點。

〔虛腳〕右腿虛，鬆提，大腿與胯平高，鬆膝，小腿和腳虛懸不可掛力。

〔實手〕左掌實，鬆肩，以無名指引動，外弧外旋向上運行。

〔虛手〕右掌虛，左右腕虛搭，右腕在外，隨左腕向上至極限。注意鬆肩、垂肘，不可向上強直。

〔視線〕雙腕下平視。

〔意念〕空雙腕。（圖148）

〔應用〕對方攻擊我右腿，我提右腿的同時，雙掌交叉拿住對方，兩掌高舉，將對方鬆拿起來，對方雙腳發飄失去重心，提起的右膝踢對方小腹部位。

圖148

4. 分掌分腳（陽動，陽頂）

〔步型〕左單腿獨立步。

〔方向〕面東南隅位。

〔方位〕正東。

〔實腳〕左腿實，單腿直立，立柱式身形，鬆腰，鬆踝，收吸腹股溝，腳、尾閭、頂上下一條線。單腿不掛力，重心更加穩固。腳下為八方線中心點。

〔虛腳〕右腿虛。在左右掌分掌時，右腿分，以小腿與大腿平或略高一點為準。若習練者基本功紮實可踢高一些。

〔實手〕左掌實。左右掌向上舒伸，左右食指相對時，似摸鍋底，隨即兩掌外下弧分，左實掌掌心向上，呈斜坡形，指尖向北，略高於右掌。

〔虛手〕右掌虛。向前分掌，右掌掌心向外，掌指向東南隅位。

〔視線〕順右掌食指梢遠望。

〔意念〕空右掌。（圖149）

圖 149

〔應用〕接上動將攻方拿起，提起的右腿踢對方的胸、咽、下頜等部位。

技擊篇中，共有左右分腳，左右蹬腳，提膝蹬腳，提步蹬腳，披身蹬腳，轉身

蹬腳等七個分、蹬腳，養生篇中的單雙擺蓮腳都是其基本功。從拳照看分腳和蹬腳區別不大，但是，幾種腳的分和蹬在功理功法上是有差別的。

前輩拳家的拳藝活動，一套拳有三種練法：一是功夫拳，自己練功用，傳給至親弟子和兒子。一套是表演拳，拳架結構美觀、大方，踢腿高，飛腳拍打腳面響聲大，十分精彩。一種是授拳套路，公之於眾，中外人士均可學練。表演和授拳套路，分腳為踢，底盤功夫扎實，踢得越高越好，顯示功力。在實踐應用中，可踢咽、踢胸、踢襠、踢小腿的迎面部位，威力強大。蹬腳的蹬、扁、踹、跺等技法也是威力無窮。

（二十九）右高探馬

1. 兩掌虛合（陰動，陰頂）

〔步型〕右隅弓步。

〔方向〕面東。

〔方位〕正東。

〔實腳〕左腿鬆腳，收腹股溝，鬆膝，鬆胯，鬆腰等關節，逐節鬆，屈膝，從單腿直立，變轉為隅位坐步式。在右腳鬆平落地後，虛鬆左腿，漸減力變轉為右隅弓步。腳下為八方線中心點。

〔虛腳〕右腿分腳後，在鬆左腳的同時，收右腹股溝，右腳後跟虛著地，逐漸右腳鬆平落地。左腿鬆力，漸成為右隅弓步之虛腿。

〔實手〕左手實，鬆肩、垂肘，無名指引動，從北位

向東正線運行，掌心向下，
指尖向右。

〔**虛手**〕右掌虛、鬆
肩、垂肘、鬆小指，小指引
動，落於腹部前，掌心向
上，指尖向左，與右掌相距
約兩拳的距離。

〔**視線**〕平視正前。

〔**意念**〕左右掌虛空。
（圖150）

圖150

〔**應用**〕太極拳技擊，
首先應將自己內外上下都循太極拳的拳理拳法規範，也稱
規置好自己。諸如從腳到手，九大關節要放鬆，且節節貫
串。周身上下所有暴露的部位，臀、襠、胸、腹、背、
頸、頂等部位均應一一放鬆，不要想去進攻別人，以靜制
動為好。

太極技擊沒有固定的打法，所謂「拳打兩不知」。金
庸先生在吳公藻《太極拳講義》後記中寫道：「在太極拳
中，速度並不重要，那是憑敏銳的感覺來捉摸到對手力道中
的錯誤缺失，如果他沒有錯誤缺失，那麼就設法造成他的錯
誤缺失。重要的是，自己的每一個行動中不能有錯誤缺失。
只要他想來打倒我、攻擊我，遲早會有弱點暴露出來。」金
先生說得極好，從技擊視角看去，可稱為技擊「經典」。

筆者在多篇太極拳理論論文中反覆說明、解釋甚至大
聲疾呼，太極拳修練者在練拳、推手、技擊中，均不可有
動意。動意是失敗的前提，動意是本身的｜錯誤缺失｜，

請朋友們去體驗。

2. 左掌舒展（陽動，陽頂）

〔步型〕右隅弓步。

〔方向〕面東。

〔方位〕正東。

〔實腳〕右腳實，右隅位弓步。鬆腿，鬆腰，鬆左右胯，右腳下為八方線中心點。

〔虛腳〕左腿虛。

〔實手〕左實手以無名指引，鬆肩、垂肘，沿外上弧向東北隅位運行，至極限。手不動，鬆右胯，隨方位變化，左掌向左上弧止於左東正線位（約 1 / 16）。掌為坡形，掌心向下，掌指向東。

〔虛手〕右虛手，掌心向上，中指輕扶左腕脈門。

〔視線〕順左掌食指內側遠望。

〔意念〕空左掌心。

（圖 151）

〔應用〕練拳要舉動輕靈，推手、技擊為用，拳理拳法相同，亦應舉動輕靈。拳論：「動急則急應，動緩則緩隨。」這裏的「急」和「緩」，指雙方較技情況下的應變能力。也反映出當事者身形內外全體鬆與僵的體能。上動說的技擊前身心的

圖 151

準備，以太極內功規範自己，以靜制動，舉動輕靈，本身不存在急應和緩隨變數。只有雙方接手時，周身僵緊，才會出現主動的急緩，以致陷於被動。

（三十）左分腳

1. 左掌回捋（陰動，陰頂）

〔步型〕右隅弓步。

〔方向〕面東。

〔方位〕正東。

〔實腳〕右腿實，隅位弓步，腳下為八方線中心點。

〔虛腳〕左腿虛直，勿跪膝，腳尖向東。

〔實手〕左掌實，從左隅 1 / 16 位，鬆小指，外下弧向右正線運行，止於右膝外側，掌心向右，掌指向下。

〔虛手〕在左掌向下運行的同時，右臂鬆肩垂肘，無名指引動上弧運行虛止於左臉外側，掌心向左，掌指向上。

〔視線〕隨左掌注視食指梢。

〔意念〕空左掌。（圖 152）

〔應用〕前式在應用中曾說明要規置好自己，不能有錯誤缺失。其實，筆者提倡循太極拳的規律練拳，就

圖 152

是逐漸退去身上本力，使自己減少和去掉自身的錯誤缺失。

前式以較多的筆墨陳述蹬腳、分腳的功用，是為習練者加強底盤功夫的訓練，從不同方向、方位運用腳功，練就紮實的基本功。

在內功基礎薄弱，周身僵緊本力不退的情況下，奉勸同道不要去推手。你的本力小於對手，技巧、靈活性比不過對手，不要強努，否則越推周身越僵緊，離太極拳功夫越遠。

2. 兩掌交叉（陽動，陽頂）

〔步型〕右腿隅位弓步。

〔方向〕面東。

〔方位〕正東。

〔實腳〕右腿實，隅位弓步，腳下為八方線中心點。

〔虛腳〕左腿虛，腳尖朝向正東。

〔實手〕左掌實。鬆腰，五指逐漸向外翻轉，掌心向外，鬆腕，外上弧運行，止於胸前，腕與肩平；同時鬆右胯，身形以鼻為中心，方位轉向正東。

〔虛手〕右臂鬆肩垂肘，右腕與左腕虛鬆交叉，右腕在裏，左腕在外。

〔視線〕順左右腕交叉上方中間平遠視。

〔意念〕空右掌掌心。（圖153）

〔應用〕從下而上鬆腳、踝、膝、胯、腰、肩、肘、腕、手等九大關節，左右腕交叉，形成一座堡壘式的右弓步中定空鬆體。

圖 153　　　　　　　　圖 154

3. 兩掌高舉（陰動、陰頂）

〔步型〕右單腿直立步。

〔方向〕面東。

〔方位〕正東。

〔實腳〕右腿實，單腿直立，立柱式身形，勿強直，右腹股溝微收，放鬆各大關節以支撐身體重量，鬆腳、鬆腰是支撐穩固身體重心的關要。右腳下為八方線中心點。

〔虛腳〕鬆提左虛腿，大腿與胯平，小腿，腳虛懸，不可掛力。

〔實手〕右掌實，外弧運行，以無名指引動，鬆肩向上運行。

〔虛手〕左掌虛，左右腕虛交叉，隨身形上起，左右臂鬆肩垂肘向上至極限，勿強直，左右胸窩微收。

〔視線〕順雙腕下平視。

〔意念〕空雙腕。（圖 154）

〔應用〕對方進攻，兩掌高舉空拿起對方，左膝提起準備以腳蹬之。

4. 分掌分腳（陽動，陽頂）

〔**步型**〕右單腿直立步。

〔**方向**〕面東北隅位。

〔**方位**〕正東。

〔**實腳**〕右腿實，單腿直立，立柱式身形。右腿勿強直，右腹股溝微收，鬆腰，鬆上下肢各大關節，以支撐身體重量，穩固重心。右腳下為八方線中心點。

〔**虛腳**〕左腿虛，在左右分掌時，左腿分腳踢出，方向為東北隅。

〔**實手**〕右掌實。左右掌上弧漸向上運行至極限，再下弧左右掌分掌，左右掌食指梢似摸倒扣的一口鍋的鍋底，右實掌分向身體南側，掌指向南，掌心向東，掌梢高於右肩。

〔**虛手**〕左虛手向前分掌，隅位，與左腳上下遙對，掌心向東，掌指向東北。

〔**視線**〕順左掌食指梢遠視。

〔**意念**〕空左掌。（圖155）

〔**應用**〕將對方拿起後向對方的小腹（腹胸部位）

圖155

踢，對方在失重的情況下，難以化解危困。

(三十一) 提膝轉身蹬腳

1. 兩拳交叉（陰動，陰頂）

〔步型〕右單腿直立步。

〔方向〕面東。

〔方位〕正東。

〔實腳〕右腿實，右單腿直立，仍為立柱式身形。右腿仍保持勿強直狀態，右腹股溝微收，從腳到手上下各大關節放鬆，鬆腰以支撐身體重量，保持平衡，穩固重心。右腳下為八方線中心點。

〔虛腳〕左腿虛，鬆力屈膝，空左腳，小腿懸垂，膝與胯平。

〔實手〕右掌實，鬆肩垂肘，掌漸變拳外弧運向正東，止於胸前，拳心向內。

〔虛手〕左掌虛，鬆肩垂肘，掌漸變拳，運向正東，止於胸前，拳心向內。左右兩腕交叉，左拳在外，右拳在內。

〔視線〕從左右兩腕交叉中間平視。

〔意念〕空右拳。（圖 156）

圖 156

〔應用〕單腿重心，虛腿抬起均為化解對方進攻，同時將對方拿起備踢的攻擊態勢。

2. 提膝轉身（陽動，陽頂）

〔步型〕右單腿直立步。

〔方向〕面北。

〔方位〕北隅位。

〔實腳〕右腿實。這是方向、方位轉動 90°的單腿直立式，周身各大關節要鬆，且節節貫串，鬆腰，注意陽頂，重心穩固。右腳腳前掌微提，以右腳後跟為軸，向左後轉約 70°，方向方位向北隅位。腳下為八方線中心點。

另一練法：年老體弱者，單腿平衡轉動困難，可向左後轉身，左腳落地，右腳轉法同。右腳轉過來後，左腿再提起。

〔虛腳〕左腿虛，鬆懸小腿，膝與胯平，左腳鬆的狀態不變。在右腿向左後側轉動時，左膝微鬆提引。

〔實虛手〕左右腕交叉鬆接，雙拳拳心向內不變，左腕在外。

〔視線〕順左右腕交叉中間平遠視。

〔意念〕空左拳。（圖157）

〔應用〕對方急撲來進攻，我則以轉身化解，隨機

圖 157

打擊對方。

3.舉拳變掌（陰動，陰頂）

〔**步型**〕右單腿直立步。

〔**方向**〕面北。

〔**方位**〕北隅。

〔**實腳**〕右腿實，單腿直立，立柱式身形。所有單腿直立式，周身要放鬆，尤其要鬆腰。腳下為八方線中心點。

〔**虛腳**〕鬆提左虛腿，大腿與胯平高，鬆懸小腿、踝、腳，虛腿虛淨勿掛力。

〔**實手**〕右拳實，拇指引動逐漸鬆開變掌，掌心向外，外弧向上運行。

〔**虛手**〕左拳展指變掌，掌心向外，左右腕交叉虛接，左掌在外。左掌隨右掌向上運行到極限，左右食指尖相接止。

〔**視線**〕前平視。

〔**意念**〕空右掌。（圖158）

〔**應用**〕分腳、蹬腳的動式，注意陰陽頂的把握，以平衡陰陽，穩固重心。鬆提膝屬陰動，以拿為主，手腳起，對方已經失去重心，容易被我發打。

圖158

4.分掌蹬腳（陽動，陽頂）

〔步型〕右單腿直立步。

〔方向〕面西。

〔方位〕西北隅位。

〔實腳〕右腿實，直立，立柱式身形。接上動，周身放鬆。腳下為八方線中心點。

〔虛腳〕左腿虛，在左右前後分掌時，左腳前蹬，方向為正西。

〔實手〕右掌實，從分掌始外弧向右後外運行，鬆肩垂肘不可強直，掌指向東，右後掌略高於左前掌。

〔虛手〕左掌虛，從分掌始外弧向左前正西位運行，鬆肩垂肘，臂不可強直，立掌，掌心向北，掌指向西。

〔視線〕順左掌食指平遠視。

〔意念〕空左右掌。（圖159）

〔應用〕接上動，拿起攻方雙腳重心後，左腳將對方踢出。

（三十二）進步栽捶

1.左掌虛按（陰動，陰頂）

〔步型〕右坐步。

〔方向〕面西南。

〔方位〕正西。

〔實腳〕右腿實，鬆腳，鬆踝，鬆胯，鬆腰，右腿坐步。腳下為八方線中心點。

| 圖 159 | 圖 160 |

〔虛腳〕左腿虛，左腳虛落於左側 45°隅位，腳跟虛著地，腳尖上揚。

〔實手〕左掌實，鬆肩垂肘，左掌外下弧摟至左膝前上方，掌心向下，掌指向西南。

〔虛手〕右掌虛，上弧運行，漸變虛鉤，虎口找右耳輪。

〔視線〕注視左掌食指梢。

〔意念〕空左掌。（圖 160）

〔應用〕對方上前攦我左手或抄我左腳，我鬆腳落地，鬆肩垂肘鬆左手，對方撲空。

2. 右掌前展（陽動，陽頂）

〔步型〕左弓步。

〔方向〕面西。

〔方位〕正西。

〔**實腳**〕左腿實。右腳鬆到頂，右腿減力變虛，左腿實變弓步。左腳下為八方線中心點。

〔**虛腳**〕右腿虛淨，由實變虛，鬆直勿彎曲。

〔**實手**〕右掌實。虛鉤展指漸變實掌，掌指向西，無名指引動，隨右坐步逐漸變左弓步，掌運行到左膝上方，上外弧前展，掌心向西。

圖 161

〔**虛手**〕左掌虛，掌心向下，掌指向西，虛止於左弓步膝左側。

〔**視線**〕順右掌拇指內側平遠視。

〔**意念**〕空右掌。（圖 161）

〔**應用**〕上動對方攦手、抄腳撲空後，為我右掌擊打對方胸部創造了機會。

3. 右掌展按（陰動，陰頂）

〔**步型**〕左坐步。

〔**方向**〕面西下望。

〔**方位**〕正西。

〔**實腳**〕左腿實，腳鬆到頂，正身形，腳下為八方線中心點。

〔**虛腳**〕右腿虛，在正身形時，右虛腳在左腳內側虛靠後伸向右側隅位，腳後跟虛著地，腳尖上揚。

〔**實手**〕右實掌掌心漸向下，外弧向前舒展，食指梢在左實腳正線上。注意勿前俯，收吸腹股溝，胸腹似向前俯。

〔**虛手**〕鬆肩、垂肘，左掌漸成虛鉤，鬆提至左耳輪外側，虎口對耳輪，鉤心向下。

〔**視線**〕注視右掌食指梢。

圖 162

〔**意念**〕空右掌。（圖 162）

〔**應用**〕對方攻來，叼我前掌，我鬆肩、垂肘、鬆腕，空拿對方，使對方撲空失利。

4. 左掌前展（陽動，陽頂）

〔**步型**〕右弓步。

〔**方向**〕面西。

〔**方位**〕正西。

〔**實腳**〕左腳鬆到頂，右虛腳鬆腳，鬆踝，鬆胯，鬆腰，平鬆落地，逐漸變轉為弓步。右腳下為八方線中心點。

〔**虛腳**〕左腿虛，由實逐漸變為右弓步的虛腿，勿強直，也不可彎曲。

〔**實手**〕左掌實，在右腿由虛變實的同時，左手虛鉤漸展指變掌，無名指引動，橫立掌、掌心向右，運行到右膝上位時，外弧偏立掌，掌心向西。

〔**虛手**〕右掌虛，摟膝止於右膝外側，掌心向下，掌指

圖 163　　　　　　　　　　圖 164

向前。

〔視線〕順左掌拇指中節內側平遠視。

〔意念〕空左掌。（圖 163）

〔應用〕接上動，對方抄腳，擄手撲空後，我出左掌擊打其胸部。

5. 左掌展按（陰動，陰頂）

〔步型〕右弓步，右坐步。

〔方向〕面西，西下位。

〔方位〕正西。

〔實腳〕右腿實坐步，右腳下為八方線中心點。

〔虛腳〕右腿實弓步漸虛減力，在右掌變拳提至右耳高時，左虛腳鬆淨前伸，經右腳內側虛靠不停向前、向左隅位 30°伸止，腳後跟虛著地，腳尖上揚。

〔實手〕右手實，上外弧鬆提至右耳輪外側，手鬆攏

漸變拳。

〔虛手〕左手漸鬆力變為虛掌，鬆肩垂肘，前外弧鬆落摟膝，止於左膝高處，掌心向下，掌指向前。

〔視線〕注視左掌食指梢。

〔意念〕空左掌。（圖 164）

〔應用〕左掌鬆截對方踢來的腳，對方又向我胸腹進招，我收臂擋回，對方撲空。

6. 右拳下栽（陽動，陽頂）

〔步型〕左弓步。

〔方向〕面西俯視。

〔方位〕正西。

〔實腳〕左腿弓步。腳下為八方線中心點。

〔虛腳〕右腿虛，腿長者，後隅位不限於 30°，可將右虛腳的步幅開大，以合適為好。

〔實手〕右手拳，向左腳大趾前下栽捶不可塌腰，以收吸左腹股溝作俯身栽捶狀態，陽頂部有神、虛靈。

〔虛手〕左掌虛，掌心向右，掌指向前，止於右臂臂彎處。

〔視線〕順拳食指中節下視。

〔意念〕空右拳。（圖 165）

圖 165

〔應用〕接上動，對方攻勢被瓦解撲空，右拳出擊，砸對方小腹部。

(三十三) 翻身撤身捶

1. 右拳上提（陰動，陰頂）

〔步型〕丁步。

〔方向〕面東。

〔方位〕東北隅位。

〔實腳〕左腿實，左腳以腳後跟為軸，腳尖向右扣轉90°，腳尖向北。此動不可用力扣腳轉身，以鬆腳、踝、膝、胯、腰等關節扣腳，注意陰頂的作用。八方線中心點在左腳下。

〔虛腳〕右腿虛，鬆右腳，虛提右腳跟，腳尖向東北隅位，如腿不舒服，右腿可向右微移。

〔實手〕右拳前外上弧運行，鬆肩、垂肘，小指引肘尖向正東。

〔虛手〕左掌虛，掌指向右，掌心向外，止於臂彎處。

〔視線〕隨轉身，以右肘尖上平視。

〔意念〕空右肘尖。（圖166）

〔應用〕關於太極技擊

圖166

的技術書籍圖書市場多見，在技擊講解中多以摟截敵腕，翻腕打之，下採左捌，跟步出拳，翻纏敵臂，進腿，腳踩，翻轉敵掌，收腕，托擊叼拳等等，諸技擊均品不出太極拳之陰陽虛實輕靈、開合、動靜的味道。

上世紀活躍在京城的吳圖南、楊禹廷、汪永泉三位大師的技擊，筆者見識過，挨過打，被打出若干公尺，周身內外卻很舒服，全然沒有被打的感覺。有時身體不爽，有小疾小恙，被大師發打幾次病也就好了。太極技擊的實戰變化萬千，經過幾代太極大師的實戰總結，根據太極拳的規律和特性，將技擊歸納為四種基本打法：

（1）以心行意，用意不用力，更不能用拙力；

（2）以靜制動，以虛待實，後發先制；

（3）以柔克剛，四梢虛空，化中有打；

（4）以小打大，以弱制強，以點打面。

2. 右肘下採（陽動，陽頂）

〔步型〕右弓步。

〔方向〕面東。

〔方位〕正東。

〔實腳〕右腳實，為陽動，鬆左腳，右虛腳向右側30°開腳，腳跟先虛著地，再逐漸全腳平鬆落地，成右弓步，腳下為八方線中心點。

〔虛腳〕左實腿鬆力逐漸變虛，腳跟外開，成為右弓步之虛腿，腳尖向東。

〔實手〕在變右弓步的同時，右捶前外下弧落於右膝上方，拳眼向上。

〔虛手〕左掌虛，虛隨右拳，掌心向下，掌指向南，虛扶於右拳上。

〔視線〕隨左掌食指，右弓步落定後，平遠視。

〔意念〕空右拳。（圖167）

圖167

〔應用〕同道想學練推手，可是有關太極拳推手技擊的書中多偏重講招法和本力的結合，很難找到太極陰陽變動在推手實戰中的應用。

太極拳的靈魂是鬆——鬆柔、鬆空、虛靈、鬆無，如果抽去拳之靈魂，還奢談什麼太極技擊。上動談到先輩拳家從實戰中總結的四種打法，下面剖析「以心行意，用意不用力，更不能用拙力」。

（三十四）右蹬腳（翻身二起腳）

1. 翻掌出步（陰動，陰頂）

〔步型〕右腿坐步。

〔方向〕面東，下望看左掌。

〔方位〕正東。

〔實腳〕左腳向左前45°虛伸，成右坐步，右腳下為八方線中心點。

〔虛腳〕左腿鬆，鬆腳，鬆腰。左腳經右腳內側向左

外側 45°隅位出腳，腳後跟
虛著地。

〔**實手**〕右掌實，依次
鬆拇指、中指、食指、無名
指、小指，拳變掌，掌心向
下，掌指向左。

〔**虛手**〕左掌小指引
動，外下弧翻轉，掌心向
下，掌指向右。左右兩掌上
下合，約一拳距。

圖 168

〔**視線**〕注視右掌食指梢。

〔**意念**〕空右掌。（圖 168）

〔**應用**〕對方叼左腕為陽，我鬆腳到手，展指拿腕為
陰，對方撲空，我下意識吸氣，對方氣堵雙腳漂浮。

2. 右掌舒展（陽動，陽頂）

〔**步型**〕左隅弓步。

〔**方向**〕面東。

〔**方位**〕正東。

〔**實腳**〕鬆右腳，收右腹股溝，左腳平鬆落地，漸成
左腿隅弓步。左腳下為八方線中心點。

〔**虛腳**〕右虛腿鬆淨勿強直。

〔**實手**〕左腿逐漸變轉為隅弓步的同時，鬆腰，右掌
向東北隅位 22.5°外上弧舒展，再向東南隅位 22.5°外弧運
行，右腕微高於肩，右掌坡形，掌心向下，掌指向前。

〔**虛手**〕左掌虛仰，中指輕扶右腕脈門鬆隨。

181

圖 169

圖 170

〔視線〕順右掌食指梢遠望。

〔意念〕空右掌。（圖 169）

〔應用〕上動對方叼我腕撲空，吸氣為陰，我順勢陰隱陽顯，出掌打擊。

3. 右掌回捋（陰動，陰頂）

〔步型〕左隅弓步。

〔方向〕面東北隅俯位。

〔方位〕正東。

〔實腳〕左隅弓步，腳下為八方線中心點。

〔虛腳〕右腿虛，原位不變，鬆腳，鬆胯，勿強直。

〔實手〕右掌實，鬆腳，鬆腰，鬆肩，垂肘，右掌外下弧向西北運行，止於左膝左側，掌心向左，掌指向下。

〔虛手〕左掌鬆，鬆肩垂肘，上弧止於右臉外側，掌心向右，掌指向上。

〔視線〕注視右掌食指梢。

〔意念〕空右掌。（圖170）

〔應用〕以下詮釋太極技擊四種基本打法之一：以心行意，用意不用力，更不能用拙力。較技雙方誰也不知道對方以什麼招法進攻和防守。我方應放鬆心態，心意放鬆，肢體不可用力，更不可以拙力進攻和防守。拳訣云「胸腹鬆淨氣騰然」「意氣須換得靈，外示安舒」。

從腳到手的各大關節要鬆，且節節貫串，這才有可能周身上下渾圓一體，完整一氣，也就是前文所說的先規置好自己。按照太極拳的規範使自身符合太極拳「關節要鬆，皮毛要攻，節節貫串，虛靈在中」的體能「規置好自己」，即內外相合、上下相隨的輕靈圓活。

「虛靈在中」站好位，周身上下沒有可攻擊的力點，對方就難以下手。

4. 兩掌交叉（陽動，陽頂）

〔步型〕左隅弓步。

〔方向〕面東。

〔方位〕正東。

〔實腳〕左腿實，左腳下為八方線中心點。

〔虛腳〕右腿虛，絕對不可掛力。

〔實手〕鬆腰、鬆肩、垂肘，右掌外上弧向胸位運行，止於胸前，掌心向左，掌指向上。

〔虛手〕左掌鬆腕從臉左側外弧運行至胸前止，腕與肩平，掌心向右，掌指向上，左右腕交叉，左腕在內，右腕在外。

〔視線〕順左右腕交叉中間平遠視。

〔意念〕空左右雙腕。（圖171）

圖171

〔應用〕太極技擊的第二種打法是「以靜制動，以虛待實，後發先制」。前右探馬式介紹了金庸先生對太極拳技擊的修養，他論道「自己的每一個行動中不能有錯誤缺失」，不能有「錯誤缺失」，即傳統太極拳術語「規置好自己」。再進一步論證「規置好自己」，在習練太極拳若干年後，如果真正遵循拳的規律，以拳理拳法規範行功，明白了八方線的運用，周身從腳到手九大關節放鬆，手指和腳趾的小關節也能放鬆。胸、腹鬆空，裹襠，溜臀，收小腹，收吸腹股溝都一一到位，還要頂上虛靈。

以上諸功法如均已把握，又經過內功修練，是不是大功告成，可以出山技擊？不可！僅此心武會友，廣結善緣。到自由運用技擊還須腳下「雙輕」，功夫上身。

5. 兩掌高舉（陰動，陰頂）

〔步型〕左單腿獨立步。

〔方向〕面東。

〔方位〕正東。

〔實腳〕左單腿獨立步，腳下為八方線中心點。

〔**虛腳**〕右腿虛鬆，提大腿與胯平，小腿虛懸，勿掛力。

〔**實手**〕左掌實，鬆肩，以無名指引動，外弧向上運行。掌心向外，掌指向上。

〔**虛手**〕右掌虛，順左腕外弧向上運行至極限。左右兩腕虛搭交叉，掌心向外，掌指向上。

圖172

〔**視線**〕順左右腕交叉下方平視。

〔**意念**〕空左右腕。（圖172）

〔**應用**〕所謂腳下「雙輕」，是指在拳術修練中，雙腳似站在加厚的地毯上、厚草坪上，或站在水上飄浮的木板上，自我感覺有離虛之感，對方碰你他便極容易失去重心，有飄浮之感。此時，你便具備了技擊能力，一般來力都不怕了。

欲修練腳下雙輕功夫，管道只有一條：練拳，循規蹈矩地練拳，太極功夫在拳裏。

6. 分掌蹬腳（陽動、陽頂）

〔**步型**〕左單腿獨立步。

〔**方向**〕面東南隅。

〔**方位**〕正東。

〔**實腳**〕左單腿獨立步，腳下為八方線中心點。

圖 173

〔**虛腳**〕在左右分掌時，右虛腿向東南 22.5° 蹬腳。表演蹬，腳尖接近右掌；功夫蹬，右腿越鬆越佳，蹬對方小腹、腿、胯。頭腦中不能有蹬的動意，左腳鬆，右掌空，左掌中指梢意遠，威力無窮。

〔**實手**〕左掌實，意想中指無限遠，食指輕扶對方。

〔**虛手**〕右掌虛實，食指輕扶對方。

〔**視線**〕順右掌食指梢遠視。

〔**意念**〕空左掌。（圖 173）

〔**應用**〕周身腿腳功夫已達中上乘，內功上身要注意手腳的關係。《打手歌》中唱道：「掤捋擠按須認真，上下相隨人難進。」「上下相隨」作何解？是指手腳的關係。內功修練進入技擊實戰應用階段，上下相隨的手和腳的關係本應按拳理拳法的規範解決。有些拳家在推手技擊時，腳雖牢牢站住，以兩手與對方過招，但對攻方沒有威脅，自己的重心也不能穩固。這是為什麼？尚達不到上下

相隨。

「上下相隨」很難理解，此訣被京城太極拳大師楊禹廷所破譯，活解為手腳結合。在拳中手腳結合，《內功篇》中有介紹，陰動腳引手，陽動手引腳，以修練上下相隨，手腳結合。修練功成上下相隨，手腳結合為一個統一體，形成威力無比的中定內功。這種中定內功，也有人稱中定勁，是任何本力也難以攻破的。

（三十五）左右打虎

1. 兩掌合下（陰動，陰頂）

〔步型〕左腿弓步。

〔方向〕面東北隅。

〔方位〕正東。

〔實腳〕左腿實，單腿獨立，雙掌向東北隅時，左腿鬆虛減力，逐漸變轉為左腿弓步。左腳下為八方線中心點。

〔虛腳〕鬆腰、鬆胯、鬆膝、鬆腳、鬆踝，右小腿鬆落，膝與胯平，右腳腳尖鬆垂。在左右兩掌雙合的同時，右腳向右後方西南隅位 30°鬆落，右腳後跟內側虛著地。

〔實手〕左臂鬆肩垂時，左掌以小指引動外弧鬆落，止於左膝外側，掌心向下，掌指向前。

〔虛手〕右掌以小指引動外弧運行，左右兩掌自然雙合，鬆落於左膝內側。

〔視線〕注視左掌食指梢。

〔意念〕空左掌。（圖 174、圖 175）

圖174

圖175

〔應用〕太極技擊的接手，是境界高的拳藝。練家常以力手接，高明的拳家以虛手接，虛接手已經相當規範，是知陰陽變化的修練者。最佳接手是「四梢空接手，接手點中走」。「四梢」指雙腳和雙手。太極拳愛好者可以在推手中練，在推手較技中悟道，但萬不可用力去推手，如此難以提高技藝。

2. 雙拳出擊（陽動，陽頂）

〔步型〕右弓步（高個腿長者可隅弓步）。

〔方向〕東南隅位。

〔方位〕正南。

〔實腳〕這一式的腳下變動多樣，但陰陽變轉不變，這種腳下變轉運用嫻熟之後，推手技擊穩操勝券。

此動為陽動，陽動手引腳。兩掌下捋到膝後，右腳尖向正南落平，隨後雙重過渡，漸成右腿弓步，右腳下為八

方線中心點。

〔**虛腳**〕左腿虛，在左
右腳雙重過渡到右腿弓步，
左腳東西方位不變，當左右
雙拳並舉出擊時，左腳腳前
掌向裏扣，腳尖向前。注意
裏扣腳掌之拳術極少，多為
外開腳後跟。

〔**實手**〕右掌實。鬆肩
垂肘，右掌鬆落於右膝內
側，掌心向下，掌指向前，

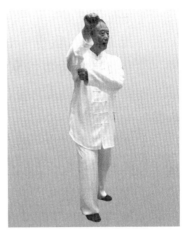

圖 176

不停，外上弧向右運行，掌過右膝，小指引動，五指漸鬆
攏為拳，右拳止於右側，右腕與眼同高，拳心向外，拳眼
向左。

〔**虛手**〕左掌虛。左掌虛隨右掌從左膝外弧至右膝，
過膝後，掌變拳隨右肘向上運行，停於右肘下方，拳眼向
上，拳心向後。

〔**視線**〕面東南隅，視線平遠視。

〔**意念**〕空右拳。（圖 176）

〔**應用**〕陽動，手引腳，雙拳出擊，從腳下返上來。
內功孕育在雙拳之中，打虎要打出氣勢，打出太極拳對攻
方的威懾力。不要誤認為臉上變色怒目而視是武術。

3. 合掌轉體（陰動，陰頂）

〔**步型**〕過渡步型。

〔**方向**〕面東。

〔**方位**〕正東。

〔**實腳**〕右腿實。鬆腳，右腳腳前掌向東扣90°腳尖向東。腳下為八方線中心點。

〔**虛腳**〕左腳虛，鬆左腳，鬆胯，左腳向西北隅位後伸，腳尖虛點地。

〔**實手**〕隨鬆腳、鬆胯，身體向東南隅位轉體45°，鬆肩垂肘，鬆腕，右

圖177

拳小指引動舒展五指變掌，向東南方向運行，腕與肩平，掌心向下，掌指向前。

〔**虛手**〕左拳逐漸舒展變掌，掌心向下，掌指向前，虛隨左掌。

〔**視線**〕注視右掌食指梢。

〔**意念**〕空左右掌。（圖177）

〔**應用**〕打虎式，拳和掌的變化有二。拳掌的變化是在陰動中完成，也在陽動中變化，這種變化比陰陽動互相變動要有些難度。此式中第二、四動為陽動，動作中由掌變拳，應如何把握呢？在手腳結合中，雙動為陽，陽動手引腳。在拳掌、掌拳的變動中，中間有瞬間的陰，作為陰陽變化的銜接點。在左右合掌外弧向右膝運行的過程中，左右掌過右膝，掌變化為拳，此時瞬間腰有一個開合，同時右肘陰垂，鬆肩垂肘，鬆腕，逐漸鬆攏五指成拳，完成掌拳變化。拳變掌也如此，變化前，腰、肘有瞬間陰，小

指引動五指逐一舒展成為掌。

4.雙拳出擊（陽動、陽頂）

〔步型〕左弓步。

〔方向〕面東北。

〔方位〕正北。

〔實腳〕左腿實。鬆左腳腳前掌，腳後跟鬆平落地，腳尖向北，雙重過渡後，漸變化為左弓步，左腳下為八方線中心點。

〔虛腳〕右腿虛。當左右掌鬆落於右膝上左右兩側時，右腿減力，漸成為左腿弓步之虛腿。

〔實手〕左掌實。左掌鬆落於右膝內側，掌心向下，掌指向前，繼續外弧向左膝運行，過左膝，左掌以小指引動五指鬆攏為拳，隨身形調正，左拳向左正線舒伸，鬆肩、垂肘、屈臂，止於面部左外側，腕與眼位平高，拳心向外，拳眼向右。

〔虛手〕右拳虛。隨左掌漸變化為拳，外弧止於左肘尖下方，拳心向裏，拳眼向上。

〔視線〕面向東北隅位，平遠視。

〔意念〕空左右拳。（圖178）

〔應用〕此動為打虎，一定要打出氣勢，還要打出太極拳的品味。臉變色，怒目而

圖178

視，有悖太極拳陰陽變化之根本。太極拳愛好者要以深厚的功力，由裏及表，打出有太極內功威儡力的靜如山岳、動若江河的威風。

（三十六）提步蹬腳

1. 舉拳變掌（陰動，陰頂）

〔**步型**〕左腿獨立步。

〔**方向**〕面北。

〔**方位**〕正北。

〔**實腳**〕左腿實。鬆左腳，鬆膝，鬆胯，鬆腰。左腿獨立支撐身體重量，為立柱式身形。左腳下為八方線中心點。

〔**虛腳**〕右腿虛。右虛腳上步，虛貼在左腳內側。隨即鬆提大腿，大腿與胯平，小腿鬆懸，勿掛力。

〔**實手**〕右拳實，鬆肩，以無名指中節引動，外上弧向上運行，臉露出時，拇指引動展開五指，拳鬆展為掌，掌心向左，掌指向上。

〔**虛手**〕左拳虛隨右拳。左拳舒展變掌，掌心向右，掌指向上，上弧運行至極限，左右掌食指虛接。

〔**視線**〕平視。

〔**意念**〕空右掌。（圖 179、圖 180）

〔**應用**〕單腿獨立支撐全身重量，屬太極內功。進入拳場的第一天，傳統吳式太極拳的拳師便以立柱式身形授第一課，經常單腿（腳）支撐身體重量，腳下增長功夫，負重腳又巧妙地不以力踩地，而是放鬆關節，節節間似有

圖179　　　　　　　　　　圖180

一種氣體將關節間相隔。重心腳要實足，不負重腳為虛腳，虛腳虛淨。日久，腳下產生一種源於陰陽變化，腳下雙輕，對方推按似推按上彈簧的太極腳。有一雙太極腳，技擊勝券在握。

2. 分掌蹬腳（陽動，陽頂）

〔步型〕單腿獨立步。

〔方向〕面向東。

〔方位〕正東。

〔實腳〕左實腿。單腿獨立步。鬆左腳，鬆膝，鬆胯，鬆腰，腳下為八方線中心點。

〔虛腳〕右虛腿。鬆胯，向東蹬腳（高低以自己合適為度，蹬腳亮鞋底）。

〔實手〕左掌實，左側分，小指引動外下弧運行至西北隅，掌心向東，略高於右掌，掌指向西北。

〔虛手〕右掌右前分，小指引動外下弧運行至東南隅位，右掌止於右腳尖上方，掌指向東南隅。

〔視線〕順右掌拇指梢平遠視。

〔意念〕空右掌。（圖181）

〔應用〕在蹬對方時，注意蹬腳瞬間不要有動意，腳上也不用力，右前掌也不

圖181

加力，而是輕輕扶對方，把握空腳、空掌；左掌也不加力，只是左掌食指梢遠放，則蹬腳的威力強大。

（三十七）雙峰貫耳

1. 兩掌下採（陰動，陰頂）

〔步型〕右弓步。

〔方向〕面東。

〔方位〕正東。

〔實腳〕右腿實。左腳鬆，鬆膝。右腿鬆落，右腳腳後跟虛著地，隨即右腿漸變弓步。右腳下為八方線中心點。

〔虛腳〕左腿虛。虛淨勿強直，也勿掛力。

〔實手〕左掌實，鬆肩、垂肘、鬆腕，小指引動，食指輕扶外下弧向東正線運行，掌心向上。

圖 182

圖 183

〔**虛手**〕右掌虛，鬆肩、垂肘、鬆腕，小指引動外下弧向東正線運行，掌心向上。左右掌同時到達一肩寬距時，分別向後鬆垂，過胯後鬆攏為鉤，止於左右胯兩側，鉤尖向上。

〔**視線**〕正前平視。

〔**意念**〕空左右雙腕。（圖 182、圖 183）

〔**應用**〕對方撲來為陽，我鬆肩垂肘，鬆空胸腹為陰，對方撲空，腳下失重。

2. 兩拳相對

〔**步型**〕右弓步。

〔**方向**〕面東。

〔**方位**〕正東。

〔**實腳**〕右腿弓步。腳下為八方線中心點。

〔**虛腳**〕左腿虛，鬆淨不掛力。

〔實手〕左手實。左手實鉤，漸鬆攏成拳，以無名指中節虛引，從身後外上弧向前正東位運行，止於左肩前方，拳與耳齊高。

〔虛手〕右手鉤漸變拳。與左拳同時運行，拳運行至正東位，左右拳拳面相對，相距兩個拳距，拳心向外。

〔視線〕從兩拳中間平遠視。

〔意念〕空左右雙拳。（圖184）

〔應用〕接上動，我雙拳重擊對方左右耳門。注意，勁力不要放在拳頭上，而是在腳，出擊為陽，手引腳。對方如蹲身，應及時變化，雙拳壓其雙肩或擊其胸。

（三十八）披身蹬腳

1.兩拳右轉（陰動，陰頂）

〔步型〕交叉步。

〔方向〕面東南。

〔方位〕東南隅位。

〔實腳〕右腿實，鬆右腳，以腳前掌為軸，腳跟向左轉45°，腳尖向南，腳下為八方線中心點。

〔虛腳〕左腿虛，虛淨。輕微抬起腳後跟。

〔實手〕左拳實，不動。

〔虛手〕右拳原位不動。

〔視線〕從兩拳中間平視。

〔意念〕空雙腕。（圖185）

〔應用〕在「打虎式」中談到接手，「接手點中走」，點是什麼？縱觀太極拳修道，談圈論點者不多，這

圖 184　　　　　　　　　圖 185

是太極高境界的拳藝。有人說圈大圈小，也許是從「亂環訣」演說為圈。圈說不如點說來得通俗，點中也有「陰陽相濟」，「陰陽相濟」是太極拳的本質，捨此無法論道。

　　筆者在習拳的過程，聽吳圖南、楊禹廷兩位大師說技擊拳道時，提到點，兩位大師的高足馬有清先生也說過點。京城楊式太極拳家汪永泉大師在他的《楊式太極拳述真》一書中提道：「一接點中求。」「點中求」解，是太極技擊接手功夫的聽、問、拿、放等法。楊禹廷大師說：「誰的點越小功夫越深。」陳鑫先生說：「其小無內。」

　　太極拳的最深內功的點也可稱為「全體透空」的最高境界。

2.兩拳交叉（陽動，陽頂）

〔步型〕歇步（亦稱背步）。

〔方向〕面東南。

〔方位〕正南。

〔實腳〕右腳實。右腿
弓，以鬆腳，鬆胯，鬆腰，
空胸、腹來完成。右腳下為
八方線中心點。

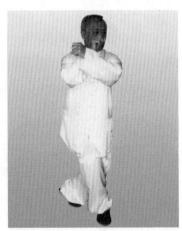

〔虛腳〕左腳虛，鬆
淨。鬆腳，鬆胯，膝鬆至距
地一拳距，腳直立，腳尖向
下虛著地。

〔實手〕左拳實。左拳
外弧內旋，拳心向內，拳眼

圖186

斜向上，左右拳交叉，左拳在外。

〔虛手〕右拳虛，右拳外弧內旋，拳心向內，拳眼斜
向上，左右拳交叉，右拳在內。

〔視線〕向東南隅位平遠視。

〔意念〕空右拳。（圖186）

〔應用〕此動要領，人體方位從東轉向正南，一、二
動兩次轉身，每次均轉45°，以保持上身的平衡。下蹲歇
步很難做。這個動作，後腿為虛，左腳以鬆配合，如掛力
則右腿難以平穩。右腿弓坐步，不要有蹲意，不可掛力，
從腳往上的大關節須逐一放鬆，還須溜臀、裹襠、空胸
腹，否則難以準確、平穩。

3.舉拳變掌（陰動，陰頂）

〔步型〕右腿獨立步。

〔方向〕面東南隅。

〔**方位**〕正南。

〔**實腳**〕右腿實。忌立身，應從腳往上節節貫串鬆起。腳下為八方線中心點。

〔**虛腳**〕左腿虛，鬆懸，膝與大腿平，小腿勿掛力。

〔**實手**〕左掌外旋，外弧向上運行，小指引動伸展五指，變轉為掌，掌心向外。

圖 187

〔**虛手**〕右拳外旋，外弧向上運行，小指引動鬆展五指，變轉為掌，掌心向外，右食指與左食指相輕接。

〔**視線**〕順左右兩掌相接下方平視。

〔**意念**〕空左掌。（圖 187）

〔**應用**〕前述太極點在技擊中的應用。筆者在全國走過幾個大城市，在太極拳修練中，以「點」訓練的少見。技擊變成以力較勁，較技巧，這種推手技擊與冠名太極的技擊之道是相悖的。欲深研太極拳體用結合者，應深入研究太極拳技藝的點，不可半途不前。關於點的教學，筆者在太極拳理論專著《太極解秘十三篇》第七篇「太微拳學修練篇」中有詳細論述。

4. 分掌蹬腳（陽動，陽頂）

〔**步型**〕右腳獨立步。

〔**方向**〕面東南。

〔**方位**〕正南。

〔**實腳**〕右腿實，立柱式身形。腳下為八方線中心點。

〔**虛腳**〕左腿虛，在左右分掌的同時，左腿向東南隅位前蹬。

〔**實手**〕右掌實，從上端極限與右食指分離，似摸倒扣的鍋底，外下弧向西運行，臂不強直，肘微垂，掌心坡形向南，掌指向上舒展。

〔**虛手**〕左掌虛，外下弧向東南隅位分掌，掌指向東南舒展，略低於右掌，止於左腳上位。

〔**視線**〕順左拇指上方平遠視。

〔**意念**〕空右掌。（圖188）

〔**應用**〕點的運用是十分巧妙的，筆者在實際操作中認為運用原則是接點不接面，打點不打面。如對方兩隻手攻來（陽），虛接對方一隻手（陰），在接一隻手中化掉來手的力，僅留一個力點相接，打對方也只是打一個點，絕對不能大面積施以技擊。如對方一隻手推我手臂，留下對方的虎口打其小指指根為佳。

（三十九）轉身蹬腳

1. 左腳右轉（陰動，陰頂）

〔**步型**〕轉身步。

〔**方向**〕面西。

〔**方位**〕西南隅。

〔**實腳**〕鬆右腿，從下往上鬆腳至手，右腳腳前掌微起。腳下為八方線中心點。

圖188　　　　　　　　　圖189

〔虛腳〕左腿蹬出後，鬆落於右腳前方，腳尖向西，腳後跟虛著地。

〔實手〕左掌實，鬆肩垂肘，掌指向東南隅。

〔虛手〕右手虛，掌指向西。

〔視線〕向西平視。

〔意念〕空左掌。（圖189）

〔應用〕雙方較技，接手瞬間，接虛不接實。如果對方手雙重，要製造一隻虛手——一隻手鬆腕在接觸點處虛接，如對方腳下漂浮，失重，我則可任意拿、發、打。

2.兩掌變拳（陽動，陽頂）

〔步型〕左腿坐步。

〔方向〕面北。

〔方位〕正北。

〔實腳〕左腳以腳後跟為軸，向內扣，身隨步換，身

形向右漸變轉為正北方位。左腿為實腳微坐步，腳尖向北，腳下為八方線中心點。

〔虛腳〕右腳虛，右腳右轉後，右膝微提，腳跟左收，右腳尖虛著地，虛靠在左腳內側。

〔實手〕右掌實，以小指引動，鬆攏五指為拳，鬆肩垂肘，外弧運行內旋至胸前，腕與肩平。

〔虛手〕左掌虛，以小指引動，鬆攏五指為拳，外弧內旋止於胸前，左右兩腕虛合交叉，左腕在裏。

〔視線〕平遠視。

〔意念〕空雙腕。（圖190）

〔應用〕對方腳下失重，接觸點上反映出對方無顧忌的實靠，實接。此時，對方難以把握自己的重心，對方失重，我可以採用任何手段予以打擊。

3.舉拳變掌（陰動，陰頂）

〔步型〕左腿獨立步。

〔方向〕面北。

〔方位〕正北。

〔實腳〕左腿實，腳下為八方線中心點。

〔虛腳〕右腿虛。鬆提大腿，與胯齊高，小腿鬆懸，勿掛力。

〔實手〕右掌實，鬆肩垂肘，以無名指引動外上弧運行。運行中，小指引動漸鬆展五指變掌，掌心向外，掌指向上。

〔虛手〕左掌虛，鬆肩垂肘外上弧向上運行至極限，拇指引拳逐漸展開為掌，掌指向上，左右食指虛接。

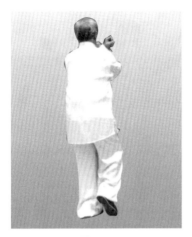

圖 190　　　　　　　　圖 191

〔視線〕平視。

〔意念〕空雙腕。（圖 191）

〔應用〕此動以後講解太極拳打法之二「以靜制動，以虛待實，後發先制」之功理功法。

4. 分掌蹬腳（陽動，陽頂）

〔步型〕左腿獨立步。

〔方向〕面向東北隅位。

〔方位〕正北。

〔實腳〕左腳實。本套拳法七個蹬（分）腳中須自下而上地放鬆各大關節，周身內外放鬆，充分體現立柱式身形的特點。左腳下為八方線中心點，穩固重心，平衡陰陽。

〔虛腳〕右腿虛，鬆左腳，鬆胯，向東北隅 45°蹬腳。

〔實手〕左掌實，左側分，小指引動向東北隅外下弧運行，左掌與頭平，掌心向外，掌指向西北隅。

〔**虛手**〕右掌在前，小指引動外下弧左側分，止於右腳上方，與眼平高，掌心向外，掌指向東北隅。

〔**視線**〕順右拇指梢平遠視。

〔**意念**〕空右掌。（圖192）

圖192

〔**應用**〕古典哲學關於虛靜學說論述頗多，僅舉幾言，「大道以虛靜為本」（丹經）；「動靜，靜者養動之根，動者以行其靜」（朱子）；「內以養之，安靜虛無」（周易參同契）；「靜者善之本，虛者靜之本」（張載）；「大道全憑靜中得」（金丹真傳）；「心靜可通神明」（養生名言）；「致虛極，守靜篤」；「柔弱處上」「柔之勝剛」（老子）。技擊的關要，先去研習虛靜。

（四十）上步搬攔捶

1. 右掌虛按（陰動，陰頂）

〔**步型**〕左腿坐步。

〔**方向**〕面東。

〔**方位**〕正東。

〔**實腳**〕左腿實，鬆左腿，逐漸變轉為坐步。左腳下為八方線中心點。

〔**虛腳**〕右腿虛，右腳
鬆落於東南隅線上，後腳跟
虛著地，腳尖上揚。

〔**實手**〕右掌實，右掌
前旋虛下舒展，掌心向下，
掌指向前，掌心遙對右腳尖
虛合。

〔**虛手**〕左掌虛，小指
引動鬆攏五指漸變虛鉤，鉤
背向上，虎口對左耳輪。

圖 193

〔**視線**〕注視右掌食指梢。

〔**意念**〕空右掌。（圖 193）

〔**應用**〕有朋友與人較技，不研究虛靜，總是想著去
打對手或防對手攻擊，理論上稱為「動意」。動意與虛靜
相悖，有動意難以在太極內功修練中有所成就，多數半途
而廢。

動意是太極拳體用結合之大忌，動意在先無法練好太
極拳。只有潛心研究虛靜，才有可能得到內功。很多對太
極拳拳理有真知灼見的明家，多勸說弟子不要去推手。楊
式太極拳家楊振基先生說：「推手不能長功夫，功夫是拳
上練出來的，不是推手推出來的。」一般習武者，以武論
英雄，推手的興趣濃於練拳，說服這些朋友，少推手多練
拳，研究虛靜，是十分重要的。

2.左掌前展（搬）（陽動，陽頂）

〔**步型**〕右弓步。

〔方向〕面東。

〔方位〕東位。

〔**實腳**〕右腿實弓步。腳下為八方線中心點。

〔**虛腳**〕左腿虛，勿強直。

〔**實手**〕左掌實，橫立掌無名指引動，運行至左膝上方偏立掌，掌心向東，掌指向上。

〔**虛手**〕右掌變轉虛，掌心向下，鬆落在右膝側。

〔**視線**〕從左拇指、食指中間遠視。

〔**意念**〕空腰。（圖194）

〔**應用**〕筆者在太極拳修練中，深深體會到習練太極拳應去心理障礙，無任何障礙練拳，故有「三動三不動」一文公佈於眾。動意嚴重阻礙太極內功的修練。如何與對手較技，心裏想著打敗對手，而又想不要被對方打倒，這就是心腦中的動意。這種動意，是自己為自己修練太極內功橫在路上的一個障礙，不除此障礙難以進入太極之門。

3. 左掌回捋（陰動，陰頂）

〔**步型**〕右坐步。

〔**方向**〕面東南隅，下位。

〔**方位**〕東南隅位。

〔**實腳**〕右腿實，右坐步，右腳鬆，上鬆到頂，為左腳上步創造條件。腳下為八方線中心點。

〔**虛腳**〕左腿虛，虛淨。上步向左隅位30°舒伸，腳後跟虛著地，腳尖上揚。

〔**實手**〕左手實，從右腳正線外下弧運行，左掌虛扶在右拳拳眼之上。

圖 194　　　　　　　圖 195

〔虛手〕右手以小指引動外上弧運行，鬆攏空心拳，拳眼向上，止於小腹右側與左掌虛合。

〔視線〕注視左掌食指梢。

〔意念〕空左掌。（圖 195）

〔應用〕陰頂。注意圓頂，視線注視左掌食指梢，此動不能低頭。

4.右捶前起（搬）（陽動，陽頂）

〔步型〕左腿弓步

〔方向〕面東偏北。

〔方位〕正東。

〔實腳〕左腳平鬆落地，左腿漸實弓步，右腿虛減力。腳下為八方線中心點。

〔虛腳〕右腿虛，勿強直。

〔實手〕右拳實，外上弧向東正位運行，拳與肩齊

高，拳面向東。

〔虛手〕左掌虛，俯掌覆於拳眼上，隨拳動而動。

〔視線〕順左掌食指梢遠望。

〔意念〕空右拳。（圖196）

〔應用〕拳的應用，注意要虛攏空拳。相反，以力成拳，表面有威力，但用時不靈活，也無威懾力量。空拳，看上去力量不足，但此拳是以陰陽變化為根本的，鬆柔、鬆空為靈魂的，有太極拳特性的，具有太極內功的捶。如上步攬雀尾，右手拳上步，實拳難以上步，拳友們可試驗。

5. 左掌回捋（攔）（陰動，陰頂）

〔步型〕右坐步。

〔方向〕面東。

〔方位〕正東。

〔實腳〕右坐步，右腳下為八方線中心點。

〔虛腳〕左腳虛，腳後跟虛著地，腳尖上揚。

〔實手〕左掌實，隨右捶外弧鬆肩垂肘，回捋至左肋側，左掌外上弧運行，停於右正線、右坐步前方，食指遙對鼻尖，掌心向右，掌指向上。

〔虛手〕右拳虛，右拳回捋至左肋前，掌拳分離，右拳鬆回捋於右肋側，上臂與前臂垂直，前臂平橫直，拳面向前，拳眼向上。

〔視線〕注視左掌食指上方。

〔意念〕空左掌。（圖197）

〔應用〕右拳鬆淨待發，打出去的拳格外有威力，此稱內功之拳。

圖 196　　　　　　　　　圖 197

6. 右拳前出（陽動，陽頂）

〔步型〕左弓步。

〔方向〕面東。

〔方位〕正東。

〔實腳〕左腳虛變實。左腳平鬆落地漸變為左弓步，腳下為八方線中心點。

〔虛腳〕右腿虛，虛淨，勿強直。

〔實手〕右捶實，右捶上外弧運行，從左掌掌心處向前出捶，拳眼向上。

〔虛手〕左掌虛，鬆肩垂肘，鬆腕立掌，隨右拳上弧向前。

〔視線〕順右拳食指中節上方平遠望。

〔意念〕空右拳。（圖 198）

〔應用〕出拳並不是伸出右臂打出右拳，而是右拳空

圖 198　　　　　　　　　　圖 199

隨右坐步，經過左右腳的虛實變動，右腿減力，左腿逐漸
加力，成為左腿實弓步，貌似出拳，實則為右正線的拳，
經腳下的虛實變轉，右拳出在左正線上。拳走弧線再向上弧
運行，腳下變化一個左右弧線，其技擊威懾力自然顯現。

（四十一）如封似閉

1. 回拳立掌（陰動、陰頂）

同（九）如封似閉第 1 動。（圖 199）

2. 兩掌前展（掤）（陽動，陽頂）

同（九）如封似閉第 2 動。（圖 200）
　〔應用〕太極推手很微妙，介紹推手口訣，供同道研
究：

圖 200

圖 201

八在

1.在有意無意之間；　　　2.在不偏不倚之間；

3.在忽隱忽現之間；　　　4.在自然與不自然之間；

5.在虛與實之間；　　　　6.在動與靜之間；

7.在輕靈與不輕靈之間；　8.在用手與不用手之間。

（四十二）抱虎歸山

1.兩掌前展（陰動，陰頂）

同（十）抱虎歸山第 1 動。（圖 201）

〔應用〕以下 25 個拳式修練、推手口訣，請拳友在練拳、推手實踐中摸索運用。

2.兩掌展開（陽動，陽頂）

同（十）抱虎歸山第 2 動。（圖 202、圖 203）

圖 202　　　　　　　　　圖 203

〔應用〕（1）上下一條線，腳下陰陽變，頭上虛靈頂，妙手空靈轉。

（2）四梢空接手，接手點中走。

3. 兩掌上掤（陰動，陰頂）

同（十）抱虎歸山第 3 動。（圖 204、圖 205）
〔應用〕（3）接虛不接實，打虛不打實。

4. 兩腕交叉（陽動，陽頂）

同（十）抱虎歸山第 4 動。（圖 206）
〔應用〕（4）接點不接面，打點不打面。

（四十三）左右隅步摟膝

1. 左掌斜摟（陰動、陰頂）

同（十一）左右隅步摟膝第 1 動。（圖 207）

圖 204

圖 205

圖 206

圖 207

〔應用〕（5）對方雙手進攻急，切記製造半邊虛。

（6）立柱式身形，單腿重心，實腿實足，虛腿虛淨。

（7）收吸腹股溝，是前中心。鼻尖、膝尖、腳尖，二尖相對。

圖 208

2. 右掌前展（陽動，陽頂）

同（十一）左右隅步摟膝第 2 動。（圖 208）

〔應用〕（8）溜臀是後中心，尾閭垂直至實腳的腳後跟。

（9）胯以上肩以下不動，胸腹似燈籠。

（10）不丟不頂，先是不動。

3. 右轉回捋（陰動、陰頂）

同（十一）左右隅步摟膝第 3 動。（圖 209、圖 209 附圖）

〔應用〕（11）手動腳不動，腳動手不動，手腳齊動還是手不動。

（12）空腰轉胯，虛胯不動轉實胯。

圖 209

圖 209 附圖

圖 210

圖 210 附圖

4. 左掌前展（陽動，陽頂）

同（十一）左右隅步摟膝第 4 動。（圖 210、圖 210 附圖）

〔應用〕（13）周身上下一個動點一個不動點，周身

處處都有動點不動點。

（14）動則鬆腳，動則空腰的同時分腰。

（四十四）隅步攬雀尾

1. 左掌翻轉（陰動，陰頂）

同（十二）隅步攬雀尾第 1 動。（圖 211）
〔應用〕（15）鬆肩垂肘手要空，食指輕扶。

2. 右掌前展（陽動，陽頂）

同（十二）隅步攬雀尾第 2 動。（圖 212）
〔應用〕（16）陽動皮毛攻，陰動瞬間骨變空。

3. 右掌回捋（陰動、陰頂）

同（十二）隅步攬雀尾第 3 動。（圖 213）

圖 211

圖 212

圖 213

圖 214

圖 215

〔應用〕（17）陰動的起始點是陽動的終止點。陽動的起始點是陰動的終止點。陰動虛中虛，陽動實中實。

4.右掌前掤（陽動、陽頂）

同（十二）隔步攬雀尾第 4 動。（圖 214、圖 215）

〔應用〕（18）上下相隨，內外相合。周身上下內外一致。

5.右掌前展（陰動，陰頂）

同（十二）隅步攬雀尾第5動。（圖216）

〔應用〕（19）太極無手，周身處處皆是手。

6.右掌右展（陽動，陽頂）

同（十二）隅步攬雀尾第6動。（圖217）

〔應用〕（20）太極不用手，手到不要走。

（四十五）斜單鞭

1.右掌變鉤（陰動，陰頂）

同（十三）斜單鞭第1動。（圖218）

圖216   圖217

圖 218

圖 219

〔應用〕（21）順人之勢，安舒中定。（22）刺皮不刺骨，刺骨勁定堵。（23）引進落空，捨己從人。（24）求之不得，不求也不得。（25）接手分清你和我，你我之間不混合。

2. 左掌弧捋（陽動、陽頂）

同（十三）斜單鞭第 2 動。（圖 219）

〔應用〕以上「八在」和「25 口訣」是從拳譜及個人體會中篩選出來的，不一定適合每個人的應用。希望在運用中選出更多、更適合大家應用的口訣予以充實。

（四十六）野馬分鬃

1. 兩掌內合（陰動，陰頂）

〔步型〕左腿坐一字步。

〔**方向**〕面西。

〔**方位**〕西正線。

〔**實腳**〕鬆左腳，左腿實，左腳腳前掌向內扣45°，腳尖向西，身形轉向正西方位，成坐步式，腳下為八方線中心點。

圖220

〔**虛腳**〕右腿虛。右腿向左，右膝虛貼左膝，腳後跟虛著地，腳尖上揚。

〔**實手**〕右手實。右鉤手以小指引動向西正線舒展五指，掌心斜坡向上，右抱七星，掌指向前，拇指遙對鼻尖。

〔**虛手**〕左手虛。以小指引動外弧向左腳正線運行，止於右肘內側，食指、拇指虛貼於右肘臂彎處，成右抱七星狀。

〔**視線**〕注視右大指上方。

〔**意念**〕空右掌。（圖220）

〔**應用**〕太極技擊第三種打法是「以柔克剛，四梢虛空，化中有打」。「以柔克剛」是一句流傳極廣的武術術語，各門各派都知曉以柔克剛的用法，而太極拳人對以柔克剛之語有獨特的理解。接對方來手，一定要虛接、鬆接，來手為陽，虛鬆接為陰。有練家常說太極拳剛柔相濟，太極拳技藝有沒有剛呢？以筆者多年練拳之體驗，太極拳只有陰陽變轉，舉動輕靈，用意不用力，動分虛實，動靜開合，安舒中正，虛實漸變，勿有力點等具有太極拳

特點的技藝。太極拳的最高境界為鬆柔、鬆空（全體透空）、鬆無（無形無象）。拳論中有一句「極柔軟，然後極堅剛」，這個「剛」不是練家的，練家的「極柔軟」對方感覺「極堅剛」。只有多年循太極拳之規律修練，方可體驗出此真諦。

為什麼太極拳有「剛柔相濟」之說呢？有「剛」證明鬆功、內功未進身，仍處於中級功夫階段，本力未退盡，故有剛象。「剛」絕不是太極拳上乘功夫。

2.右掌下採（陽動，陽頂）

〔步型〕左腿隅坐步。

〔方向〕面西。

〔方位〕西正位。

〔實腳〕左腿實，隅位坐步，腳下為八方線中心點。

〔虛腳〕右腿虛。右腿向右45°鬆移，右腳後跟虛著地，腳尖上揚。

〔實手〕右掌實。以小指引動外弧向左下運行，鬆落於左膝前，掌心向左，掌指向下。

〔虛手〕左掌虛。以無名指引動外上弧運行止於臉右側，掌心向右，掌指向上。

〔視線〕平遠視。

〔意念〕空右掌。（圖221）

圖 221

〔應用〕同道知道了「剛」不是太極拳的上乘功夫，必須在拳法修練中去悉心體驗。

剛是什麼，是力，是本力，是拙力。我們太極拳人在多年的修練中，要將本力在修練中退掉，從心腦中退掉，從理論上退掉。總之，退去身上本力，將拙力退乾淨。頭腦中沒有了剛，方可談太極內功進身。

剛，是人體中進入內功的攔路虎、把門官，不退去剛，難進入鬆功。以鬆柔接對方剛手的進攻，也稱為「以柔克剛」，化去對方剛的同時對方腳失重，給以還擊，達到化中有打的技藝顯示。

筆者經常在動中提到「正線」。左右腳，哪隻腳是實腳，則此腳下是八方線中心點。

太極拳的方向方位性極強，不得偏離，否則「差之毫釐，謬以千里」。

3. 兩掌相合（陰動，陰頂）

〔步型〕左腿隅坐步。

〔方向〕面西。

〔方位〕西正位。

〔實腳〕左腳實。隅位坐步，左腳下為八方線中心點。

〔虛腳〕右腳虛。虛腳勿強直。

〔實手〕右實手在左膝前，無名指引動上弧運行，止於腹部前，前臂平，掌心向左，掌指向前。

〔虛手〕左虛手在右耳側，小指引動下外弧運行，止於腹部前，前臂平，掌心向右，與右掌掌心相合，掌指向前。

〔視線〕平視。

〔意念〕空右掌。（圖222）

圖222

〔應用〕退去身上本力，應在「內功篇」的修練中解決。修練者把握鬆功後，內功上身，一般情況下，本力不會再冒出來。

前文已經介紹，雙方較技「以靜制動」為上乘技擊心法。凡對方以剛力攻來，證明他還不具備太極拳特性的理論知識，身體內不具備鬆柔內功。相遇以力較技的對方，對於具有內功的太極拳修練者，此時最為興奮，因為對方技擊水準僅是「小學生」，剛勁十足，以太極拳的陰陽變化、舉動輕靈、動靜開合、虛實漸變等功法對付本力、拙力的剛是輕鬆愉快，很有興味的，這是太極技擊藝術。

4. 右肩右靠（陽動，陽頂）

〔步型〕右腿隅弓步。

〔方向〕面南，低首南下望，注意不丟頂。

〔方位〕西正位。

〔實腳〕右腳實。鬆左腳，收吸右腹股溝，右腳平鬆落地，漸成弓步，右腳下為八方線中心點。

〔虛腳〕左腿虛，鬆腳減力，漸變成右隅弓步之虛腿，鬆淨勿強直。

〔虛實手〕左掌實，右掌虛，左右掌從腹位前上下分，小指引動左掌下外弧運行，止於左胯前，掌心向下，與左腳面上下遙對，掌指向前。右掌無名指引動，上外弧運行止於右側隅位，上臂與肩平，前臂斜上，右掌斜坡上，掌心向上，掌指向前。

圖 223

〔視線〕追左掌注視食指梢下望，注意圓頂不可低頭。

〔意念〕空右掌。（圖 223）

〔應用〕靠式不可以肩力靠。

雙方在技擊中，奉勸練家手腳空接對方來手，虛空接手已經操百分之五十的勝券。空接手化去對方來力，對方遇空——陽遇陰，腳下失重。在化去對方來力的同時，化中有打，不可錯過瞬間的戰機。

5. 右掌回捋（陰動，陰頂）

〔步型〕右隅弓步。

〔方向〕面西。

〔方位〕西正位。

〔實腳〕右腳實，右隅弓步，腳下為八方線中心點。

〔虛腳〕左腿虛，虛淨，勿強直。

〔實手〕左手實，無名指引動外弧運行，鬆肩垂肘，

鬆腕，止於右膝內側，掌心向右，掌指向下。

〔虛手〕右掌虛，鬆肩垂肘，鬆腕，以小指引動外弧向左回捋，止於左臉外側，掌心向左，掌指向上。

〔視線〕前平視。

〔意念〕空右掌。（圖224）

圖 224

〔應用〕注意體驗陰陽變化。左掌實，注視左食指梢，右掌虛，實戰中，右掌打擊對方，右肩靠，均不得用力，請體驗。

6. 左腳上步（陽動，陽頂）

〔步型〕右腿隅坐步。

〔方向〕面西。

〔方位〕西正位。

〔實腳〕右腿弓步漸變右腿坐步，鬆右腳，從下往上鬆踝、膝、胯、腰、肩等九大關節來完成。右腳下為八方線中心點。

〔虛腳〕左腳虛，鬆實腳意識到頂，虛腳自然提起，向前經右腳內側止於左隅位45°，腳後跟虛著地，腳尖上揚。

〔虛實手〕左掌實，虛貼左膝內側，掌心向外，掌指向下。右掌虛，掌背虛貼臉部左側，掌心向左，掌指向

上。

〔視線〕平遠視。

〔意念〕空左掌。（圖 225）

〔應用〕二人較技，關要是在接觸點上作文章。接觸點上不丟不頂，化去對方來力的同時，是最佳的打擊瞬間，稍停即逝，勿失戰機。對方進攻為陽，在陰陽變化中以陽隱陰顯，以陰化解困境。

7. 兩掌內合（陰動，陰頂）

〔步型〕右隅坐步。

〔方向〕面西。

〔方位〕西正位。

〔實腳〕右腳實，右坐步，右腳下為八方線中心點。

〔虛腳〕左腿虛，腳後跟虛著地，腳尖上揚。

〔虛實手〕左掌外上弧運行，右掌下外弧運行，同時止於腹前，兩掌掌心內合，以鬆右腳來完成。

〔視線〕平視。

〔意念〕空右掌。（圖 226）

〔應用〕二人較技，凡進攻者為陽，防方絕對不能以陽接手，陽接陽是剛對剛，結果是力頂力，是力的較量。

對方陽攻，一定以陰虛接，鬆接、空接。如對方佯攻，出間諜手，虛攻探我虛實，我以中定手空接，從聽勁中識破對方來意後，利用有利時機給予對方以打擊。

8. 左肩左靠（陽動，陽頂）

〔步型〕左腳隅位弓步。

圖 225　　　　　　　　圖 226

〔**方向**〕面北下視，注意勿低頭丟頂。

〔**方位**〕西正位。

〔**實腳**〕左腿實，左隅位弓步，左腳下為八方線中心點。

〔**虛腳**〕右腿虛，虛腿勿強直。

〔**實手**〕右掌實，外上弧運行，小指引動舒展至腹前與左掌虛錯後，鬆肩垂肘，向右腳正位前鬆落，掌背向上，掌指向前。

〔**虛手**〕左掌虛，無名指引動，外上弧向西面隅線運行至極限止，前臂斜坡上，不可強直，鬆腕，掌心向上，掌指向前。

〔**視線**〕順右掌食指梢下望。

〔**意念**〕空左掌。

〔**應用**〕此為靠式，注意鬆肩不能有靠的動意，有動意則左半身僵。左肩、左胯應鬆空。（圖 227、圖 227 附圖）

圖 227　　　　　　　　　圖 227 附圖

9. 左掌回捋（陰動，陰頂）

〔步型〕左隅弓步。

〔方向〕面西。

〔方位〕西正線。

〔實腳〕左腳實，左腿隅位弓步，左腳下為八方線中心點。

〔虛腳〕右腿虛，虛淨，勿強直。

〔實手〕左手實。左掌小指引動外弧運行，鬆肩垂肘，鬆腕，左掌止於臉右外側，掌心向右，掌指向上。

〔虛手〕右掌虛。右掌以無名指引動，鬆肩垂肘，外弧運行，止於左膝內側，掌心向內，掌指向下。

〔視線〕平視。

〔意念〕空右掌。（圖 228）

〔應用〕虛實腳陰陽變轉，注意以減法操作。實腿變

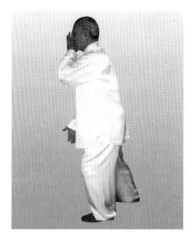

圖 228

轉為虛，虛腿變轉為實，都應先減去實腿的支撐力，再逐漸虛腿變實。

10. 右腿上步（陽動，陽頂）

〔步型〕左隅坐步式。

〔方向〕面西。

〔方位〕西正位。

〔實腳〕右腿實，左隅坐步，左腳下為八方線中心點。

〔虛腳〕右腿虛。鬆左腳，意識到頂，右腿輕輕提起前上，虛靠左腳內側後，向右 45°隅位舒伸，腳後跟虛著地，腳尖上揚。

〔實手〕左手實，左掌掌背虛貼臉右側不動，掌指向上。

〔虛手〕右手虛，虛靠在左膝內側，掌指向下。

〔視線〕西平遠視。

〔意念〕空左掌。（圖229）

〔應用〕太極技擊的第四種打法是「以小打大，以弱勝強，以點打面」。筆者認為太極拳體用結合，體為習練拳架，從拳中練出功夫，內功進身，內外雙修，練出健康，養生延壽。一般功夫者不要輕易與他人動手，以免傷內。太極技擊是大工程，這是筆者在多篇文章中不斷提到的。如果不是陰陽變化，舉動輕靈，以意行功，不用勁力的技擊，憑本力加技巧的技擊，嚴格說不是太極技擊。

11. 兩掌內合（陰動，陰頂）

〔步型〕左隅坐步。

〔方向〕面西。

〔方位〕西正線。

〔實腳〕左腿實，左腿隅坐步，左腳下為八方線中心點。

〔虛腳〕右腿虛，右腳後跟虛著地，腳尖上揚。

〔實手〕左手實。鬆肩垂肘鬆腕，以小指引動，外下弧運行止於腹部前，前臂平，掌心向右，掌指向前。

〔虛手〕右掌虛，鬆肩垂肘鬆腕，以無名指引動外上弧運行止於腹前，前臂平，掌心向左，掌指向前，左右掌虛合。

〔視線〕平視。

〔意念〕空左掌。（圖230）

〔應用〕「以小打大」，不是人小個頭兒小，去打敗一位高個頭兒的大漢，或者本力小去打敗比自己力大的

圖 229　　　　　　　　圖 230

人。以小打大是指個頭兒矮小者把握了太極內功，以太極功夫制服本力大、個頭兒高、會武術技巧的人。「以弱勝強」也可以併入「以小打大」同一解釋。小和弱要想打敗大和強，不是力量和技巧可以勝任的，小打大、弱勝強不是力氣活，也不是技巧可以擔當起來的，是功夫，太極功夫可以擔此重任。憑什麼？憑太極內功的陰陽變化、輕靈和虛靈、虛實漸變、動靜開合、空手輕扶等內功。

12. 右肩右靠（陽動，陽頂）

〔步型〕右腿隅位弓步。

〔方向〕面南，低首南下望，注意不丟頂。

〔方位〕西正位。

〔實腳〕右腿實，鬆左腳，收吸右腹股溝，右腳平鬆落地，漸變弓步，腳下為八方線中心點。

〔虛腳〕左腿虛，鬆腳減力，漸變成右隅弓步之虛

腿，鬆淨勿強直。

〔虛實手〕左掌實，右掌虛，左右掌從腹位前上下分，左掌下外弧運行，止於左胯前，掌心向下，與左腳腳面上下遙對，掌指向前；右掌無名指引動，外上弧運行，止於右側隅位，右掌斜坡上，掌心向上。

〔視線〕注視左掌食指梢。

〔意念〕空左掌。（圖231）

〔應用〕太極技擊，說到底，是給對方的來力找出路，來力沒有出路是頂牛。技擊有技擊的規律，無固定打法，俗話說拳打兩不知，給來力找出路，是太極技擊的規律。有人教技擊，東來以西迎擊之類的法，說白了是招、是力，不是技擊的妙法，技擊的根本是「順其來勢」。

（四十七）玉女穿梭

1. 左掌上展（陰動，陰頂）

〔步型〕右獨立步。

〔方向〕面西偏北。

〔方位〕正西。

〔實腳〕右腿實。尾閭（即長強穴）與右腳腳後跟上下遙對，也稱「坐」在右腳後跟上。周身重量在右實腿，膝不著力，大腿支撐全身。

〔虛腳〕左腿虛淨。左腿上步虛靠在右腳內側，腳前掌點地，腳後跟鬆起。注意：轉動身形不可以腰帶，正確操作，空腰轉胯。

〔實手〕右掌實。陰掌向前舒展，掌指食指引動，中

圖 231　　　　　　　　　　圖 232

指、無名指、小指、拇指向前下翻轉漸變俯掌。

〔虛手〕左掌虛。掌心向右，無名指引動，向上舒展運行在右臂下，仰掌，食指、中指、無名指、小指指尖顯露在右臂外側。

〔視線〕隨視左掌食指梢。

〔意念〕鬆虛左掌小指。（圖 232）

〔應用〕凡在技擊文中多以招數示眾。如敵擊我頭部，我以勾掛擊敵之臉面下頜，閃頭；敵擊我胸，轉身捋之；敵刁腕我翻之等等不一而足。這些歸為招術，是表，不是根本。

2. 左掌弧掤（陽動，陽頂）

〔步型〕左隅弓步。

〔方向〕面西南隅位。

〔方位〕正西偏南。

〔**實腳**〕左腳實，實足。虛右實腿，減支撐力，左掌動，左腳向隅位舒伸，由腳後跟虛著地逐漸過渡到全腳平鬆落地，成左隅位弓步式。

〔**虛腳**〕右腿虛，鬆為隅位弓步之虛腿，不可強直。

〔**實手**〕左掌實。仰掌，從右肘下循弧形線向西南隅位運行。陽動實手引腳。

〔**虛手**〕右掌虛，俯掌，中指輕扶左腕脈門虛隨。

〔**視線**〕順左食指梢向西南隅遠視。

〔**意念**〕空左掌。（圖 233）

〔**應用**〕二十七式「左高探馬」第 1 動，在技擊問題中闡述道：「太極技擊不是力量和技巧的較量，在拳術修練中，體內有了鬆柔功夫的基礎」，這個「鬆柔功夫的基礎」也就是太極內功。技擊是內功本能的反映，不是招式的應對，請練家注意內功修練不可在招數上花費更多時間。

3. 左掌反採（陰動，陰頂）

〔**步型**〕右腿隅位坐步。隅步右腳尖和左腳跟在一條線上，但身高腿長步可大些，身矮腿短者步型小些，不強求一致，練拳以下盤舒服、適中為好。

〔**方向**〕面西南漸面南。

〔**方位**〕正南。

〔**實腳**〕右腿實，實足。左隅位弓步，逐漸變轉為右腿隅位坐步。

〔**虛腳**〕左腿虛，虛淨。左隅位弓步漸變轉為右隅位坐步。左腿減力，漸虛淨，腳尖上揚。

圖 233　　　　　　　　圖 234

　　〔**實手**〕左掌實。以無名指引動，外上弧向東南隅線運行，鬆肩、垂肘、舒腕、空手展指，漸變立掌，掌心向前，指尖朝上，停於東南隅位，左腕與頭平。

　　〔**虛手**〕右掌虛，掌心向下漸立掌，掌心向左，指尖朝上，左臂鬆肩、垂肘，虛隨左掌運行，虛停於右臂臂彎前。

　　〔**視線**〕視線隨左掌食指，注視右掌食指上。

　　〔**意念**〕空左右腕。（圖 234）

　　〔**應用**〕牢記「四梢空接手，接手點中走」，太極拳老譜有精華拳訣：「接手分清你和我，彼此之間不混合。」

4. 右掌隅出（陽動，陽頂）

　　〔**步型**〕左隅位弓步。
　　〔**方向**〕面西南。
　　〔**方位**〕西位。

〔**虛實腳**〕由右腿實隅坐步鬆右腿，減力，從 10 漸減為 0，右腿虛直。左腿由虛漸變為實，成隅位弓步，腳下為八方線中心點。

〔**實手**〕右掌實，掌心向前，掌指略向西偏，成斜立掌。隨右腿坐步漸變左腿弓步，右掌向隅位上弧形線前展，手追視線。

〔**虛手**〕在右左腳變轉陰陽重心時，左掌無名指引動，上外弧運行。右實掌到位後，鬆左腕，虎口撐圓向下，與右虎口上下遙對。左右兩臂的前伸為舒展，不可強直，肘微自然下垂。

〔**視線**〕從右掌拇指關節橫線遠視，手追視線。

〔**意念**〕空左右手腕。（圖 235）

〔**應用**〕每動實腳都注明「腳下為八方線中心點」，這是重心腳與頂的上下一條線，拳者一定要注意自己的中心位置，否則重心不穩固。中心位置是拳架的中正，身形的中正體現心、神、意、氣的安舒。安舒中正辯證統一，相輔相成，內外雙修，沒有內的安舒，便沒有外的中正。

5. 左掌右轉（陰動，陰頂）

〔**步型**〕左腳重心，右腳拇趾點地。

〔**方向**〕面西轉向面東北。

〔**方位**〕東北隅位。

〔**實腳**〕左腳實，腳前掌虛，重心在腳跟。腳尖向右轉至腳尖朝北後平鬆落地，腳下為八方線中心點。

〔**虛腳**〕右腳虛，腳後跟虛起，腳尖點地，虛靠在左腳內側。

圖 235

圖 236

〔**實手**〕右實手鬆小指，鬆肩垂肘，下弧虛落於左腋下，仰掌，掌心向上。

〔**虛手**〕左虛手鬆小指，鬆肩垂肘，下弧虛落於右肩前，俯掌。

〔**視線**〕注視東北隅位（約半公尺處）。

〔**意念**〕空左腕。（圖 236）

〔**應用**〕本式的轉身有兩次，這是第一次。操作要準確。「內功篇」的「攬雀尾」第 3 動、「隅步左右摟膝」第 3 動均為實腳腳前掌虛起，以腳後跟為軸轉身。轉身動作空腰，外力攻來可輕鬆化解。

6. 右掌弧掤（陽動，陽頂）

〔**步型**〕隅位右弓步。

〔**方向**〕面東南。

〔**方位**〕東正位。

〔**實腳**〕向右隅位開右腳，腳落至隅位後，鬆左腿減力，逐漸弓右腿，成為右隅位弓步，右腳下為八方線中心點。

〔**虛腳**〕左腿虛，虛腿虛鬆直，但不強伸。

〔**實手**〕右掌實，隨左右腿陰陽虛實變轉，仰掌外上弧向東南隅位舒展弧掤。

〔**虛手**〕左手虛，俯掌虛隨，中指虛扶右掌脈門，臂不可強直。鬆垂肘留有餘地，久之鬆沉勁上肘。

〔**視線**〕順右掌食指梢遠視。

〔**意念**〕空右手腕。（圖237）

〔**應用**〕把握上下一條線安舒中正，對於盤拳、推手、技擊十分重要。拳者安舒中正處於中央位置，有可能利用空間，對於四正四隅來的攻擊，可以隨心所欲應對。如果沒有重心和中正，便丟掉了一切。請修練者體悟。

7. 右掌反採（陰動，陰頂）

〔**步型**〕隅位左坐步。

〔**方向**〕面南。

〔**方位**〕東南隅位。

〔**實腳**〕左腿實，鬆右腿漸減力，變左腿坐步，左腳下為八方線中心點。

〔**虛腳**〕右腿虛，勿強直，腳後跟虛鬆著地，腳尖上揚。

〔**實手**〕右掌實，隨右腿弓步漸變左腿坐步，右掌掌心向上循外上弧從東南隅向正南、西南運行，漸立掌，掌心朝東南，掌指向上，停於西南隅位。

圖 237　　　　　　　　　　圖 238

〔**虛手**〕左掌虛立掌，虛隨右掌，右掌停於西南隅位時，左掌食指與眼平。

〔**視線**〕注視左掌食指梢。

〔**意念**〕空左右腕。（圖 238）

〔**應用**〕此動，頂與左坐步腳中間部位形成上下一條線，把握安舒中正，腳下雙輕，左右掌空。有了中正和手梢空，對方攻不破，自身攻防隨心所欲。

8. 左掌隅展（陽動，陽頂）

〔**步型**〕右腿隅位弓步。

〔**方向**〕面東南隅位。

〔**方位**〕東右正位。

〔**實腳**〕左腿實坐步漸變為右腿實隅位弓步。右腿實，腳下為八方線中心點。

〔**虛腳**〕左腿鬆減力，漸變轉為右隅位虛腿，虛淨勿

強直。

〔**實手**〕左掌實，拇指鬆，撐開虎口，側立掌。左掌隨右腿虛漸變成為隅位弓步，向隅位上外弧舒展。

〔**虛手**〕右掌掌心向外，上弧立掌向上舒展，在右腿隅位弓步和左掌舒展到位後，右掌鬆腕，掌心向外，虎口向下。左右掌虎口在額頭前上方遙對。

〔**視線**〕從左掌拇指關節橫線遠望。

〔**意念**〕空左右雙腕。（圖239）

〔**應用**〕從拳的招式分析，太極拳每個動作都有內功技擊內涵。此動為陽動，對方進攻，上掌托對方來手，下掌進攻對方的胸肋部位。注意不是以手力攻擊，而是在坐步變轉為弓步瞬間，上（掌）下（腳）相隨，從腳下出來的太極勁威力無窮。

9. 兩掌內合（陰動，陰頂）

〔**步型**〕左坐步。

〔**方向**〕正東。

〔**方位**〕東正線。

〔**實虛腳**〕右腳虛鬆，減力，弓步漸變轉為左腿重心一字坐步，左腳實，腳下為八方線中心點。右腿虛直，向左虛移，腳後跟虛著地，腳尖上揚。

〔**實虛手**〕在隅位弓步漸變坐步時，左右雙肩鬆，垂肘、鬆腕，空左右手，右掌從隅位外弧漸運行至右腳正線，再運行至左腳正線，停於腳前，掌心坡向上；左臂鬆肩、垂肘，外下弧運行，漸止於左腳東正線上方，掌心向上，右抱七星。注意，操作時，左右臂不要主動，臂隨

圖 239

圖 240

肩，掌隨臂動，被動運行勿掛力。

〔視線〕注視右掌拇指梢上方。

〔意念〕空右掌。（圖240）

〔應用〕本篇論述太極技擊，但是筆者奉勸偏愛技擊的朋友將時間和精力多用於太極拳的修練。所謂修練是深研，盤拳要循規蹈矩，遵拳理拳法，說簡單點，是減法無障礙被動練拳。最終將太極拳盤出陰陽相濟、陰不離陽、陽不離陰，將拳盤得輕靈圓活，出手陰陽，動則陰陽，比推手更有情趣。循太極拳規律行功為上乘拳道。

10. 右腳弧前（陽動，陽頂）

〔步型〕左腿坐步，右腿外移。

〔方向〕面東。

〔方位〕東正位。

〔實虛腳〕左腿實，隅位坐步，腳下為八方線中心

點。右腿虛，向右前移，右腳後跟虛著地，腳尖上揚。

〔實虛手〕左掌實，左掌以無名指引動外上弧運行至右臉外側，掌心向右，指尖向上；右掌鬆小指，外弧向左下自然鬆垂到右膝內側。

〔視線〕平遠視。

〔意念〕空右掌。（圖 241）

〔應用〕深研太極拳要體用結合，拳架是體，推手、技擊為用，兩者相輔相成、缺一不可，在拳架中體驗陰陽虛實，在推手中體驗陰陽變化。

11. 左掌下採（陰動，陰頂）

〔步型〕左腿隅位坐步。

〔方向〕面東。

〔方位〕東正位。

〔實虛腳〕左腿實隅位坐步，腳下為八方線中心點。右腿虛，虛腿虛淨，腳後跟虛著地，腳尖上揚。

〔實虛手〕左掌實，鬆肩垂肘，小指引動，外下弧運行，鬆停於腹前，指尖向前，掌心向右；右掌虛，以小指引動，外弧運行，鬆停於腹前，指尖向前，掌心向左。兩掌相合。

〔視線〕平視。

〔意念〕空左掌。（圖 242）

〔應用〕京城太極拳大師楊禹廷清晨出來遛早，到東闕門外故宮東宮牆下停下來跟太極拳愛好者說話，初始人不多，經大家傳遞消息，最多有七八十人。筆者也在其中聽講。收穫最大的是聽勁，比如吃某種食物，不吃永遠不

| 圖 241 | 圖 242 |

知它的味道。所以聽勁是太極推手的最為重要的方法。

12. 右肩右靠（陽動，陽頂）

〔步型〕右隅位弓步。

〔方向〕面東北下方隅位。

〔方位〕東正位。

〔實虛腳〕右腿實隅位弓步，腳下為八方線中心點。左腿由實漸變轉為虛，虛淨，勿強直。

〔實虛手〕右掌外上弧運行至右上隅位，前臂斜上，掌心斜上。左掌以小指引動外下弧鬆落於左胯外側，掌心向下，指尖向前。注意，左右臂舒展。

〔視線〕從左指梢遠視。

〔意念〕空左掌。（圖 243）

〔應用〕這時楊老爺子已經八十多歲，從老人家慈祥的容貌、興奮的眼神中可以看出，他心情愉快地給大家說

圖 243

圖 244

拳，也允許有人在他身上聽勁。此時我經常在他老人家身前身後聽講、聽勁。散拳後跟著楊老爺子回家，他進了家門，我才騎車離去。

13. 右掌翻轉（陰動，陰頂）

〔步型〕右隅位坐步。

〔方向〕面東南。

〔方位〕東右正線。

〔實虛腳〕右實腿不動，腳下為八方線中心點。左腳虛上步，虛靠在右腳內側，腳前掌著地，左腳腳後跟虛起。

〔實手〕右掌虛，小指引動外下弧向左肩前虛落，變掌心向下，掌指向左。

〔虛手〕左掌實，鬆腕，以無名指引動外上弧運行，停於右腋上臂下，掌心向上，食指、中指、無名指、小指四指梢露出右臂外。

〔視線〕視線隨左食指，注視左食指梢。

〔意念〕空左掌。（圖244）

〔應用〕漸漸跟楊老爺子更為親近，到1974年，在徵得老爺子同意之後，跨進老人家的門檻，登堂入室向楊禹廷大師學拳。楊老爺子多年來教育我最多的是不要到公園瞎推手，要循規蹈矩練拳。從此，我規規矩矩練拳，從不到各公園推手。三豐祖師遺論「欲天下豪傑延年益壽，不徒做技藝之末也」。

14. 左掌弧掤（陽動，陽頂）

〔步型〕左隅弓步。

〔方向〕面東。

〔方位〕東左正線。

〔實虛腳〕鬆右腿，左腿向東北隅位出腿，成左隅位弓步，左腳下為八方線中心點。右腿虛，虛淨勿強直。

〔實虛手〕左掌實，無名指引動，從右臂下外弧運行止於東北隅線，掌心向上，掌指向東北；右掌虛隨，掌心向下，中指輕扶左腕脈門。

〔視線〕順左掌食指遠視。

〔意念〕空左掌。（圖245）

〔應用〕一次，在一篇

圖245

文章中讀到楊式太極拳大師楊振基先生的金句妙言，他說：「推手不能長功夫，功夫是拳上練出來的，不是推手推出來的。」經過幾十年的默識、揣摩和練拳實踐，筆者深深體驗到「練拳出功夫」的道理。因為拳勢由陰陽、圓環組成。每動都以弧線，四正四隅走乾坤。在盤架過程中漸漸退去本力，在實踐中體驗太極拳的規範動作，日久天長內功便會悄然上身。

15. 左掌反採（陰動，陰頂）

〔步型〕右腿隅坐步。

〔方向〕面北。

〔方位〕東北隅。

〔實虛腳〕左腿虛，漸實右腿成右隅坐步，左腳腳尖上揚。右腳腳下為八方線中心點。

〔實手〕左掌實，以無名指引動外上弧運行止於西北隅位，左腕與頭平。仰掌漸變立掌，掌心向東，掌指向上。

〔虛手〕右掌虛，虛隨左掌向西北隅線運行，立掌止於左肩前，掌指向上與眼平，掌心向西。

〔視線〕注視右掌食指梢。

〔意念〕空左掌。（圖246）

〔應用〕修練太極拳練

圖 246

來練去練什麼呢？修什麼？王宗岳在《太極拳論》中開宗明義，說：「太極者，無極而生，動靜之機，陰陽之母也。」陰陽相濟是太極拳之根本，也是人類生存之根本。

16.右掌隅展（陽動，陽頂）

〔步型〕左隅位弓步。

〔方向〕面東北。

〔方位〕東左隅線。

〔實虛腳〕鬆右腿，左腿漸實，成左隅位弓步，腳下為八方線中心點。右腿鬆淨，勿強直。

〔實虛手〕右掌實。隨左胯鬆，左腿變弓步，右臂外弧舒展，成立掌，掌心向外。左掌虛。無名指外弧上揚，鬆腕，掌心向外，左右掌虎口相距約兩掌，上下遙對。

〔視線〕順右掌拇指橫紋遠視。

〔意念〕空右掌。（圖247）

〔應用〕修練太極拳要修中正安舒，輕靈圓活。中正指心之中正，形之中正，心、神、意、氣安舒無雜念。打太極拳稱盤掌，盤為圓，拳不圓功夫不夠，要循拳之規矩，順拳之規律，動拳之軌跡，被動隨拳而生。主觀、主動練煉，逆拳性而動，難以得道。楊式太極拳譜要言：「一身中正，先心

圖247

正，正為萬法宗。」

17. 左掌右轉（陰動，陰頂）

〔步型〕左腿坐步。

〔方向〕面西南。

〔方位〕西南隅位。

〔實虛腳〕鬆左腳，腳前掌微起，以腳後跟為軸向右後方轉動，轉動時左腳、頂上下一條線，鬆左胯，右轉至東南隅線，全身轉向西南隅位，左腳下為八方線中心點。右腿鬆，右腳腳尖虛點地，右腳後跟微起，虛靠在左腳內側。

〔實虛手〕右腕鬆，仰掌，小指引動指尖向左止於左腋下。左掌虛。鬆肩、垂肘、鬆腕，小指引動外弧運行，俯掌止於右肩前，掌指向右。

〔視線〕注視左掌食指梢。

〔意念〕空左掌。（圖248）

〔應用〕本篇探討技擊，又奉勸練家勿去追求技擊，是不是矛盾呢？世間萬物求根求本，太極拳是技擊之根本。陰陽變化、中正安舒是拳之根本，太極拳愛好者為什麼要捨本求末、捨近求遠呢？太極拳是終生享用的健康支柱，為什麼不去享用令人保健養生、神情愉悅的精神生活呢？

18. 右掌弧掤（陽動，陽頂）

〔步型〕右腿隅位弓步。

〔方向〕面西偏北約 45°。

圖 248

圖 249

〔方位〕西右正線。

〔實虛腳〕鬆左腿，右腿向右 45°開腳，右腳跟虛著地，腳尖上揚。右臂動，右腳前掌漸鬆平落地，鬆左腿減力，右腿漸變轉為隅位弓步。右腳下為八方線中心點。左腿虛，虛淨，勿強直。

〔實虛手〕右臂鬆肩垂肘，鬆腕，右掌以無名指引動，從左腋下外弧運行至右腳外側，仰掌，掌指向西北隅，食指與右腳小趾上下遙對。左掌俯掌，中指輕扶右掌脈門隨。

〔視線〕順食指指梢遠視。

〔意念〕空右掌。（圖 249）

〔應用〕筆者不去公園推手也不教推手，因為筆者有幸在 20 世紀五六十年代見識過太極大師的推手技擊藝術。在北京中山公園見過崔毅士坐著發放的高超技藝；親臨嘗試過身處楊式太極拳推手技藝巔峰的汪永泉大師，扶

上衣服便飛身而出，他的大弟子朱懷元先生的鬆功極致，往他身上按勁，便被打發出數公尺以外。汪老的另一位弟子高占魁讓人平躺著出去（扁擔式），被發打者不會蜷著身子，但被發打出去數公尺之外，不會疼痛摔傷，相反周身很是舒服、爽快。

吳式太極拳的推手、技擊藝術同樣奧妙無窮，想去推吳圖南大師，他看你一眼便向後倒去。上世紀 70 年代初，吳圖南的崇拜者及其弟子在動物園為一位聯合國華人表演推手，筆者在場並得到兩張精彩的拿放技擊拳照。為讓世人欣賞到這精妙絕倫的瞬間，筆者於 1999 年《精武》第 9 期上發表並配贊文。

楊禹廷大師將左掌掌心向下放在桌上，筆者按時便飛身而起一公尺多高。他的大弟子王培生被譽為「獨步當代第一人」，他出手之快，對方剛伸手早已被打翻在地。吳式太極拳家馬岳梁大師 80 歲高齡訪問歐洲，以指輕點當地膀大腰粗練家的肩，對方即下蹲不支。

19. 右掌反採（陰動，陰頂）

〔步型〕左隅坐步。

〔方向〕面北。

〔方位〕西北隅位。

〔**實虛腳**〕鬆右腿漸減力，左腿虛漸變轉為實隅位坐步，右腿虛，腳跟虛著地，腳尖上揚。左腳下為八方線中心點。

〔**實虛手**〕右肩鬆肩垂肘、鬆腕，右仰掌以無名指引動循外上弧從西北隅線向東北隅線運行，右掌漸成立掌，

圖 250

圖 250 附圖

掌指向上，掌心向外。左掌立，輕扶右腕，鬆隨右掌運
行，止於隅線，垂肘下落。

〔視線〕注視左掌食指梢。

〔意念〕空左掌。（圖 250、圖 250 附圖）

〔應用〕前面介紹了吳、楊兩家的幾位太極拳技擊家
的上乘的技擊藝術，還有很多太極技擊藝術家，陳、武兩
家人才輩出，不再一一列舉。因為筆者親自實踐過，知道
挨打是什麼滋味。我們繼承太極功夫尚還達不到這些名家
的水準，在技擊技藝領域中無作為，沒有什麼發展，故不
敢輕易到公共場所推手或教授推手技擊，僅僅是教授學生
些推手、技術知識，作一些啟蒙的教學活動。

20. 左掌隅展（陽動，陽頂）

〔步型〕右隅位弓步。

〔方向〕面西北。

〔方位〕西右正線。

〔實虛腳〕鬆左腿漸減力，虛腿虛淨，勿強直。右腿由虛漸變轉為實，成右隅弓步，右腳下為八方線中心點。請習練者注意，虛腳變轉為實腳時，虛腿不幫忙，實腿減，虛腿被動加力。

〔實虛手〕左掌實，隨虛實腿的變化，身形向前運行，左掌偏左立掌，掌心向外；右掌外弧往上舒展，右隅弓步到位時，鬆左腕　，左右掌拇、食指虎口鬆圓，上下遙對。

〔視線〕視線順左掌大指關節橫紋內側遠視。

〔意念〕空左掌。（圖 251）

〔應用〕京城傳統太極拳鬆空藝術大師楊禹廷老爺子對技擊有金句教誨後學，他說：「打人容易摔人難，摔人容易發放人難。」太極技擊上乘功夫是將對方拿起來，發放出去。太極功夫是陰陽變化，輕靈圓活，用意不用力。我們修練不夠，推手技擊撕皮擴肉，以招法比拙力，這種人類生存本能的較量，在技擊中又有什麼意義呢？

（四十八）進步攬雀尾

1. 兩掌隅按（陰動，陰頂）

〔步型〕右隅弓步。

〔方向〕面向西北。

〔方位〕西右正位。

〔實虛腳〕右隅位弓步，右腳下為八方線中心點。

〔實虛手〕右掌實。鬆右腿，節節貫串，鬆腕，右掌

圖 251

圖 252

俯掌，以小指引動向西北隅鬆下，掌與肩平，指尖向前；
左掌俯掌，指尖向前，鬆隨，外弧往下鬆落，止於胸前。

〔視線〕注視右掌食指梢。

〔意念〕空右掌、右腕。（圖 252）

〔應用〕拳友同道讀罷這幾段有關技擊的文字之後，
對技擊偏愛的溫度會或多或少地降下去，重新對太極拳、
太極功夫、太極推手、技擊加以認識、理解，根據個人條
件進行實事求是的評估。從頭習練宜從起勢修為，改變思
維，也就是以與常人想法相反的反思維，放棄主觀和主
動，循太極拳的運動規律和運行軌跡，減法被動練拳。這
樣要做些準備，對傳統太極拳有一個認識再認識，理解再
理解的過程。

2.兩掌下将（陽動，陽頂）

〔步型〕左正線弓步。

〔方向〕面西低首。

〔方位〕西左正線位。

〔實虛腳〕鬆右腿，鬆左右胯，鬆腳到頂，右腿實足，左腿自然向左正線上步，腳下為八方線中心點；右腿鬆、虛淨，勿強直。

〔實虛手〕右掌俯，鬆腳，鬆肩垂肘，掌指向前，小指引動外弧運行，止於左弓膝前上方；左掌俯，小指引動外弧運行，止於左胯外側。

〔視線〕順右掌食指梢遠視。

〔意念〕空右掌、右腕。（圖253）

〔應用〕太極拳及太極推手都不可有手、用手。沒有手怎麼去練拳，如何去推手？推手的手是退掉本力的手，是「其根在腳，形於手指」的手。楊式老譜云：「太極不用手，手到不要走。」楊禹廷大師關於手的理論，食指輕扶，手要平不掛力。太極拳手的運用不是大把抓，每個手指有每個手指的功能，我認為，食指在練拳、推手中不要用力，要修練退去本力。

3. 兩掌前掤（陰動，陰頂）

〔步型〕左正線坐步。

〔方向〕面西。

〔方位〕西右正線。

〔實虛腳〕鬆左腿，一鬆到頂，鬆右胯，右腳自然上步，腳後跟虛著地，腳尖上揚；左腿實足坐步，腳下為八方線中心點。

〔實虛手〕鬆肩垂肘，右掌仰掌，無名指引動，外上

圖 253

圖 254

弧運行止於眼前，拇指對鼻尖；左掌虛隨，掌心向右，掌
指向前，拇指、食指虛扶右肘內側，成為右抱七星型。

〔視線〕注視右拇指、食指尖上一寸。

〔意念〕空右掌、右腕。（圖 254）

〔應用〕太極拳的手奇妙無窮，陳鑫教旨「妙手空
空」，李亦畬有關手的金句：「舉手不可有呆像……從
人，手上便有分寸。……形於手指。」

4. 左掌打擠（陽動，陽頂）

〔步型〕右弓步。

〔方向〕面西。

〔方位〕西正位。

〔實腳〕右腿從虛腿變轉為弓步。腳下為八方線中心
點。

〔虛腳〕左腿虛直，如不爽可內扣腳後跟，如變轉為

坐步，內扣之後腳跟要開為
正腳形。

〔**實手**〕左手實，立掌
打擠，掌心向外，左掌掌心
對右腕脈門。

〔**虛手**〕右實手鬆肩、
垂肘、鬆腕，變轉為虛手，
掌心向內。

〔**視線**〕從左手食指梢
上平遠望。

圖 255

〔**意念**〕鬆右實手食
指。（圖 255）

〔**應用**〕怎樣用手和手指呢？筆者有題為《放鬆小指
修練太極拳竅要》一文（《精武》2003 年第 4 期），對放
鬆小指說得比較詳盡。

練拳時凡從上往下，從前往後的拳式動作，放鬆小指
伴以鬆肩、垂肘時無須再加力，手掌自然鬆回──道法自
然。

5. 右掌回捋（陰動，陰頂）

〔**步型**〕右弓步變轉為左坐步。

〔**方向**〕正西。

〔**方位**〕面西。

〔**實腳**〕右腳實弓步，變轉為左腳實坐步。八方線中
心點從右腳下，又變轉到左實腳下。

〔**虛腳**〕虛腳隨弓步，腳後跟稍扣，變轉為實腿坐步

圖 256

圖 257

時，虛腳變轉為實腳，內扣之虛腳要外開還正。

〔**實手**〕右手翻轉成手背向上，外弧輕扶回将至右胯上方，前臂要平，手位不可下垂，仰掌止於左胯前。

〔**虛手**〕左手心向上，中指輕扶右實手脈門，俯掌隨實手。

〔**視線**〕視線從平遠收回，追視右實手食指。

〔**意念**〕空腕。（圖 256、圖 257）

〔**應用**〕放鬆小指的好處頗多，在推手、技擊運用中，對方撲來，放鬆雙腳，腳下雙輕輔以放鬆小指，對方腳下定會飄浮，請同道試驗，修練。

6.右掌前掤（陽動，陽頂）

〔**步型**〕弓步、坐步。

〔**方位**〕左右腳弓、坐步變換重心。

〔**方向**〕面西逐漸變換成面北。

圖 258　　　　　　　　圖 259

〔**實腳**〕左坐步變換成右實腳弓步，再變換成左實腳坐步。八方線中心點在實腳下。

〔**虛腳**〕變弓步虛左腳，左坐步時再變換成虛右腳，腳尖上揚。

〔**實手**〕實手右掌心向上，外弧輕扶，以無名指引動向西北隅線運行，至北正線止。

〔**虛手**〕左手中指輕扶右腕脈門，隨實手動。

〔**視線**〕視線在前，實手追視線。

〔**意念**〕空實手。（圖 258、圖 259）

〔**應用**〕太極拳練家在放鬆小指時要伴以周身放鬆，腳、踝、膝、胯、腰、肩、肘、腕、手九大關節要一一放鬆。特別是與對方較技，要清靜心態，心、神、意、氣虛靜。推手第一功便是接手，放鬆小指是必然的，接對方進攻的手，楊氏拳經云：「接手分清你和我，彼此之間不混合。」

7. 右掌前舒（陰動，陰頂）

〔步型〕左坐步變換成右腳內扣步八字步。

〔方向〕面北變換成面西南。

〔方位〕身體向西運行至向西南。虛實腳變換，實腳下是八方線中心點。

〔實腳〕左實腿坐步。

〔虛腳〕右腳虛，隨式變換向南扣腳前掌形成八字步。

〔實手〕右實掌掌心向上，掌指向北，漸變換為立掌，掌心向南，右肘與右腳尖上下遙對相合，隨右腳動。

〔虛手〕左虛手中指輕扶右實手脈門虛隨。

〔視線〕注視實手食指梢。

〔意念〕空實手食指。（圖260）

〔應用〕無名指也是很重要的一個指，它起向前、向上的引領作用。凡拳架有向前進的動作，不要全掌指出動，由無名指引動，為什麼？無名指在五個手指中是最無力最笨拙的一個手指，它不蓄力也不善於用力，連掏耳朵那種小動作都做不好，就因為它沒力，所以向前、向上的動作由它引領，它不出力，手掌也不會出力，而臂也不會出力，請同

圖260

道試練。

在推手中運用無名指，不出敗招。

8. 右掌右展（陽動，陽頂）

〔步型〕八字步。

〔方向〕面西南隅位。

〔方位〕西南。

〔實腳〕八字步，左腳實漸變為右腳實，右腳下為八方線中心點。腳下左腳重心漸變右腳重心，左腳後跟虛起。腳下左右腳重心變換時，身形從東向西轉約30°，右實掌不動看似運動。這個動作的過程以收吸左右腹股溝完成，身形不動，不要有動意。

〔虛腳〕左腳虛。

〔實手〕右立掌，掌心向南，上外弧輕扶。

〔虛手〕左虛手中指梢輕扶右實手腕脈門虛隨。

〔視線〕順右手食指梢遠望。

〔意念〕鬆胯。（圖261）

〔應用〕中指在練拳、推手中起到前指方向的絕妙作用。直指前方無限遠，到底多麼遠，也要看習練者功底而言，周身放鬆功夫佳，方向遠亦可稱意遠，功夫不夠，意大也無益。

圖261

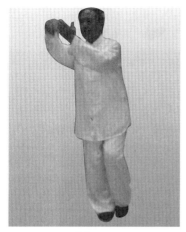

圖 262

圖 263

（四十九）單　鞭

1. 右掌變鉤（陰動，陰頂）

同（二十五）單鞭第 1 動。（圖 262）

〔應用〕食指的運用，首先要把握放鬆，一丁點兒的力也不掛。食指不鬆，手掌鬆不下來；手掌不鬆，腕難以舒鬆；腕不鬆，前臂難以放鬆；前臂不鬆，會給垂肘鬆肩帶來難度。太極內功是綜合功力，周身上下、內外、骨肉間，有不鬆的地方都受影響，結果是上下不隨，內外不合，也難以懂勁。不懂勁，拳練不好，怎麼去推手？

2. 左掌弧挒（陽動，陽頂）

同（二十五）單鞭第 2 動。（圖 263）

〔應用〕筆者在《太極解秘十三篇》中提到過食指的

圖 264 圖 265

作用，食指不掛力，要輕扶。在練拳、推手時最忌食指用
力，要時時提醒自己不要用力，養成食指放鬆的良好習
慣。為什麼練太極拳稱為修練？修是修心養性，性命雙
修，練拳為了去打人，「修心養性」將被打人的「打」所
替代，什麼功也難成正果。請修練者思索。

（五十）雲　手

1. 左掌下捋（陰動，陰頂）

同（二十六）雲手第 1 動。（圖 264、圖 265）

〔應用〕拇指是自己的中心。如以無極椿站好，在初
學者尚無內功的情況下，背後有人伸出手指輕輕推其背，
被推者站不住而前傾。這時如果被推者將拇指虛撐虎口，
背後的人仍用原來的力就推不動了，感覺背部力量深厚。
拇指為手太陰肺經，拇指少商穴至中府穴是不是虛鬆撐開

圖 266

圖 267

背後的經脈，背部內功起到作用。中國古代生命科學從經
絡入手研究人體結構，西方從解剖學研究人體，鬆撐拇
指，經脈在背部起到作用。

　　人體中心應以鼻為準。練武之人應特別注意自己的重
心和中心。太極拳人更為注意身體的中正。身體中正以什
麼為座標呢？筆者在練拳中體驗到，應以鼻為座標點。鼻
與雙肩呈三角形，鼻向前的延伸點是實手的食指和拇指
（視拳式而定），練拳、推手保持鼻為中心，中正安舒便
有了基礎，請同道去試去悟。

2. 左掌弧捋（陽動，陽頂）

　　同（二十六）雲手第 2 動。（圖 266、圖 267）

　　〔應用〕太極拳和太極推手最根本的是動分陰陽。推
手者不諳陰陽變化就失去推手的根。《太極拳論》論道：
「每見數年純功，不能運化者，率皆自為人制，雙重之病

未悟耳。欲避此病，須知陰陽。黏即是走，走即是黏，陰不離陽，陽不離陰，陰陽相濟，方為懂勁。」「動分陰陽」是拳、推手的必修課，是基本功。如果不具備此功，奉勸同道不要去推手，否則越推越與太極拳道而悖，越走越遠，待明白過來，晚矣！王宗岳《太極拳論》開篇名義，「陰陽為母，陰陽相濟」，太極陰陽內涵豐富，陰陽變化是修大道。而初級習練者以鬆緊操作，一鬆一緊僅僅是不入道的術，鬆緊絕對不能替代太極陰陽變轉之大道。

3. 右掌上掤（陰動，陰頂）

同（二十六）雲手第 3 動。（圖 268）

〔應用〕王宗岳論道：「動之則分，靜之則合。」在學拳過程中常聽拳師講此話，但如何分，怎樣去合？能講透者寥寥無幾。

太極拳講究身形手勢，筆者在《太極解秘十三篇》中，也詳細論述了周身每個部位的要求。從功法講，外三合對手、腳、膝、肘、肩、胯都有要求，即手與腳合、膝與肘合、胯與肩合。腳虛平鬆著地，腳向下鬆，膝向上鬆提（不要有意上提），上下分。上下肢的關節都要鬆開，「動則分」的拳理極為科學，避免太極雙重之病。《十三勢行功心

圖 268

解》云：「有上即有下，有前即有後，有左即有右。如意要向上，即寓下意。」盤拳有虛實手，虛實手是分著的。不能左右手同時發、拿、打、化，向左採對方，其意向右，否則雙重，大家可以演練。「左重則左虛，右重則右杳」，虛實須分清楚。

4. 右掌弧挒（陽動，陽頂）

同（二十六）雲手第 4 動。（圖 269、圖 270）

〔應用〕「動之則分」在每個拳勢中多有體現。以楊禹廷 83 式拳為例，起勢 4 動，攬雀尾 8 動，斜單鞭 2 動。單動為陰，雙動為陽，動與動之間是陰與陽之變轉。拳論《十三勢歌訣》云：「變轉虛實須留意」，提示我們在勢與勢接頭的當口，學術名稱為變轉。變是動，是變化，一定要分，動之則分。怎麼分，細說為指尖與指根分，指根與掌分，掌與肘分，肘與肩分，也含指與肩分，

圖 269

圖 270

手與腳上下分，腳與膝分……總體腰為主宰，腰起到承上啟下之作用。

從上文一段話中，「指尖與指根分……」似乎過於繁難不好分。在修練過程中，只要遵道而修，循太極拳的規律、規範行功，肩、肘、掌、指、指根的動分，無須刻意去分，從道法自然中得，可以去體驗。

5. 左掌下捋（陰動，陰頂）

同（二十六）雲手第5動。（圖271）

〔應用〕動之則分，從腰分，腰是座標點，上鬆到手，下鬆到腳，全身都開了。動分腰不好求，要在練拳中慢慢體會，腰分為開合，沒有一定的功夫，難以把握。在沒有開合功夫之前，以鬆腳行功，在陰陽接頭之時，陰動或陽動之前，鬆一次腳。有人問不知如何

圖271

操作，按照你的理解去鬆腳就是了。每次練拳，一個勢練完再練下一個勢的接頭，先鬆一次腳，天長日久，就能找到動之則分的感覺，進而再深研，把握鬆腰的技藝。

6. 左掌弧捋（陽動，陽頂）

同（二十六）雲手第6動。（圖272）

圖 272　　　　　　　　圖 273

〔應用〕動之則分，分什麼？分陰陽，陰隱陽顯。盤
拳練功的陰陽變轉操作不同於推手、技擊的陰陽變化。因
為，盤拳行功操作時，有固定的路線，也就是拳套路的路
線。拳套路路線是由陰動和陽動組成，一陰一陽，一處有
一處虛實，陰陽平衡。從起勢到收勢，幾十式或百多式，
均為陰陽動組成。例如起勢 4 動，兩個陰動（第 1 動和第
3 動），兩個陽動（第 2 動和第 4 動）。陰動的止點，是
陽動的起點，陽動的止點，是陰動的起點，似鐘錶錶芯絲
絲相扣，一環扣一環。按照太極陰陽學說規範行功，循規
蹈矩，盤拳如行雲流水，在陰陽變轉中，動態運行。陰陽
變轉的起止點的功法是科學的拳藝。

7. 右掌上掤（陰動，陰頂）

同（二十六）雲手第 7 動。（圖 273）
〔應用〕推手和技擊的「動之則分」與盤拳的動分陰

陽不同，因為拳的路線是固定的，按拳的規律行功，而推手和技擊是兩個人較技，拳打兩不知，也無固定路線。兩人交手就不能墨守盤拳時的規矩，人家一拳打過來，你說人家不陰先陽，人家並不買你的賬，迎面便是一拳，將你打翻在地。二人較技之前，你應該按太極拳陰陽學說規範行功，四梢空接手，以鬆柔、鬆空、鬆無等待對方來手。此式稱為「以靜制動，以虛待實，後發先制」。以靜制動的「靜」，是指精神，心神意氣，是看不到摸不著，但可以感覺到的氣質。這個「靜」，也指外形，周身肢體的淨，身上手腳鬆得很淨，手上乾淨，還要由練家根據自己多年修練的功夫，自己去體會。靜與淨到哪個層次說哪個層次的話。靜與淨的狀態要從內修中體會。經絡活躍，血管暢順，脊椎有脹熱感，每個大關節虛靈，頂上有種虛靈的精神，使人有挺拔感，周身渾圓一體有騰虛之感。汪永泉大師說周身似撐開的傘。這是技擊身形、上下相隨內外相合的身形，有了這種身形，已經穩操勝券。

8. 右掌弧捋（陽動，陽頂）

同（二十六）雲手第 8 動。（圖 274）

〔應用〕「靜之則合」，這是練拳多年之後都明白的拳理。以拳論解釋「合」，就是「完整一氣」。盤拳陽變陰有一瞬間的「實中實」。所謂「實中實」，是在陽動結束、陰動起始的瞬間變轉之前，再實一次，也就是陽動手引腳到終點。手再引腳，是手腳的意念舒展。神、意、氣、軀幹肢體短暫的正體內外相合，在技擊運用時，合為周身肢體的短暫的完整一氣，是高層次的渾圓一體。與對

圖 274

圖 275

方的接觸部位，「沾連黏隨不丟頂」，最忌主動、妄動，一絲一毫的主動、妄動也會破壞周身正體的完整一氣。周身內外已經散亂不擊自潰，還能去推手嗎？不能！練拳是求己，技擊更是求己，請悟其中的深刻拳理。

9.右掌變鉤（陰動，陰頂）

同（二十六）雲手第 9 動。（圖 275）

〔應用〕太極拳技擊是「一處有一處虛實，處處總此一虛實」，是「一動無有不動，一靜無有不靜」「動之則分，靜之則合」的周身上下內外相合的動和靜，分與合。是「引進落空合即出」的合。這個「合」十分微妙，是檢驗練家是否從拳理、拳法，從盤拳修練中認識理解，是否明白了陰陽為母、鬆柔為魂的太極拳之真諦。這個「合」十分難求。我們探討的「合」是開合的合，是陰陽相濟的合，是「上下相隨人難進」的合，「牽動四兩撥千斤」的

撥即合。

太極拳理只能是在修練中去體驗去體悟，用文字表達很難嚴謹。不是不能嚴謹，而是修練層次不一，文化背景、文化修養都決定著修練的終極。

動之則分，說到底仍離不開太極拳的根本——陰陽變化。《太極拳論》再三強調陰陽，是加深練家對陰陽為母的認識和理解。陰陽為母，練拳時只要一動，便要分陰陽，「人不知我，我獨知人」是陰陽內功起支配主導作用。但陰陽相濟，太極圖陰陽互抱是直觀教具。陰陽分開講是困難的，也講不清楚，主要靠修練者自我悟得。

10. 左掌弧捋（陽動，陽頂）

同（二十六）雲手第 10 動。（圖 276）

〔應用〕技擊篇對於實戰應用筆墨不多，而講了許多道理。先賢說，「打拳打個理」「學太極拳先學讀書，書理明白，學拳自然容易」。

現代人應該練明白拳。

技擊篇到尾聲的時候，讀者未能讀到拳技的兵法學，只是讀到拳理的道德經。自古先賢哲人傳道不傳藝。奉勸偏愛技擊的朋友，最好不要總是想著去技擊，現代比賽從最羽量級到無級別級，再好的賽手也只能得到其參賽級別的冠軍。天外

圖 276

有天，人外有人，世界上沒有常勝將軍。張飛雖勇，死在兩個裁縫之手，霸王烏江自刎。練太極拳循祖師張三豐所指的道路，「欲天下豪傑延年益壽，不徒作技藝之末」。

十分鍾愛推手者，先在拳中悟道，有了安舒中正，陰陽變轉，舉動輕靈，用意不用力，再去推手，免去撕皮擄肉之勞。

作者提示推手（準確稱為揉手）愛好者，在周身未退去本力之前勿去推手。推手是訓練的方法，訓練觸覺神經，訓練空手輕扶，訓練心腦不接等推手技藝。如果以力、以招法推手不如不推，因為不斷推不斷長力。

筆者在《太極解秘十三篇》第 97 頁有「推手還是推腳」一節，是根據拳論「其根在腳，形於手指」，楊氏老譜「太極不用手，手到不要走」之教旨提出來的。用力推手與先賢教旨相悖，請同道去悟。

在推手技藝中，推手是推腳，「其根在腳」，腳是根嘛。腳在推手技藝中起主導作用，是不是腳下陰陽變動就達到推手的高境界了呢？不是，學無止境，修練不止，更上一層臺階，向腦推手的境界攀升。推手還是推腳？推腳！推腳還是推腦？推腦！

腦是人類一切活動的指揮調度中心，醫學研究表明，人腦分為左腦和右腦兩部分。美國人斯佩雷在德國人福斯特、加拿大人潘菲爾德腦割裂手術的基礎上，發現大腦左右半球有功能的分工，左右兩半球都有高級智慧機能，語言機能在左半腦，動作機能在右半腦。通俗解，左腦管理抽象思維、數學、邏輯和語言功能；右腦則司職動作、想像、形象思維、直覺和綜合能力。因這項腦研究成果，斯

佩雷榮獲 1981 年度的諾貝爾生理學及醫學獎金。

當代科學家認為，語言的產生導致左腦功能的加強，是人類思維方式的左腦革命。20 世紀 90 年代，日本醫生春日茂雄先生，出版了他對人類大腦研究的成果《腦內革命》一書。美國、日本及經濟發達的國家曾公佈養腦、健腦、開發大腦的十年計畫。

中華民族尊老祖宗「學而習之」的教旨，走前人未走過的道路的同時，也要學習世界上一切的科學成果，以求把握先進的科學技術和知識，少走彎路。筆者練拳四十餘載，面對太極拳文化、太極拳科學，感到未知的東西太多太多，為了提高傳統太極拳整體水準，不是一家一派可以完成的任務，要各家各派聯合起來共同提高才是正道。反之，一家一派東奔西走疲於國內外教學傳播，很難完善、完美一家一派的拳藝水準。

理論研究最終要以理論指導實踐。說了許多左腦右腦革命的話題和太極推手有何牽連呢？根據我多年修練傳統太極拳的體驗和認識，不練拳的推手追求者偏多，在太極拳習練者中，推手偏科者居多。凡推手愛好者多希望提高水準，即使達不到傳說中先輩拳家的高手境界，起碼也應將他人推出去，自己保持不敗。這是推手者的一般思維狀態。然而換個視角，凡想打敗他人而自身保持不敗者，持這種想法的人很難提升推手技藝水準。

楊澄甫之高足李雅軒大師認為，「現在練拳的人多，真正練得好的人少」。他認為「學習太極拳要有真正練太極拳的老師」。所謂「真正」練太極拳的老師是不是應該明白太極拳或懂得傳統太極拳的豐富內涵，起碼懂勁。手

上不丟不頂、妙手空空，對老師要求再高一點，應到「無形無象，全體透空」的境界。達不到這個境界，身上也應該退去本力，拙力，周身沒有力點。

李雅軒大師認為，「學練者，要有悟性，有時間、有精力練才行」。順著這個話題，筆者斗膽將當前教拳和練拳者分為兩類，一是心腦太極拳家，心腦太極拳教練；一是肢體太極拳家，肢體太極拳教練；學練者亦應為兩類，一是心腦太極拳習練者；二是肢體太極拳習練者。太極拳是一種中樞神經活動，循太極拳的運動規律和運行軌跡，減法被動練拳，單是抬手提足，肢體主動習練不用心腦很難成功。有朋友撰文說練來練去也練不好太極拳。持這種苦惱心態者並不鮮見，因為他們是肢體太極拳練家。

推手技藝也是如此。每天七八位推手愛好者在一起推來推去，只在技巧和靈活性上有提高，欲想上升到高手水準是困難的，也是不可能的。美國醫生對大腦研究的成果對我們太極拳深研者（前邊提到的心腦習練者）很有啟發。在太極拳修練的道路上推手久攻不下，是不是要改變觀念從心腦去找原因。

太極拳運動不是主動習練的肢體活動，它是中樞神經活動，或者說是右腦的形象思維活動。為了說明這一點，可舉一例驗證。兩人面對面相立，四手相接均不用力，虛虛輕接觸，一方想將對方推倒，只是想勿用力推，則瞬間腰緊周身僵。太極拳的特性是不去主動進攻對方，技擊理念以靜制動，如果想著進攻對方，主導思想有悖太極拳真理，有可能一世盲練，難以成功。

附：放鬆小指——修練太極拳的竅要

在修練太極拳中，小手指似乎無足輕重，習練者往往不注意它的存在，也不刻意去練小指的動作。但在太極拳內功中，小手指的作用是很重要的。

小手指有陰陽兩條經絡，自少澤、少衝始，手太陽小腸經主陽，手少陰心經主陰。心、小腸在人體中處於十分重要的位置，與保健、養生密切相關。筆者 2002 年 10 月在廣東省興寧市講學。在課前與幾位拳友交談，得知有的拳友經常有胸部憋悶感，練拳後感覺胸腹不順暢，便說：「我從北京來，為了大家健康，送給你們每人半個保健醫。」台下的聽眾熱情洋溢，氣氛十分活躍，便開始了「鬆功講座」。

兩小時過去了，半個保健醫還沒有出場，有的朋友坐不住了，遞條子問這件事。我告訴大家，保健醫就在自己的身上——是小指。

很多朋友紛紛看自己的小手指。我請朋友們站起來，舉右手，不要用力，以無名指引領，肩鬆而起，到極限，不加意念，鬆小指自然下落。注意，手下落時不掛力，完全自然下落，手和胳膊不掛力，從起到落不以意念支配，越自然越好。鬆小指落手時，會感覺到身體很通暢。當時聽課者紛紛舉手下落，場面熱烈壯觀。有的人邊起落一隻手，邊騰出一隻手撫摸自己胸前，體驗著通順、舒暢。經常鬆小指，可使臟腑通暢，對便秘有療效。

鬆小手指不但有養生、保健神奇之效，對太極拳修練也很重要。有很多拳友為鬆肩垂肘難求而苦惱，甚至有練

家十年二十載肩鬆不下來，筆者向大家推薦小指鬆肩垂肘法。只要經常保持雙手小指放鬆，肩自然放鬆，肘自然下垂。凡有從前向後、向下的拳勢，鬆小指、鬆肩垂肘手臂自然下垂或後捋。在技擊中，如對方攻來，不要以力去硬接對方，要鬆小指，令對方撲空，在他欲逃的瞬間，他的精神、呼吸、肢體等都是凹的狀態，必然空虛，應迅速進行打擊。二人較技是大工程，要經常習練，說著容易練著難，若欲精研深鑽拳藝，須勤練補拙，熟能生巧。

小手指不善勁力，平時只能作掏耳朵那種小的動作，在武術動作中不占主導，這是小指的不足，又是它的優勢。因為小指難以貫勁用力，太極拳以陰陽變轉，舉動輕靈、用意不用力行功，小手指就發揮出絕妙功能。

在太極拳內功中，小指起到舉足輕重的作用。凡多年雙肩鬆不下來、垂肘垂不下去者，鬆小指即可。鬆小指功法，易懂易學易操作。小手指放鬆，腕也可以隨之而鬆，肘也隨鬆腕而自然下垂，肩也就自然放鬆下去，這是小指在人身上的大作用。

天下武術是一家，凡習武者周身均應緊湊，雙手應舒展。雖然有些拳種有各種勾屈指法，但是，太極拳的拳理拳法要求五指伸開，舒展不掛力。一代吳式太極拳鬆柔大師楊禹廷提到：「手要平，不要掛力。」從運動生理學上講，手指的末梢神經只有在舒展五指之後才能發揮更佳的功效。

有不少拳友在較技時五指全伸，出手沒有威力。究其原因，是對於習練的太極拳研究不深，理解不透，下工夫研究不夠。只知五指為掌，而不知掌中奧妙，不知每個手

指都有各自的用途。太極拳是科學的、講究陰陽變化的拳技，不能單純以拳論拳。太極拳有自身的規律，不按太極拳的規律行功，又不遵太極拳規範，有悖拳理拳法，太極內功當然不會上身。

練太極拳時，五指功用不同，大拇指主自家重心；食指不能著力，主輕扶套路路線；中指主中正；無名指引領向前的動作；而小手指在練拳行功中起著舉足輕重的作用。練拳鬆小指，推手鬆小指，技擊同樣要鬆小指，小指在太極拳中無所不在，可謂「小鬼當家」。太極拳修練要求從腳到手放鬆九大關節，鬆小指有益於放鬆九大關節，有利於鬆肩垂肘，有助於放鬆兩踝和兩腕。希望太極拳愛好者在實踐中勤於研究，以提高拳藝。

前文筆者已經講過，經常鬆小指對臟腑通暢、上肢下肢的經絡順通、氣血鬆暢不瘀阻和緩解便秘也有一定的益處，對保健、養生起到十分重要的作用。今天公開放鬆小指之秘傳功法，如果拳友們學習運用放鬆小指養生法，健康水準會大大提高。

附言，如果天下人都經常放鬆小指，健康長壽，該節約若干藥材資源，節約醫藥費。這是中華民族獻給人類最好的禮物。

養生篇

（五十一）下 勢

1. 右掌下捋（陰動，陰頂）

〔步型〕馬步型，左側弓步型。

〔方向〕面東。

〔方位〕正南——正東。

〔實虛腳〕馬步（雙重），漸虛右腿實左腿，左腿弓步，左腳下為八方線中心點。

〔實虛手〕右手鈎漸鬆變俯掌，引視線，頭漸向右轉，視線隨視右掌食指梢。右肩鬆，垂肘，右掌掌心向內外下弧運行至右膝前，右腿鬆，左胯向東微轉，右掌隨之運行至左膝前，左腿弓步，右腳後跟虛起，左掌漸鬆至肩平，左右掌橫立，掌心相對，手指向前。

〔視線〕注視左右掌掌心中位。

〔意念〕空右掌。（圖 277、圖 278）

〔話養生〕21 世紀是人類追求健康的世紀。筆者在太極拳理論專著《太極解秘十三篇》中有「太極養生修練篇」和「太極與性養生篇」等兩節內容。文中寫道，在運動面前人人平等，可是有數量不少的科學家、科技工作者、各級工作崗位上的責任者及各行各業的專家，他們不

圖 277　　　　　　　　圖 278

重視體育活動和身體鍛鍊，他們除了工作還是工作。他們
當中有人徹夜不眠，無休無止地損毀自己的身體，他們太
勞累太勞累了。有人死在講臺上，有人猝死在工作臺上，
有人倒在科研試驗室內……生命是自己的，但又不是自己
的！他們超時工作，損害自己的身體健康，實際上是給國
家造成人才的損失。

　　我們每個人都應該關愛生命，追求健康，把握自身的
生命運動。筆者在《太極解秘十三篇》自序中，其中有一
段關於養生把握生命運動的話：「太極陰陽變化萬千，修
練者更是得益無窮。修練得當，可以增強你的智慧，開發
你的潛能。太極拳對開發人們的智慧是任何功法無法替代
的。遵循太極陰陽之道，掌握陰陽變化，按照太極學說規
範行動，日久您便會得到一種新的感覺，您的大腦變得比
以往更聰穎，身上產生一種健康的、不知疲倦的、過去從
來未有過的新的體驗，您將牢牢把握自己的生命運動！」

2. 兩掌回捋（陽動，陽頂）

〔步型〕左腿立長身——左腿坐步——馬步——右弓側步型。

〔方向〕面東南——面西南——面東俯視。

〔方位〕東南——正南——西南——東南。

〔實虛腳〕由左腿重心漸變馬步（雙重），再變轉為右弓側步，右腳下為八方線中心點。左腿虛淨，腳尖向南點地，腳後跟虛起。

〔實虛手〕手隨腳下陰陽變動，左右俯掌，外弧輕扶，隨右腳後跟落地，從東南隅位沿弧形線向南、向西南隅位運行。隨後鬆右腳，左腳後跟落地，向前轉右胯，鬆肩垂肘，左右掌俯掌，循下弧向東運行。

〔視線〕先注視右食指，再視左食指梢。

〔意念〕空左掌。（圖 279～圖 281）

圖 279

圖 280

圖281

〔提示〕傳統太極拳每個單式均為養生式，而抱虎歸山和下勢最具太極拳「手動腳不動，腳動手不動」的養生式特性。在演練此二式時，一定要注意遵循傳統太極拳的特性，循規蹈矩，以太極拳的運動規律及其運行軌跡被動行功，才會收到事半功倍的效果。

〔話養生〕21 世紀初，在中國大地各知識階層、各行各業、離退休者以及家庭主婦、普通市民中，不分年齡、性別和民族，形成了一個勢不可擋的追星族，不是追歌星，而是追求健康。推動者當首推洪昭光教授、萬承奎教授、趙霖健康專家三位養生明星。健康追星族聲勢浩大，在中國大地似滾雪球，雪球越滾越大。三位推波助瀾者各有千秋和絕招。

洪昭光的信息資訊來自國內和聯合國，集思人類健康的各種經驗和智慧，他告訴你不用花錢獲取健康的秘訣。洪教授的健康生活報告一聽就懂，一懂就能用，一用就

靈。靈就全家受益，一生受益。

萬承奎教授宣導 21 世紀健康新概念，將健康教育熔醫學、心理學、營養學、社會學於一爐，集哲學、教育學、家政學、美學為一體，獨創「生命自我管理科學」，提出將健康和生命掌握在自己手中的新觀點。他的新觀點不是空談，是道德、健康、素質。保健康是保戰鬥力，以預防保健為主，不得病，少得病，晚得病。每天都要發自內心的微笑，少生氣。

趙霖教授提到「寓醫於食」，提倡：

一、不吃洋速食，認為這些食品是垃圾飲食，危害人的健康；

二、科學合理地進行食物吸收；

三、膳食的十大平衡；

四、食藥同源，凡膳皆藥；

五、蔬菜的健康作用。

建議同道向專家們學習科學健康、科學飲食、科學生活。

（五十二）金雞獨立

1. 右掌前掤（陰動，陰頂）

〔步型〕左弓一字步型。

〔方向〕面東。

〔方位〕東正位。

〔實虛腳〕右腿鬆起，左腳前掌微外開，腳尖向東，漸實左腿成一字弓步型。重心在左腿，左腳下為八方線中

心點，右腿虛，勿強直。

〔**實虛手**〕在左右腿虛實變轉的同時，鬆腰、鬆轉左胯面東，左掌俯與肩平，左臂鬆肩垂肘，右掌仰，從左臂前臂下往外舒展，掌指向北。

〔**視線**〕注視左俯掌食指梢。

〔**意念**〕空左掌。（圖282）

圖282

〔**話養生**〕養生法的種類很多，不要選練激烈的運動項目，以有氧運動為佳。諸如伸懶腰、散步、跑步、跳繩、騎車等活動項目很多。我習練傳統太極拳當然推薦練太極拳。

太極拳是中華民族珍貴的文化遺產，內涵豐富，它以陰陽變化為本，以道家思想指導練拳和保健養生活動。經醫學研究證明，太極拳運動對人體的中樞神經系統、心血管系統、呼吸系統、消化系統、骨骼肌肉新陳代謝等方面，都有保健、養生作用。實踐證明，經常從事此項運動，有減緩衰老，預防疾病的作用。

2. 右掌上掤（陽動，陽頂）

〔**步型**〕左單腿獨立步型。

〔**方向**〕面東。

〔**方位**〕東正線位。

〔實腳〕左腿實，隨掌變動，單腿支撐重心，腳下為八方線中心點。重心腿勿強直，鬆立，微吸收腹股溝，頂上虛靈，平視，則重心更加穩固。

〔虛腳〕右腿虛，左掌鬆下時，鬆提右膝，膝與胯平，小腿鬆，腳尖向下鬆垂。

〔實虛手〕右掌實，順左臂外下弧向前運行，右掌與左掌鬆合後，右掌以無名指引動

圖283

外弧向上高舉，掌心向左。左虛手鬆肩垂肘外弧鬆落於下，掌心向右，食指尖虛指右腳跟。

〔視線〕平遠視。

〔意念〕空右掌。（圖283）

〔話養生〕練傳統太極拳並不注重結果，習練過程的細節很重要且十分絕妙。這個過程是在練中體驗太極拳的豐富內涵。

3. 左掌前掤（陰動，陰頂）

〔步型〕右腿弓步。

〔方向〕面東。

〔方位〕東正線位。

〔實虛腳〕右腿鬆落，漸鬆左腿實右腿，成右弓步，右腳下為八方線中心點。左腿勿強直。

〔實虛手〕右掌外下弧鬆落，漸變俯掌，與肩平；左

掌仰掌外上弧運行，停於右上臂下，指梢露於上臂外。

〔視線〕平視。

〔意念〕空左右掌。（圖284）

〔話養生〕習練太極拳「由著熟漸悟懂勁，由懂勁而階及神明」，這是一個長過程。有人問，這個過程有多長呢？這個「長」難以用時間界定，總之，你喜愛太極拳，決心與此項運動結伴而行，太極拳就將是「終生伴侶」。

4. 左掌上掤（陽動，陽頂）

〔步型〕右腿獨立步。

〔方向〕面東。

〔方位〕東正線。

〔實虛腳〕右腿實，單腿支撐重心，腳下為八方線中心點。虛左腿，左掌鬆落時，左腿提膝與胯平，小腿、腳尖自然鬆垂。

〔實虛手〕左掌仰掌順右臂下側向前運行，左右掌相合後，左掌以無名指引動外上弧上行，意念中指指九天，食指鬆、輕扶空氣，小指有鬆落感，拇指虎口鬆圓，掌心向右。右臂鬆肩垂肘，小指引動，外弧運行停於胯前，掌心向左，掌指虛指左腳後跟。

〔視線〕平遠視。

〔意念〕空左右掌。（圖285）

〔話養生〕關於「舉動輕靈」，不是練拳時人為去輕靈。輕靈是太極拳的特性。傳統太極拳是中樞神經活動，肢體運動要循神經活動而活動。通俗解，太極拳支配你的肢體動作，不是你主動以肢體去支配神經。被動緩慢修

圖284

圖285

練，如此，長期習練太極拳可使心、神、意、氣迅速靜下
來。心靜是養生。

關於神經活動，吳英華、馬岳梁兩位大師認為，練太
極拳過程中出現鬆靜反應，主要表現在迷走神經作用增
強，練拳後血壓不上升，心跳無加快現象，有腸鳴、排
氣、口水多諸多現象，這是迷走神經興奮的明顯證明。迷
走神經是副交感神經，與交感神經同屬於主神經系，又稱
做植物性神經。基於神經的反映，對於慢性病恢復期患者
服藥不易見效的病症，練太極拳後病患消失了，這是太極
拳鬆靜養生的效果。

（五十三）倒攆猴

1. 左掌反展（陰動，陰頂）

〔步型〕右腿獨立步。

〔**方向**〕面東。

〔**方位**〕東正線。

〔**實虛腳**〕右腿實，右腳下為八方線中心點。左腿虛提不動。

〔**實虛手**〕左肩鬆，垂肘，左掌鬆落變鉤，與左耳輪齊高，相距一指。右掌外上弧運行，仰掌前掖，肘尖在左膝內側。

〔**視線**〕注視右掌食指梢。

〔**意念**〕空右掌。（圖 286）

〔**話養生**〕2001 年 1 月《太極解秘十三篇》出版，大量武術太極網站紛發信息，推介此書，臺灣、日本及國際武術網站也進行大量的信息傳播。有朋友告訴我說：「您的『十三篇』網上很熱鬧。」我沒有微機，也不懂什麼網，沒有理會，告訴網上熱鬧的人多了，有人下載幾份給我看，我的思路也向網上偏斜啦。

2003 年我隨友人到網上瀏覽，真有點眼花撩亂，主旨推介《太極解秘十三篇》。我在近十年的太極拳理論文章，諸如「九鬆十要一虛靈」「雙重析」「太極腳」等文，評論也很多。在家中也經常接到熱心拳友打來的電話，詢問功法，還有越洋電話。時有接待來訪者，諮詢太極拳拳理拳法。幾年來網上及來訪者僅有一位同道問及後記（外一篇）「太極渾元入道篇」七首八言訣者。

八言七訣作者是我的師兄孫繼光，他是中醫中藥大師、武術理論家、武術大師、作家，收在後記中的「渾元入道篇」是對「十三篇」太極養生的總結。訣之精華為「歸自然」，歸自然是習武者之歸宿，要歸到「樸實、自

圖286　　　　　　　　圖287

然、無華」上。筆者試論八言七訣以饗練家讀者。

2. 左掌前展（陽動，陽頂）

〔步型〕右弓步。

〔方向〕面東。

〔方位〕東正線。

〔實虛腳〕右腿鬆漸虛坐，腳下為八方線中心點。左腳
向後鬆落，腳前掌先著地，逐漸過渡到腳後跟落地，成右弓
步之虛腳，勿強直。

〔實虛手〕右掌俯掌，弓步的同時外下弧摟膝，止於右
膝外側；左掌實，往前舒展，偏立掌，虎口朝上，與肩平。

〔視線〕視線從左偏立掌拇指內側關節線遠望。

〔意念〕空左掌。（圖287）

〔話養生〕孫繼光《太極渾元入道篇》為七言八句
詩，詩在太極拳理論上稱訣，故稱七訣，其一初入境，其

二雙彷徨，其三識渾元，其四歸醫道，其五苦相爭，其六要當王，其七歸自然。

其一　初入境

少小不諧世間法，老大方知天地情。

人有天傷和地殘，尋醫問藥在理中。

忽知人寰連環絡，乾坤雲手可延命。

男兒膝下有黃金，豈肯屈膝且試行。

少年習武，老師教孩子學，這一時期對人世間的喜事、煩事都不知，是最好的練功習武的時光。

人類從降生開始，父母給孩子們遺傳下來諸多病患，這是「天傷」，現在稱基因，無法選擇，只有順其自然。有人一生都在治病，有人不知有病，一旦發現病患，已經到晚期……經濟飛速發展，人民生活水準不斷提高。以北京為例，私家轎車 100 多萬輛，空氣污染，蔬菜農藥超標，注水肉、死畜肉，假食品，假藥……不勝枚舉，總之幹什麼都不放心。德媒體報導「中國有毒食品」幾及道德底線，很多人處於亞健康狀態。這些現象，訣中稱為「地殘」，有人口袋裏富餘了，於是吃、喝、賭、毒、黃等不良生活給健康帶來煩惱。

北京市預防控制中心公佈最新調查結果，拉響了生活方式病警報，說北京 6 歲以上人群中有各種生活方式病的市民比例達到 31.8%，文章說：

發現 6 歲以上人群中患生活方式病的人按患病水準排序分別為血脂異常 15.1%，高血壓 11.7%，肥胖症 10.7%，糖尿

病 4.4%，冠心病 3.8%，腦中風 0.8%，腫瘤 0.7%，慢阻肺 0.4%。綜合起來看，患上述 8 種與生活方式密切相關疾病的人群總患病水準為 31.8%，比 2000 年抽樣調查時的 27.3% 的慢性病患病水準又增加了 4.5 個百分點。其中男性患病高於女性，城區高於近郊區和遠郊縣。但農村人口生活方式病的增長速度非常快。

在調查中還發現，與上面 8 種生活方式疾病密切相關的生活方式和行為因素包括：有高血壓或糖尿病或腫瘤家族史、少活動或不參加鍛鍊，存在心理壓力困擾、鹹食攝入、高脂飲食習慣、體重超重、吸煙。如果排除了家庭史這一不可干預的因素，具有其他 6 項危險因素的 6 歲以上人群按一人擁有一項的方法統計的話，那麼我市生活方式疾病的高危人群覆蓋面將達到 95.5%，所以慢性病防治一定要從干預生活方式中的危險因素入手。

得病了自然要尋醫問藥，面對如此嚴峻的生活方式病，怎麼辦？「乾坤雲手」不分男女提挈天地，「雲手」為運動的總稱，練功習武，在運動中找回自己的健康，當然還是太極拳好！

3. 左掌下按（陰動，陰頂）

〔步型〕左腿實坐步。

〔方向〕東南隅俯面。

〔方位〕東南隅位。

〔實腳〕右弓步鬆腳到頂，漸變轉為虛右腿實左腿坐步。左腳下為八方線中心點。

〔虛腳〕右腿虛，腳尖
上揚。

〔實手〕左掌實，俯
掌，外弧輕扶，小指引領隨
右胯空鬆向前舒展鬆按，掌
心遙對右腳上揚的腳尖。

〔虛手〕右虛手鬆攏為
虛鉤，上提，虎口與耳輪
平，亦稱「虎口找耳輪」。

圖288

〔視線〕注視左掌食指梢。

〔意念〕空左掌。（圖288）

〔話養生〕

其二　雙彷徨

本來筋骨硬且僵，還有妻兒累在房。

世上功名何處去，晨練費神要思量。

何況交友亦難事，意過丹田怎視光。

大師僅吃炸醬麵，不如轉而做文章。

　　此訣提示青壯年練功習武時要處理好一切干擾。現代
社會競爭激烈、人心浮躁，功名場上是是非非。俗話說活
得很累，事業、住房、汽車、妻子、孩子。找個知心朋友
都很困難。

　　練武也不是件易事，武者都說自己功夫好，胡吹海
吹，幾天能練出什麼功來；要嘛七嘴八舌，難以阻擋各種
功法的誘惑，學練太極拳不問不知道，一問祖傳門派太
多，不知如何選練。太極拳以「陰陽」為宗，王宗岳在

自然太極拳81式

《太極拳論》中開宗明義：「太極者，無極而生，陰陽之母，動靜之機也。」京城武術太極拳家王培生大師說：「太極就是陰陽，陰陽就是太極。」「太極拳應周身放鬆。」有人說，太極的鬆是「滅頂之災」，又有人說「練緊不練鬆」，太極拳不能離宗，沒有陰陽就不是太極拳。說太極練緊的人不是淺薄，就是對傳統太極文化的無知！

練功人要排除干擾循規蹈矩，按規矩練，日久功成，進入高境界，過丹田，心知肚明，身心透明則辨真偽。練功六不存，地、水、火、風、意、力。力在丹田不可久存，否則存出病患來，弄不好丟了性命。如此不再是「生命在於運動」，出了偏運動會招致喪命。在江南我的忘年交朋友太極拳練得拔了萃，五十出頭走上西方正路；無獨有偶，京城一位小有名氣的習練太極拳者剛到六十退休之年，先是頭痛，後行動困難，再後來去找列寧了。什麼都放不下，干擾太大，功夫就別練了，不如去做文章，不圓滿可以編圓滿。

晨練為易陽回春，腸鳴九轉，用力練，力在臟腑搗亂，阻塞心、神、意、氣通暢，練歸練，但白練。所以太極拳提倡舉動輕靈，陰陽變轉，用意不用力。奉勸拳友，太陽不出山不要過早外出鍛鍊，否則不潔之氣會影響健康。

吃炸醬麵是提倡儉樸生活。黃醬是大豆製成的，大豆解百毒。但是豆類食物中植酸（嘌呤）含量高，不可多食，日本豆類小食品有防酸劑，很高明。

4. 右掌前展（陽動，陽頂）

〔步型〕左腿弓步。

〔**方向**〕面東。

〔**方位**〕東正位。

〔**實腳**〕左實腿坐步不
變，腳鬆虛意識上至頂，頂
上虛靈。漸變為左弓步，左
腳下為八方線中心點。

〔**虛腳**〕左弓步虛鬆，
在鬆左腳上至頂時，右腿被
動自然後移，腳前掌先著
地，逐漸過渡到全腳掌鬆平
落地。

圖289

〔**實手**〕右手實，從右耳輪部位，右手虛鉤上旋成偏
立掌，無名指引動，外弧輕扶，隨左坐步變轉為左弓步，
手掌運動到左膝上方，鬆腕，右掌向外旋成為右側立掌，
掌心向外。

〔**虛手**〕左掌虛。小指引動，外弧摟膝，鬆落於左膝
外側。

〔**視線**〕從右掌拇指內側關節線遠望。

〔**意念**〕空腰。（圖289）

〔**話養生**〕

其三　識渾元

太極渾元是生像，五行仿生八卦掌。

拳家均是十三手，雲合承轉勾陰陽。

左行有順雲鶴翔，七星一線在何方。

天地中間夾著我，九功三轉無人講。

太極渾元是「無極而生，陰陽之母」，太極圖騰的陰陽魚是陰不離陽，陽不離陰，陰陽相濟，太極圖是太極拳的宗，是根本。我們的先輩早年練太極拳以八卦定位，東、西、南、北、東北、西北、東南、西南，八門也；金、木、水、火、土五行也，太極練家歸為八門五步十三勢。近代東西南北中，五行稱為前進、後退、左顧、右盼、中定，使後學者不糊塗。宗八門五步十三勢，太極為十三手，千變萬化陰陽開合十三手，運動的根是十三勢。

心、神、意氣運行左行右順，練家將左行右順這門陰陽變化悟道而應用，亦可走遍天下樂哈哈。天、地、人三才，人為中，練太極拳七星一線算找到了方向方位。太極拳修練有成到一定境界找到自身毛病，不是太道也是正果中道。修大道不是自己說的，是從心、神、意氣表現出來的。每天呼喊修大道，永遠不是大道，光說自己如何如何大道，張口自己好，出手動作大，絕不是什麼大道，充其量往小道走去。拳訣云：「大動不如小動，小動不如不動。」

九功三轉，九功為天、地、人、時、音、律、風、星、野，太極本無象，動為象，無象生象。三轉從無形到有形，到心形，象和著法在心裏，功夫無程式。有老師講技擊如何如何，按程式打，十個有十個失敗。要開悟，不悟難知，講也無用。

5. 右掌下按（陰動，陰頂）

〔步型〕右坐步。

〔方向〕面東北。

〔**方位**〕東北隅位。

〔**實腳**〕左弓步鬆變為虛，右虛腳變為實腿坐步，右腳下為八方線中心點。

〔**虛腳**〕左腿逐漸變轉為虛腿，腳後跟虛著地，腳尖上揚。

〔**實手**〕右掌實，以小指引領，外弧輕扶，向前舒展，俯掌按掌，遙對左腳腳尖。

圖 290

〔**虛手**〕左掌虛，鬆攏漸變虛鉤，鬆肩，垂肘，鬆提至與耳平，虎口對左耳輪。

〔**視線**〕注視右掌食指梢。

〔**意念**〕鬆空右手。（圖 290）

〔**話養生**〕

其四　歸醫道

醫易混淆莫一是，山青水草豈連拳？

世間楞有三十六，三教化一說亂禪。

多年練聚腹如鼓，化丹關闕中焦玄。

誰知性烈急如火，卻幻睡夢即成仙。

自古醫家門派林立，古代中醫約分為三十六派，三十六為天罡吉數，植物藥、動物藥、吃石、練丹。找草藥上山、入水，沒有功夫行嗎？不管練什麼功，習什麼武，最終要歸在醫道上，此道為生象，為活路。有人練了幾天拳

腳自以為了不起，如是醫家，知你有隱疾，出手要害處，不死也加重內傷。但醫武大家武德高尚，願挨幾下打，也不去傷人。

功法高尚不過佛祖，道高尚不過老子，學問再好也好不過孔子。其三教被唐明皇合一，三教合一碑在少林寺。習武求養生是大道，要靜心修練，相安勿躁，不要急於求成。過去迷信帶功報告，坐樁站樁凝血聚氣，腹大如鼓，造出病來。京城太極拳大師吳圖南、楊禹廷反對丹田凝氣意守。氣是流動的，聚氣當然不科學且傷身體。武功是慢活，性烈急如火，不練死也出內傷。

6. 左掌前展（陽動，陽頂）

〔**步型**〕右弓步。

〔**方向**〕面東。

〔**方位**〕東正位。

〔**實腳**〕右實腿坐步漸變轉為右弓步，右腳下為八方線中心點。

〔**虛腳**〕左虛腿被動向後隅位舒伸，腳底平，中途虛靠右腳內側後繼續向後隅位舒伸，腳前掌先落地，逐漸過渡到腳掌平鬆落地。

〔**實手**〕左手漸旋展為實偏掌，外下弧輕扶。掌旋展時，食指尖有一個小上旋，指尖向前，掌背向左，隨左右腳虛實變化，當左掌與右膝上下遙相對時，左旋側立掌。

〔**虛手**〕右掌俯虛向右外弧摟膝，鬆落於右膝外側，指梢向前。

〔**視線**〕從左實手拇指關節內側遠望。（圖291）

〔話養生〕

其五　苦相爭

絕學當然是金錢，
旋轉身形誰爲先。
男子傲骨今仍在，
疑神心貪放狂言。
菲薄衣缽誰傳藝，
邪惑利誘怕人煩。
舌頭辨味寸關尺，
內功意導不顯山。

圖 291

　　在市場經濟大潮中，有一技之長，可以鶴立雞群，如有絕學即高知識在身，身價倍增，可以說高知識也是錢。君子求財取之有道，不可將功利放在首位。可以有傲骨，但要謙虛靜養，不可驕狂，若開口我修大道，看人家為小道，則練功成為話功。

　　修練太極拳，不要浮躁虛誇妄言。有人將功法怎麼玄怎麼說，說得玄玄玄，絕絕絕，平民越看不懂。修道要求內心世界和諧暢通才能健康長壽，勿亂敲亂鳴聚氣腹鼓，這樣容易出問題。身子有恙，宜冷靜下來尋醫問藥求康復。

（五十四）斜飛勢

1. 左掌斜掤（陰動，陰頂）

〔步型〕右弓步。

〔方向〕面東。

〔**方位**〕東正位。

〔**實腳**〕右腿實弓步。右腳站住八方線中心點，為東西正線。

〔**虛腳**〕左腳虛。

〔**實手**〕左掌鬆，無名指引動，空掌外弧輕扶向東北隅運行，掌心漸外旋，指尖高不過頭。

〔**虛手**〕右掌後下弧鬆落。手不主動，以鬆肩、垂肘完成，立掌掌心向後，掌指向下。

〔**視線**〕注視左掌食指梢。

〔**意念**〕空腰。（圖 292、圖 293）

〔**話養生**〕

其六　要當王

炎黃乃祖是上皇，當王自尊不爲狂。

紛爭只因意不暢，腿腳分極又何妨。

古來太極本無式，隨心所欲爲帥將。

圖 292　　　　　　　圖 293

不是修人是煉己，常錯弓腰或舒張。

練功勞筋骨，勿傷精神。精神振奮認為自己是王，是最好的，練功時不仰頭、不比人家矮，要居高臨下與天公比高低，當然在社會上要謙虛，要有武德。一位中年練家，將一位在單位教拳者逼到牆角、無路可退，大大丟了面子，無法再留下教拳。當眾羞人，奪人家飯碗，缺乏社會道德，一時痛快，最終自己心靈受傷。正如前輩說的，萬事不修德，功法修不好。

求拳人體質不同，文化背景不同，高矮胖瘦不一樣。不可求同，步幅大小，只要學練人感覺舒服為好。單腿雙腿也無妨，太極拳要求單腿重心立柱式身形，短暫的雙重未嘗不可。太極本無法，動則是法，不出招法，無形無象，出招即有象。雙人推手也不去主動進攻他人，以靜制動，後發先制，周身放鬆規置好自己，心、神、意氣隨心所欲，則精神先勝。

關要是修練自己，增強體質，提高道德修養，不是去煉別人。

2. 左掌下将（陽動，陽頂）

〔步型〕右弓步。

〔方向〕面東北回到面東。

〔方位〕東正位。

〔實腳〕右腿實弓步，右腳下為八方線中心點。

〔虛腳〕左腿虛，左膝不可彎曲。

〔實手〕左掌外下弧鬆落於右膝內側，掌心虛向右膝

內側，指尖向下。

〔虛手〕右掌以無名指引動，鬆肩垂肘，外上弧運行，右掌手背鬆虛貼於臉的左側，掌心向左，掌指向上。

〔視線〕平遠望。

〔意念〕空左掌。（圖294）

圖 294

〔內功修練〕左右掌逆時針在身前畫一個 360°環，左右掌上下遙相呼應，天地人合一。注意陽頂的囟會穴。

〔話養生〕

其七　歸自然

提挈樸實忌四存，意力氣重自道傷。

可恨人間不隨念，怨惱常留且奮揚。

練功修德是仙根，心氣平和見道場。

安貧樂富憑他去，會笑才是功夫長。

詩題歸自然是對七首詩之總結，也是修練太極拳的終極目的。練拳不是主動鍛鍊，而是循太極拳的運動規律和運行軌跡被動地練。在盤拳過程中將太極拳的陰陽變動、舉動輕靈、用意不用力、虛實漸變等特性，溶入到每個動作中。

詩中奉勸練功同道，對生活對功法宜心平氣和，不要期望值過高，且安貧樂富，勿怨棄煩惱。好天氣、好心

情、好時光，陽光明媚去練功。練功丹田四不存，即練勁不存勁，練氣不存氣，練意不存意，還有一存十分重要，生活中也不存氣。人們日常生活，工作中和同事、朋友時有矛盾發生，工作中的不同看法大量存在，家庭生活也常磕磕碰碰，此時有氣要向下意導，不可存氣。

七首詩訣中，多處提到練功修德勿自傷，諸如腹如鼓、意不暢、硬且僵、累在房等地殘諸象，均難於自然。

醫武一家，醫是武的根，如果習武人明醫理，識藥性，就不會因練致偏。我的老師孫繼乾老人是中醫藥大家，又是武林高手；我的師兄孫繼光諳熟人體十四條經脈和周身 365 個穴位，跟他較技很難得到便宜。

練功習武不管是哪家哪派，以養生為宗是上乘之功。我在吳圖南、楊禹廷、汪永泉三位大師指導下推手（揉手），當被大師發放時，蹦跳出去三四公尺，甚至達七八公尺之遠。這種蹦跳是被動的在心理無意識的情況下的神經活動，自然放鬆經絡，動、靜脈諸大小血管及微循環毛細血管通暢，氣道順通，周身上下內外很舒服。如果此時患有輕微感冒，被老師發放幾次小疾小恙不復存在。可以說被老師發打是動中的養生。

二人較技微笑就是放鬆，含笑是心意鬆的表像。

3. 左腳前伸（陰動，陰頂）

〔步型〕右隅坐步。

〔方向〕面東。

〔方位〕東正位。

〔實腳〕右腳弓步漸變右隅位坐步，右腳下為八方線

中心點。

〔**虛腳**〕右腳鬆到頂，左腳虛，向前舒伸，腳底離地虛平移，左腳經右腳側虛靠後再向隅位 45°虛伸，腳後跟著地，腳尖上揚。

〔**實手**〕右掌外弧輕扶，小指引動虛落於中與左掌合。

圖 295

〔**虛手**〕左掌無名指引動，外上弧運行與右掌合。

〔**視線**〕注視左掌食指梢。

〔**意念**〕空腰。（圖 295）

〔**話養生**〕孫繼光師兄的七首詩（訣）為《太極解秘十三篇》增色，2004 年 1 月 19 日在西山腳下師兄家的小書齋聽他暢談七首詩的境界，是一種精神享受。當然，筆者在詩解中會有遺漏或不詳之處，留下空間請讀者同道去悟，悟道更有興味。

詩言志，有練功煉丹之悟，其實把功夫掰開了揉碎了說，練功的絕頂境界，不過是「樸實」「自然」而已。我們在人世間受七情六慾牽制，又受兒女情長左右，早弄得人迷失了自己。練了半天，又是易學，又是醫學，又是各種拳法練藝，鬧了一場，不過是找回黃帝內經上的那幾句話罷了：「提挈天地，把握陰陽」，「恬淡虛無，真氣從之，精神內守，病安從來，是以志閑而少欲，心安而不懼，形勞而不倦，氣從以順，皆得所願。」只有這般修

為，才能做到「故美其食，任其服，樂其俗，高下不相慕，其民故曰樸」。

看來，真正的功法、拳藝，不僅僅在動作上，而在修心修德上。武的最高境界歸到文上，九流歸一，這是真髓啊。

一個人，若能做到樸實、自然、無華，即使不練功，也等於修練到了絕世神功。此無形樸實之煉，又不知高我輩所謂練家子幾重境界呢。

4. 左掌飛展（陽動，陽頂）

〔步型〕左腿實，左隅弓步。

〔方向〕面東北。

〔方位〕身形東正位。

〔實腳〕虛右腿，減力，左虛腿漸變轉為實腿弓步，左腳下為八方線中心點。

〔虛腳〕鬆虛右腿，收吸右腹股溝，左腳被動虛鬆落地。

〔實手〕漸變弓步的過程中，左掌輕扶外弧，以無名指引動，順東北隅向上運行，掌心斜向上。

〔虛手〕右掌外下弧下採，鬆貼於右胯外側，掌心向左，虛扶右胯。

〔視線〕順左掌食指梢遠望。

〔意念〕空左掌。（圖296）

〔話養生〕練功習武做到樸實、自然、無華有難度，倘若做不到樸實、無華，亦應取自然，拳演自然，是傳統太極拳修練應該做到的。

圖 296 　　　　　　　圖 297

5. 右抱七星（陰動，陰頂）

〔**步型**〕左坐步。

〔**方向**〕面南。

〔**方位**〕正南。

〔**實腳**〕左腳實，腳下為八方線中心點。

〔**虛腳**〕右腳虛，腳後跟虛著地，腳尖上揚。

〔**實手**〕右手實，仰掌坡形，掌心向上，大指對鼻尖。

〔**虛手**〕隨身形正東變正南，左虛手外上弧運行，食指、拇指虛靠右肘。注意身形方位正東漸變轉為正南，由左右腿虛實變化運行，左實手漸變虛手不動。

〔**視線**〕注視右手拇指梢上一寸。

〔**意念**〕空右實掌。（圖 297）

〔**話養生**〕傳統太極拳每個動作都以養生為目的，拳

式在運行中，手腳不應主動和妄動。《太極內功解秘》一書中有「鼻為中心」，收在「中正學」裏。左右肩、鼻組成人體拳勢的中心。此式從方向東北，方位正東漸變轉為方向面南，方位正南，以左實腳腳後跟為軸，運胯（注意勿腰帶）向南轉 90°時，左肩也隨轉 90°，左臂、肘、腕、手均自然隨肩右轉 90°，理論上稱為「腳動手不動」，此時操作者仍以左手向右運行，勿主動、妄動。

6. 上步立掌（陽動，陽頂）

〔步型〕雙腿坐步。

〔方向〕面南。

〔方位〕正南。

〔實腳〕右腿實，坐步，右腳下為八方線中心點。

〔虛腳〕左腿虛，上步，左右腳一肩寬，坐步。

〔實手〕右掌坡形漸變立掌，掌心向內，立於右肩前。

〔虛手〕左掌虛，順右前臂上弧運行，在左掌與右掌相合時，漸翻轉變掌心向內，止於左肩前。

〔視線〕平遠視。

〔意念〕空雙掌。（圖 298）

〔話養生〕拳式活動每一式每一個動作都含養生功效，但所有的動式均為被動

圖 298

運行。

此式由左坐步始，先收左腹股溝，鬆力，右虛腳漸變實成右腿坐步式，左腿隨之上步成左右腳相距肩寬的平行步，重心腳在右腳。整個動作完成僅 10 秒，但整個過程應遵循被動減法行功。

（五十五）左轉摟膝

1. 左手下按（陰動，陰頂）

〔步型〕平行步變轉為右坐步。

〔方向〕面東。

〔方位〕東正位。

〔實腳〕鬆左胯，鬆右實腳上鬆至頂，虛靈百會，向左（東正位）舒伸左腿，成右坐步。右腳下為八方線中心點。

〔虛腳〕左虛腿舒伸向 1／8 隅位，後腳跟虛著地，腳尖上揚。

〔實手〕左掌實，鬆肩、垂肘，外下弧舒伸至東正位，小指引動漸旋轉成掌心向下。注意手不可前伸至極限強直。

〔虛手〕右虛手小指引動漸變虛鉤，外上弧鬆腕，鬆垂與耳平，虎口虛對右耳輪，勾心向下，手背向上。

〔視線〕注視左掌食指梢。

〔意念〕空左掌。（圖 299）

〔話養生〕社會上常說一句話，「有病打太極拳就好了」。太極拳不是醫藥，也沒有那麼神。有病還是相信醫

圖299

圖300

學，醫學是科學，現代醫學有先進的檢驗方式，各種國際標準的醫療設備應有盡有。世上最難的手術，像分頭、換腎、心臟搭橋、取腦瘤等尖端手術也可以做。再者，現代醫學及中草藥針灸已無國界，世界醫學工作者經常交流經驗和異國診病。

久練太極拳可以增強免疫力，健體強身，祛病延壽，特別對慢性病康復者，在康復期打太極拳是很好的輔助治療方式並有健體強身之功效。那麼太極拳拳種繁多，到底去練哪一類太極拳呢？

國家頒佈的有 24 式、42 式、88 式等競賽套路，此外還有各家各派傳統太極拳。太極拳行拳如行雲流水，陰陽變化動態運行，輕靈圓活，最富養生健身之功效。

2. 右掌前展（陽動，陽頂）

〔步型〕左弓步。

〔方向〕面東。

〔方位〕東正線。

〔實腳〕左虛腳漸實，變轉為左弓步，左腳下為八方線中心點。

〔虛腳〕逐漸虛鬆右實腿，減力，漸變轉為虛腿，後隅位舒直。

〔實手〕隨左虛腿變左實腿弓步，右手虛鉤，小指引動漸向內旋，食指梢有旋感，五指漸舒展為橫掌，掌心向左，指尖向前，當右手到左膝上方時，外弧鬆腕變右偏立掌，掌心向前。

〔虛手〕左手虛，鬆肩、垂肘，俯掌虛落於左膝外側，虎口撐圓，指尖向前。

〔視線〕順右掌拇指小關節內側遠望。

〔意念〕空右手。（圖300）

〔話養生〕太極拳養生，說到底是六陰六陽經絡養生。通經活絡是最好的養生，經絡淤阻要生出病患來。習武養生者要知道臟腑經絡、血道、氣道、頭部、腦的功能和保健，深研人體科學。

人體經絡暢道，保健有佳。向同道介紹推薦藥王孫思邈家學的經絡穴位，以饗欲學習和瞭解人體六陰六陽經絡者。

（五十六）海底針

1. 右掌前指（陰動，陰頂）

〔步型〕右坐步。

〔方向〕面東。

〔**方位**〕東正位。

〔**實腳**〕右虛腿漸變轉為實腿坐步。右腳下為八方線中心點。

〔**虛腳**〕左腿漸鬆,逐漸變轉為虛腿,左腳尖上揚。

〔**實手**〕鬆右實腳,上鬆至手梢,右掌外弧向前舒展,掌心向左,掌指向前。

圖 301

〔**虛手**〕左手虛,小指引動前下弧旋掌,掌心向右,掌指向下。

〔**視線**〕注視右掌拇指梢。

〔**意念**〕空右手。(圖 301)

〔**話養生**〕下面介紹孫氏家學承繼者孫繼光先生。

孫繼光(檀林)先生,釋名德瀧,藥王孫思邈鄭州系第三十六代傳人。為我國文學、醫學、武林界三樓的著名學者。現任中國保健科技學會專家委員、中國養生保健促進會副會長、中國紀實文學研究會常務理事、副秘書長,是著作頗豐的中國作家協會會員、中國少林弟子國際武術院教育顧問、中國任丘孫思邈防治疑難病專利研究所所長、研究員。原任中國國際文化傳播中心副總幹事、中流雜誌社副社長。

圖 302 是鄭州系針灸度量法圖示。鄭州系針灸度量法,與現代流行的法則基本相似。所示骨度法、身寸、指量法,病患者高矮胖瘦形體異別,需要依法度測而後行。

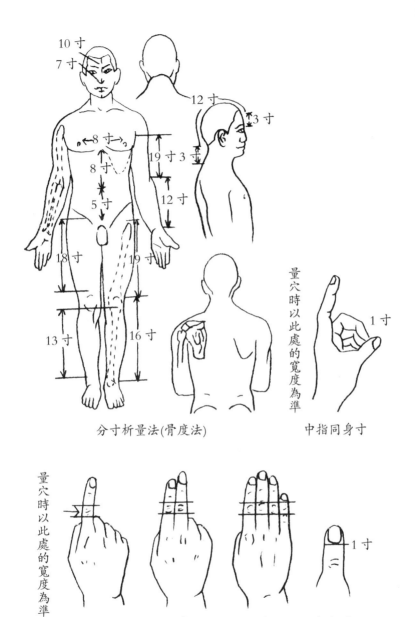

10 寸
7 寸
8 寸
8 寸
5 寸
18 寸
19 寸
13 寸
16 寸
12 寸
3 寸
19 寸 3 寸
12 寸

分寸析量法(骨度法)

量穴時以此處的寬度為準

中指同身寸

1 寸

量穴時以此處的寬度為準

指量法　　　一夫法　　　拇指法

1 寸

圖 302

2. 右掌下指（陽動，陽頂）

〔步型〕自然步，虛腳虛點地。

〔方向〕面東。

〔方位〕東正位。

〔實腳〕右腿實，鬆踝，注意不可以腰下坐，而應循拳之規律，鬆腳、踝、膝、胯、腰……屈膝坐。右腳下為八方線中心點。

〔虛腳〕左虛腳撤回，兩腳腳尖齊平，左腳腳前掌虛著地，腳後跟虛起。

〔實手〕右實手鬆肩、垂肘、鬆腕、空掌，外下弧運行鬆垂於右膝右側，掌心向左，掌指向下。

〔虛手〕虛鬆左掌，外上弧運行至臉右外側，掌背向臉，掌心向右。

〔視線〕平遠望。

〔意念〕空腰。（圖303）

〔話養生〕足三陰三陽經絡：

足太陰脾經（共21穴，圖304）

孫氏鄆州系與現代流行的經穴圖示等，也已經基本吻合，認經認穴基本相同。所不同點在於認識「阿氏穴」，即，針灸進行中，依經疏絡布穴行針時，再根據疼痛點補針，甚至直刺痛點。其後十四圖依舊如此，不再贅言。

詠脾經詩訣：

脾是太陰坤足洲，隱白在腳大趾頭。

大都太白公孫流，商丘三陰常交友。

漏谷地機陰陵泉，血海箕門衝門走。

圖 303

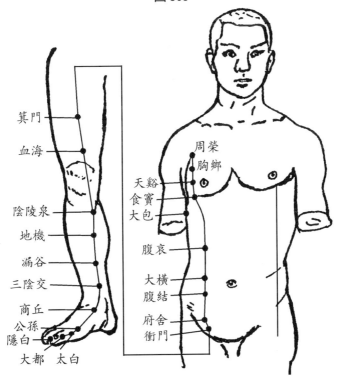

箕門

血海

陰陵泉

地機

漏谷

三陰交

商丘

公孫

隱白

大都　太白

周榮

胸鄉

天谿

食竇

大包

腹哀

大橫

腹結

府舍

衝門

圖 304　足太陰脾經

府舍腹結大橫戀，腹哀食竇天谿留。

胸鄉周榮大包去，二十一穴呼長求。

易位爲坤玄女色，主思嗜甘戒忘愁。

（五十七）扇通背

1. 兩掌前伸（陰動，陰頂）

同（二十一）扇通背第 1 動。（圖 305）

〔話養生〕

足厥陰肝經（共 14 穴，圖 306）

詠肝經詩訣：

勸君重視足厥陰，一十四穴有諧音。

大敦行間太衝沉，中封蠡溝中都云。

膝關曲泉陰包深，五里陰廉急脈純。

章門期門終順暢，制怒常噓星月春。

易學爲震形如雷，

能噓四野五酸均。

爲人頂禮拜天地，

不如就近敬此君。

圖 305

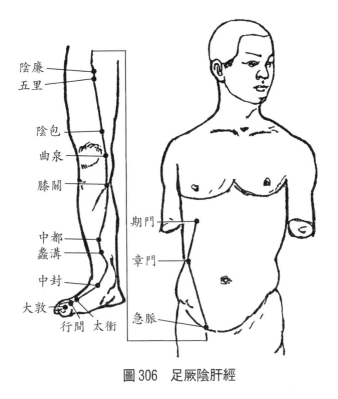

圖 306　足厥陰肝經

2.右掌上掤（陽動，陽頂）

同（二十一）扇通背第 2 動。（圖 307）

〔話養生〕

足少陰腎經（共 27 穴，圖 308）

詠腎經詩訣：

此經三九二十七，冬夏寒熱少陰喻。

湧泉然谷照海月，水泉大鍾明太谿。

復溜交信築賓客，陰谷橫骨大赫逼。

氣穴四滿中註定，肓俞商曲石關急。

養
生
篇

313

圖 307

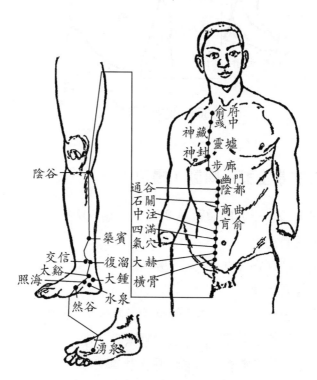

圖 308　足少陰腎經

陰都通谷幽門寨，步廊神封望靈墟。

神藏或中拜俞府，經止咸悟坎吹謎。

（五十八）撇身捶

1. 左掌右展（陰動，陰頂）

同（二十二）撇身捶第 1 動。（圖 309）

足太陽膀胱經（67 穴，圖 310）

歌膀胱經詩訣：

足太陽穴六十七，坎中爲陽霧彩霓。

晴明攢竹眉沖頂，曲差五處承光洗。

通天絡卻玉枕連，天柱大杼風門虛。

肺俞厥陰與心俞，督俞膈俞肝膽俞。

脾俞胃俞三焦俞，腎俞氣海大腸俞。

關元小腸膀胱俞，中膂白環十八俞。

圖 309

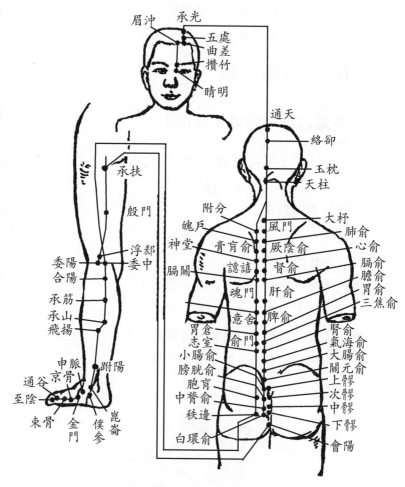

圖310　足太陽膀胱經

上次中下四名髎，會陽上望附分脊。

魄戶膏肓神堂鎮，譩譆膈關魂門取。

陽綱意舍胃倉壯，肓門志室胞肓喜。

秩邊二十一椎處，承扶臀紋中間咪。

殷門浮郄委陽任，委中合陽承筋餘。

承山飛揚跗陽動，崑崙僕參申脈裏。

金門京骨束骨親，通谷至陰終透彌。

吹咸連哈頭上沐，想通意守莫著急。

2. 右捶鬆落（陽動，陽頂）

〔步型〕右弓步。

〔方向〕面西。

〔方位〕西正位偏右。

〔實腳〕左腿鬆漸變轉為虛腿，向後隅位舒伸。

〔虛腳〕右腳平鬆落地，鬆虛腳趾，漸變轉為右實腿弓步，注意不要向前傾身弓步，這樣易丟重心。右腳下為八方線中心點。

〔實手〕隨右腿開步，右立拳拳眼向上，外下弧鬆落於右膝上方。

〔虛手〕左虛俯掌，掌指向右鬆覆在右立拳的拳眼上。

〔視線〕視線從注視左掌食指梢，面西平遠視。

〔意念〕空左掌。（圖311）

〔話養生〕

足陽明胃經（共45穴，圖312）

歌胃經詩訣：

足陽明穴四十五，

承泣四白巨髎悟。

圖311

地倉大迎頰車起，下關頭維人迎補。

水突氣舍缺盆象，氣戶庫房屋翳楚。

膺窗乳中乳根通，不容承滿梁門撫。

關門太乙滑肉門，天樞外陵大巨呼，

水道歸來氣衝淨，髀關伏兔陰市伏。

梁丘犢鼻足三里，上巨虛府條口舞。

下巨虛上豐隆串，解谿衝陽走陷谷。

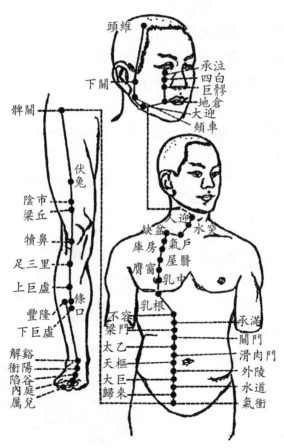

圖312　足陽明胃經

內庭屬兌是終端，大趾次趾甲後鼓。

八卦九宮艮中黃，後天之元歡呼舒。

（五十九）上步搬攔捶

1.右拳前起（陰動，陰頂）

〔步型〕右坐步。

〔方向〕面西。

〔方位〕西右正線。

〔虛實腳〕左腳上步成右坐步，右腳下為八方線中心點。

〔虛實手〕右手變空捶，拳眼向上；左俯掌實，虛伏在右捶眼上。

〔視線〕平視。

〔意念〕空左掌。（圖313）

〔話養生〕

足少陽膽經（共44穴，圖314）

歌膽經詩訣：

足少陽經十一陽，

為主神魄巽位藏。

瞳子髎聽會上關，

頷厭懸顱懸厘揚。

曲鬢率角天衝去，

浮白竅陰完骨昂。

圖313

養
生
篇

本神陽白頭臨泣，目窗正營承靈強。
腦空風池肩井下，淵腋輒筋日月亮。
京門帶脈五樞域，維道居髎環跳暢。
風市中瀆膝陽關，陽陵泉穴陽交敞。

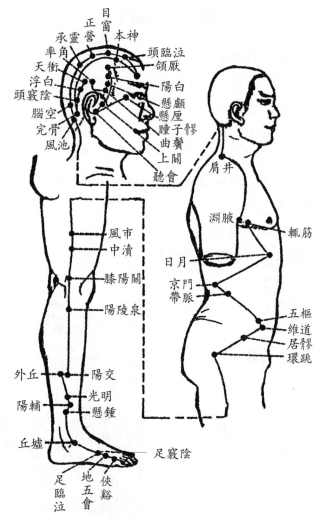

圖314　足少陽膽經

外丘光明陽輔佐，懸鍾丘虛穴用常。

足臨泣連地五會，俠谿足竅陰終像。

本經忌風易石結，適酸噓咦哈悶唱。

2. 右掌左旋（搬）（陽動，陽頂）

〔步型〕左弓步。

〔方向〕面西。

〔方位〕西正線。

〔虛實腳〕右腳鬆，節節貫串到頂。左腳平鬆落地成左弓步，左腳下為八方線中心點。

〔虛實手〕左掌俯，無名指引動，仍伏在右捶拳眼上，右捶隨，從右捶12°外弧運行至右正線、左正線，止於西南隅位。

〔視線〕順左掌食指尖遠望。

〔意念〕空左拳。（圖315）

〔話養生〕

手太陰肺經（共11穴）

詠肺經詩訣：

兌位易云手太陰，

中府雲門天府金。

俠白尺澤孔最少，

列缺經渠太淵深。

魚際少商似線葉，

大指拇端外側跟。

秋呬最忌聞口耳，

吐納辛鳴出慧人。

圖315

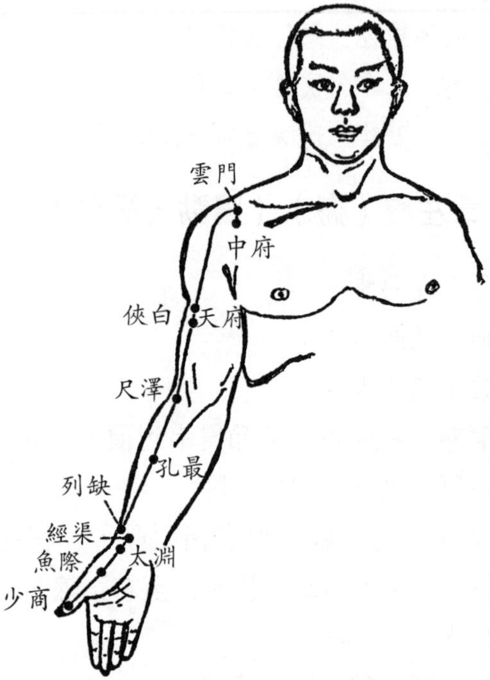

圖 316　手太陰肺經

3. 左掌回捋（攔）（陰動，陰頂）

〔步型〕右腿坐步。

〔方向〕面西南——面西。

〔方位〕西南隅——西正線。

〔虛實腳〕鬆左腿，左掌回捋時，右腿漸實變為右腿坐步，左腳鬆，腳尖上揚，右腳下為八方線中心點。

〔虛實手〕左掌俯伏在右捶上，捶、掌外弧回捋，至左右臂與肩垂直位時，左掌漸變立掌，食指搖對鼻尖；右捶順勢上臂與肩垂直止，前臂平。

〔視線〕注視左立掌食指梢上位寸許。

〔意念〕空左掌。（圖 317）

〔話養生〕

手厥陰心包經（共 9 穴，圖 318）

詠心包經詩訣：

此經位離陽中陰，

常在臟中控火蘊。

天池天泉曲澤抷，

郄門間使內關伸。

圖 317

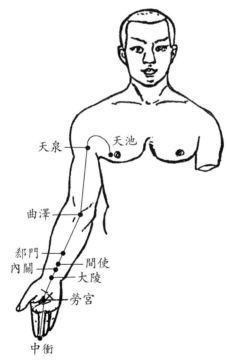

天泉

天池

曲澤

郄門

內關

間使

大陵

勞宮

中衝

圖 318　手厥陰心包經

大陵勞宮中衝終，宜輪百勞累可呻。

夏呵蘊悠音能震，不淤苦火悅如神。

4.右拳前伸（捶）（陽動，陽頂）

〔步型〕左腿弓步式。

〔方向〕面西。

〔方位〕西正線。

〔虛實腳〕鬆左腿，左腳平鬆落地，漸變左弓步。右腿虛，勿強直。左腳下為八方線中心點。

〔虛實手〕左肩鬆，垂肘，隨腳下坐步變為弓步，右拳下弧擦左掌前伸，左掌下弧漸變偏立掌，掌心向右，虛貼右前臂。

〔視線〕從右拳食指中節遠視。

〔意念〕空右拳。（圖319）

〔話養生〕

手少陰心經（共9穴，圖320）

詠心經詩訣：

離示心經天上火，

浮在均布極泉根。

青靈少海接靈道，

通里陰郄開神門。

少府少衝小指側，

暢舒依律大學問。

延齡夏呵平急緩，

口苦眼赤宜調溫。

圖319

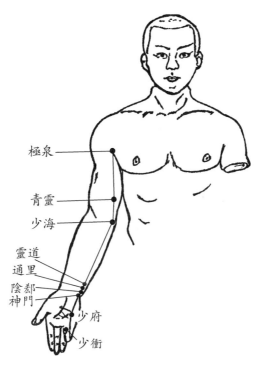

極泉

青靈

少海

靈道
通里

陰郄
神門

少府

少衝

圖 320　手少陰心經

（六十）上步攬雀尾

1. 右拳鬆轉（陰動，陰頂）

同（二十四）上步攬雀尾第 1 動。（圖 321）

〔話養生〕

手太陽小腸經（共 19 穴，圖 322）

歌小腸經詩訣：

此經在離陰中陽，一十九穴需暢強。

少澤前谷後谿數，腕骨陽谷養老方。

支正小海肩貞輔，天宗臑俞秉風防。

圖 321

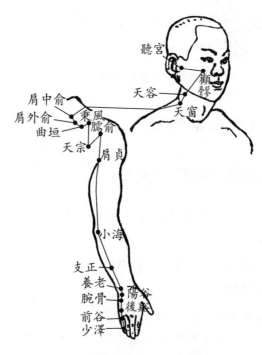

圖 322　手太陽小腸經

曲垣肩外肩中俞，天窗天容顴髎光。
聽宮已是終止位，意會可達舌下香。
其阻全因酸鹹亂，夏苦悠呵撫幫長。

2. 右掌變掌（陽動，陽頂）

同（二十四）上步搬攔捶第 2 動。（圖 323）
〔話養生〕
手陽明大腸經（共 20 穴，圖 324）
歌大腸經詩訣：
手陽明經是乾陽，與肺同行自悠長。
商陽二間三間動，合谷陽谿偏屬房。

圖 323

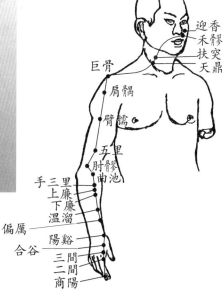

圖 324　手陽明大腸經

溫溜下廉上廉開，手三里處曲池香。

肘髎五里臂臑力，肩髃巨骨天鼎扛。

扶突禾髎迎香盡，氣血運潤慢呃唱。

二十五陽根則壯，微辛沉浮散白荒。

3. 右掌回捋（陰動，陰頂）

同（二十四）上步搬攔捶第 3 動。（圖 325）

〔話養生〕

手少陽三焦經（共 23 穴，圖 326）

圖 325

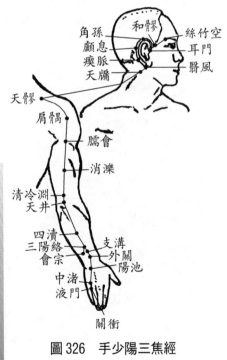

角孫　和髎　絲竹空

顱息　　　耳門

瘈脈　　　翳風

天牖

天髎

肩髃

臑會

消濼

清冷淵

天井

四瀆

三陽絡　　支溝

會宗　　外關

　　　陽池

中渚

液門

關衝

圖 326　手少陽三焦經

歌三焦經詩訣：

手三焦經離中陽，關衝液門中渚長。

陽池外關支溝路，會宗三陽絡向上。

四瀆天井清冷淵，消濼臑會肩髎常。

天髎天牖翳風散，瘈脈顱息角孫強。

耳門和髎緣竹空，社靜腸和清輪亮。

此腑雖無品腑玄，卻關五常苦色忙。

4. 右掌前掤（陽動，陽頂）

同（二十四）上步攬雀尾第 4 動。（圖 327、圖 328）

〔話養生〕

任脈（共 24 穴，圖 329）

詠任脈詩訣：

任脈廿四是總陰，意統六臟助佳人。

會陰曲骨中極力，關元石門氣海深。

圖 327

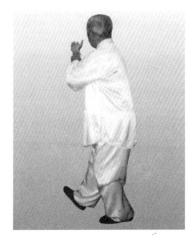

圖 328

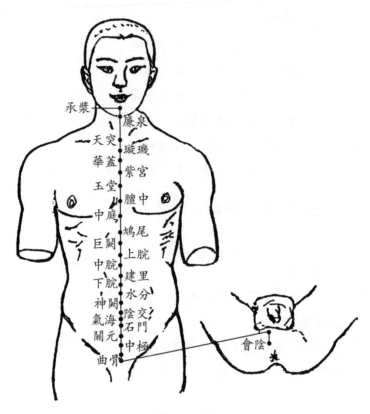

圖 329　任脈

陰交神闕應慎娶，水分下脘建里新。
中脘上脘呈巨闕，鳩尾中庭膻中音。
玉堂紫宮現華蓋，璿璣天突廉泉云。
承漿方是真沐授，坤上坤下詠和春。

5. 右掌前展（陰動，陰頂）

同（二十四）上步攬雀尾第 5 動。（圖 330）

〔話養生〕

圖 330

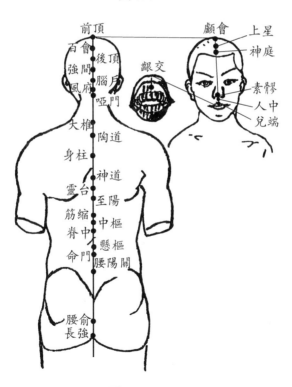

前頂　顖會　上星

百會　後頂　神庭

強間　腦戶

風府　　齦交　素髎

啞門　　　人中

　　　　　兌端

大椎　陶道

身柱

　神道

靈台　至陽

筋縮　中樞

脊中　懸樞

命門　腰陽關

腰俞

長強

圖 331　督脈

督脈（共 28 穴，圖 331）

歌督脈詩訣：

四七督脈歌天楚，眞陽氣足統六腑。

長強腰俞腰陽關，命門懸樞脊中數。

中樞筋縮至陽在，靈台神道溯身柱。

陶道大椎長啞門，風府腦戶強間布。

後頂百會前頂宮，囟會上星神庭賦。

素髎人中兌端和，齦交開口歌且舞。

6. 右掌右展（陽動，陽頂）

同（二十四）上步攬雀尾第 6 動。（圖 332）

〔**話養生**〕

經外奇穴（常用 35 穴，圖 333）

本圖所示經穴，按傳統醫理亦分三部，即人部在手：十宣、四縫、二白、中泉、落枕、八邪、大骨空、小骨空共八穴；地部在足腹：八風、內踝尖、外踝尖、闌尾、膝眼、鶴頂、髖骨、子宮、維宮、三角灸、丹田共十一穴；天部在背項：環中、腰奇、腰眼、精宮、痞根、騎竹馬、氣喘、華佗挾脊、喘息、百勞、四神聰、印堂、魚腰、太陽、玉液、金津共十六穴。

圖 332

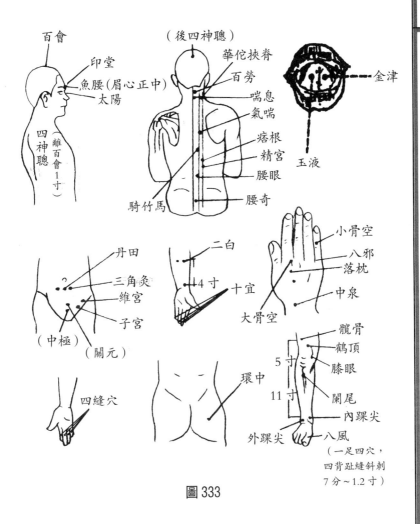

圖 333

　　圖 333　孫思邈鄭州系經絡圖。這是當年供孫氏後人針
灸與練武學內功而設的。其經絡穴位圖識，基本上與現代海
內外中醫大專院校所供之學相吻合。也顯示了藥王孫思邈在
經絡針灸學上的獨特辨識。鄭州系傳學一千餘年，啓迪使用
到了今朝，仍未改其宗。因這些圖識與歌訣活潑生動易學易
記，頗有功夫特色，可聊供練家子們研而有悟，廣爲參考。
能有幸不誤世人之修，是我本願（孫繼光）。

（六十一）單　鞭

1.右掌變鉤（陰動，陰頂）

同（二十五）單鞭第1動。（圖334）

〔話養生〕養生專家認為，60歲以前身體好，未患病症，60歲以後壓力小了，日子寬鬆到處找樂身心健康，在正常有規律的生活環境中，輕鬆愉快地活到80歲，應該不成問題。我周圍很多拳友七八十歲仍然活躍在拳場和社會活動中，每天樂哈哈沒有什麼異常。

練太極拳都那麼好嗎？也不一定。幼時身體欠佳，還有生活無節制，大口吃肉，大杯飲酒，有害無益。中青年時代患有高血壓、糖尿病、癌等病症，年過60日子絕對不輕鬆。孫氏家學認為人體潛伏百種以上病毒，一旦身體免疫力減退，病患就要找上門來。練什麼功也無用，只有請醫學家調理了。

習武之人以文會友，和氣為佳，動輒掄拳頭，日子過得不會舒服，五六十歲早亡者並不少見。

2.左掌弧捋（陽動，陽頂）

同（二十五）單鞭第2動。（圖335）

〔話養生〕傳統太極拳每式每動均有養生功效，關要是把握規範，被動行功，如此對健體養生有質的不同。

單鞭式第2動，左掌從西正線運行至東正線共180°，運行過程中有4個45°（1/8）弧，8個22.5°（1/16）弧，以1/16計算有8個小動作。每動不得走直線，應循

圖 334

圖 335

規範走弧線，在 180° 的弧線運行中，每 1 / 16 弧要有一個
意念舒展或稱出頭，這個「出頭」純屬意行，絕不是肢體
的伸長。肢體伸長養生效果不佳。

　　意念舒展，久之會有絕妙的體驗。

（六十二）高探馬

1. 左掌反採（陰動，陰頂）

　　〔步型〕右腿坐步，左腿腳尖向東位。
　　〔方向〕面東。
　　〔方位〕東南隅位。
　　〔虛實腳〕右腿鬆，原地不動，腳下為八方線中心
點。左腿鬆，左胯後旋，左腳跟虛起，腳尖向東。
　　〔虛實手〕鬆肩垂肘，左立掌漸變仰掌，腕與肩平。
右鉤手漸鬆開變俯掌，止於右耳側。

〔視線〕注視左掌食指梢。

〔意念〕空左掌。（圖336）

〔話養生〕本文前邊已經闡述，太極拳不是醫院也不是保健萬能，不是人們練太極拳以後，便提高免疫力，百病不生，病毒不入，身體健康，養生長壽。吳式太極拳家確實出現過幾位百餘歲、九十以上高齡者，但是他們付出了常人難以想像的代價。

先賢吳圖南、馬岳梁、楊禹廷、汪永泉等前輩大師，他們生活有規律，平易近人，樸實無華，謙虛謹慎，潔身自好，品德高尚，不爭、不貪、不進寸退尺。

在練太極拳之前，建議認真選擇適合身體條件的一套拳。太極拳分為兩類，一類由國家編排的 24 式、42 式等國家規定套路太極拳；一類是傳統太極拳。如果欲選練傳統太極拳，建議先到公園練拳人中去打聽，對傳統太極拳有些瞭解。如果時間寬裕，要做些案頭工作，然後借幾冊書看一看。要讀書，往往練拳過不了關，坐下讀書便開悟了。

2. 右掌前掤（陽動，陽頂）

〔步型〕虛丁步。

〔方向〕面東。

〔方位〕東正位。

〔實腳〕右腿實，由坐步漸直立長身，右腳下為八方線中心點。

〔虛腳〕鬆左胯，鬆膝，左腳回收，腳後跟虛靠右腳踝，腳尖虛點地，成虛丁步。

圖 336　　　　　　　　圖 337

〔**實手**〕右掌實，以無名指引動，俯掌上弧向前舒展，掌與眉平。

〔**虛手**〕左掌仰掌，小指引動下弧運行收止於腹前，左掌指尖向右。

〔**視線**〕向前平視。

〔**意念**〕空右掌。（圖 337）

〔**話養生**〕讀書的目的是進一步瞭解和認識將要修練的拳種，也許你選練的這套拳將伴你終生。要有心理準備，它將給你帶來愉悅，帶來煩惱，帶來困惑，帶來理解，帶來開悟，帶來歡樂。當然，歡樂多多，其樂無窮。

你練的拳，你要認識它，認識拳的特性，比較與兄弟拳有何異同，識得拳的運動規律，認識拳的運行軌跡。還要認識拳的結構以及與拳結構有關的規範，漸漸循規蹈矩刻苦修練。

（六十三）撲面掌

1. 右掌回採（陰動，陰頂）

〔**步型**〕右坐步式。

〔**方向**〕面東。

〔**方位**〕東正線。

〔**虛實腳**〕鬆右腿坐步，右腳下為八方線中心點。

〔**虛實手**〕右掌小指引動外下弧運行，變仰掌，指尖向左鬆落於左肋下方。左掌外上弧運行，漸變掌停於胸前，掌心向裏。

〔**視線**〕平視。

〔**意念**〕空右掌。（圖338）

〔**話養生**〕規範，指的是動作規範。如掌：有仰掌、俯掌、立掌、偏立掌、坡形掌等。掌平，中指（手厥陰心包經）、無名指（手少陽三焦經）虛貼，食指、小指虛離，拇指虎口撐圓。中指前指向遠處，無名指引領臂前伸，小指經常放鬆，引臂回屈。

太極拳的套路均以掌平不掛力為標準。開始習練，平掌有力，日久自會退力。

仰掌、俯掌把握手平不掛力。

圖338

立掌：掌心向外，打擠、雲手、單鞭、撲面掌均以雙動出現，立掌為陽掌，食指遙對鼻尖。

偏立掌：掌心向外，在斜單鞭、摟膝拗步的雙動，玉女穿梭的雙動中出現次數比較多，此掌上端與眼齊平，視線從拇指內側關節橫線位平遠視。

坡形掌：掌心向內，坡形掌為標準化掌形。在抱七星、手揮琵琶、野馬分鬃等式中出現，大多為陰掌，拇、食指遙對鼻尖，視線注視食指梢上一寸。坡形掌的特點，與腕平行勿折腕。

為什麼在「養生篇」中仍要說掌的結構呢？因為一般學拳者只記拳式和動作，不注意拳形掌式，熟練後要在動作上糾錯和調整，首先規範的就是手形。

2. 左掌前展（陽動，陽頂）

〔步型〕左順弓步式（一字弓步）。

〔方向〕面東。

〔方位〕東正位。

〔虛實腳〕鬆右腿，左腳向前伸出，逐漸弓左腿，成為左順弓步（亦稱一字弓步），左腳下為八方線中心點。右腳虛，勿強直。

〔虛實手〕左掌以無名指引動，從右前臂上外上弧出掌，食指梢對鼻尖，立掌，掌心向外。右掌仰掌鬆垂，小指虛止於左肋位，掌指向左。

〔視線〕順左掌食指梢上寸許遠望。

〔意念〕空左掌。（圖339）

〔話養生〕掌變鉤、鉤變掌，注意虛實漸變。鉤有兩

圖339

圖340

種：虛鉤、實鉤。

　　虛鉤：掌變鉤，依次鬆攏小指、無名指、中指、食指、拇指。拇指、食指、中指等三指虛貼，無名指、小指鬆垂勿彎曲，指曲易出力，手指出力勿牽引腕出力。鉤變掌先展開拇指，食指、中指、無名指、小指依次鬆展。

　　實鉤：操作與虛鉤同，先攏拇指，五指朝上鬆攏，為梅花瓣。鉤變掌先展開拇指，依次展開其餘四指。

　　經常放鬆小指臟腑通暢。

（六十四）單擺蓮（十字擺蓮）

1.左掌右捋（陰動，陰頂）

　　〔步型〕左腿立步。
　　〔方向〕面西。
　　〔方位〕西南隅。

〔虛實腳〕左腿實，鬆胯，左腳以腳後跟為軸向右扣，腳尖朝向西南。右腳隨身體方位變動而動，腳前掌輕著地，腳後跟微起。左腳下為八方線中心點。

〔虛實手〕右掌虛，保持原位，隨身而動。左掌鬆肩、垂肘、鬆腕，外下弧運行。

〔視線〕隨方位轉平視。

〔意念〕空左掌。（圖 340）

〔話養生〕關於掌變拳，拳變掌。操作時注意漸變。

拳：掌變拳，先鬆攏小指，依次鬆攏無名指、中指、食指、拇指。注意太極拳以空拳為好，勿攢成死拳。拳變掌先展拇指，依次展開食指、中指、無名指、小指。

太極拳名為拳，實則拳式僅十一拳式（其中有重式），習練者要認真把握輕靈為好。注意，拳面要平，拳與腕、前臂間勿折，以通順平面為好，以便於鬆腕、垂肘、鬆肩，周身鬆輕。拳、捶通稱，如搬攔捶。

2. 左掌右展（陽動，陽頂）

〔步型〕直立步型。

〔方向〕面西。

〔方位〕西位。

〔虛實腳〕左腿鬆胯，向右鬆轉至西正位，右腳前掌虛著地，腳後跟虛起。左腳下為八方線中心點。

〔虛實手〕左掌向右繼續運行，止於右胸前，掌心向下。右掌仰掌不動，隨身形方位運行。

〔視線〕平遠視。

〔意念〕空左掌。（圖 341）

圖 341   圖 342

〔**話養生**〕我學拳有個體驗，開始學拳匆匆忙忙，專
找和善的老師，很快一套拳練下來，算會練了，可是練罷
拳身上覺得彆扭，又找不出原因。老拳家授拳慢，一招一
式很認真，學起來困難，但功底扎實。

聽說有一位習拳 20 多年的練家為一個式子去問老
師，這種態度很好，虛心求真。我當了老師，跟我學拳五
六年的學生，對拳有點認識後，回過頭來要求從頭一個動
作一個動作再學一遍，這是求功務實的好學風。

拳場術語，「學拳容易改拳難」。

3.右腳上提（陰動，陰頂）

〔**步型**〕直立步型。
〔**方向**〕面西。
〔**方位**〕西正位。
〔**虛實腳**〕左腿直立步，腳尖向西南，腳下為八方線

中心點。右膝鬆提。

〔虛實手〕左掌俯掌，鬆小指向右舒伸，腕與肩平。右掌仰掌不動。

〔視線〕平視。

〔意念〕空右掌。（圖342）

〔話養生〕練拳前要對所學課程每式有幾動、陰陽動的起止點弄明白，式與式的走向清楚以後再習練。老師說拳時要認真聽，注意看，不要老師示範，你也照式走乾坤，結果大同小異，差之毫釐，謬以千里。

單動學練和全式連做有根本性的不同，單動為陰，雙動為陽，在陰陽起止點中體驗陰陽變化。連式練拳中間不停頓，陰陽相濟，不可以陰陽分開運行，習練者去體會。

4.右腳右擺（陽動，陽頂）

〔步型〕直立步——左坐步型。

〔方向〕面西。

〔方位〕西正位。

〔虛實腳、虛實手〕左腿重心，從直立步漸變坐步，左腳下為八方線中心點。右腳向右上方擺動，擺到西正線，左掌俯掌外弧從右隅位向西舒挓，掌心與右擺的右腳尖瞬間上下相合，隨即右腳鬆落在隅線，腳跟虛落著地，腳尖上揚；左俯掌循外上弧運行漸變虛鈎，收於左耳外側，虎口對左耳輪。

〔視線〕平遠視。

〔意念〕空左鈎。（圖343、圖344）

〔話養生〕練太極拳求養生，要正確練拳。怎麼正確

圖343   圖344

練拳？要認識太極拳的運動規律和運行軌跡，首要是認識
太極拳的特點，陰陽變化是其重要的特點，舉動輕靈，要
用意不用力。當然太極拳的特性不僅如此，還有很多。打拳
若能在拳中有陰陽變化，輕靈用意，這拳的韻味就出來了。
如此打拳，經絡、氣道、大小動靜脈血液暢通，保健、養生
隨之而來。當然，太極拳不是主觀練煉，而是被動行功。

（六十五）摟膝指襠捶

1.右掌摟膝（陰動，陰頂）

〔步型〕左坐步。

〔方向〕面西。

〔方位〕西北隅位。

〔虛實腳〕左腿實坐步，腳下為八方線中心點。收吸
左腹股溝。

〔**虛實手**〕右掌漸變俯掌，無名指引動外下弧向前舒展，止於右膝前。左鉤變掌。

〔**視線**〕注視右掌食指梢。

〔**意念**〕空右掌。（圖345）

圖 345

〔**話養生**〕傳統太極拳代代承傳，不以力行，以意行功，這是太極拳特性所決定。

人類有人類的運動規律和運行軌跡。

但人類的運動規律和運行軌跡，主觀的東西太多，主觀便用力，而用力，人體的各個通道將阻塞，太極內功不會進入。因為此路不通，練太極拳的人必須放棄自身主動的東西，在陰陽變化中動態運行，輕靈，用意不用力，為太極內功進入人體打開各種管道，載體成功，太極內功上身。

2.左掌前展（陽動，陽頂）

〔**步型**〕右弓步。

〔**方向**〕面西北。

〔**方位**〕西北隅位。

〔**虛實腳**〕鬆左腿，虛鬆到頂，右腿漸變實弓步，右腳下為八方線中心點。左腿虛直，勿強直。

〔**虛實手**〕右掌虛停於左膝外側，虎口朝前。左掌偏

立掌，掌心向右，無名指引
動外弧前展運行至鼻前，偏
立掌向左小弧形運行，掌心
向外。

〔視線〕從左掌拇指內
側橫關節紋遠望。

〔意念〕空左掌。（圖
346）

〔話養生〕太極拳人為
了得到太極內功，應放棄自
身的運動規律和運行軌跡，

圖346

依拳理拳法規範，以拳之特性練拳，人類主觀的東西都應
丟棄，循拳之規律行功，將自己的行動納入太極拳的運動
軌跡，所以，應被動練拳。

3. 左掌展按（陰動，陰頂）

〔步型〕右坐步。

〔方向〕面西。

〔方位〕西正位。

〔虛實腳〕右腳鬆，陰頂開，收吸右腹股溝。左腿鬆，
向前上步，經右腳內側左外弧止於隅位約 30°，腳後跟虛著
地，腳尖上揚。右腳下為八方線中心點。

〔虛實手〕左肩鬆，垂肘、鬆腕、空掌、舒展，漸變俯
掌。右掌漸鬆攏為空拳，拳心向下，拳眼與右耳約半拳距。

〔視線〕注視左掌食指梢。

〔意念〕空左掌。（圖 347）

圖 347   圖 348

〔話養生〕當把握了太極拳的規律之後，再盤拳絕對
虛鬆，絕對不會主動去屈伸進退。

4.右拳前出（陽動，陽頂）

〔步型〕左弓步。

〔方向〕面西俯面。

〔方位〕西正位。

〔虛實腳〕鬆右腿，收吸右腹股溝，左腳前掌平鬆落
地，左腿漸成弓步，左腳下為八方線中心點。右腿虛鬆勿
強直。

〔虛實手〕右拳實，以無名指中節引動，外下弧向前
出拳，止於對方小腹高度。左掌腑掌，輕扶右腕脈門。

〔視線〕順右拳食指中節遠視。

〔意念〕空右掌。（圖 348）

〔話養生〕拳在練中得，在練中悟到太極拳的真諦之

後，你的奇妙感消失了。因為太極拳不是肢體活動，手腳屈伸，身形上下肢的折疊、起落是拳套路的作用，而拳套路是受神經支配的。明白了太極拳是中樞神經活動，就又悟得了拳之奧秘，又上了一層臺階。

從此你放不下，每天盤拳不輟，每練一遍拳有一次收穫，練一遍拳有一次新的體驗，往返輪迴，你的境界更為靜，養生效果便會在身上體現出來。

（六十六）上步攬雀尾

1. 右拳鬆轉（陰動，陰頂）

同（二十四）上步攬雀尾第 1 動。（圖 349）

〔話養生〕腳在太極拳技藝中，十分重要。在築基功、拳道功法、心法中腳的地位都非比尋常。古拳譜有云：「其根在腳」，「由腳而腿而腰，總須完整一氣。」練拳、推手體用結合，「上下一條線，腳下陰陽變」。筆者曾在《中華武術》先後發表「太極腳」「再說太極腳」兩篇論文，有興趣者可參閱。

吳式太極拳，以楊禹廷為代表的一支，拳法之一是腳平鬆落地，從腳下往上鬆，上鬆到頂，上鬆到手梢，且節節貫串。太極拳技藝，也可謂腳的藝術。在推手的理論和實踐中，推手就是推力，推手技藝最佳把握是推腳。筆者在《太極解秘十三篇》中有「太極腳修練篇」。腳有力，踩地、蹂地都不符合太極拳的規範。

傳統太極拳體用結合，一動無有不動，動則腳下陰陽變化。

圖 349　　　　　　　　圖 350

2. 右拳變掌（陽動，陽頂）

同（二十四）上步攬雀尾第 2 動。（圖 350）

〔話養生〕在多年的習拳實踐中，筆者體會到四句訣：

上下一條線，腳下陰陽變，頭上虛靈頂，兩手空靈轉。

希望同道在體用結合中經常琢磨運用這四句話，並在實踐中體驗是否準確。也請經常背誦拳譜「關節要鬆，皮毛要攻，節節貫串，虛靈在中」，並在練拳實踐應用中體驗其中之奧妙。

3. 右掌回捋（陰動，陰頂）

同（二十四）上步攬雀尾第 3 動。（圖 351）

〔話養生〕四句訣是身形中正理論和實踐的保證。現將四句訣解析如下：

上下一條線：請習練者注意，在行拳時一定要保持身

圖 351

圖 352

形的中正。拳譜中提到「尾閭中正神貫頂」，可見中正之重要。在《太極內功解秘》一書中，有「中正學」一節（157頁）。在練拳時身形中正起到立柱之作用，先賢在拳論中特別警示後學要「中正安舒」。二人放對，中正一方因為身形中正，已勝券在握。

上下一條線的檢驗，正面，鼻尖、膝尖、腳尖（拇趾甲根）的三尖相對；左右側面，腳、腹股溝、頂上下一條線；身後看，腳、尾閭、頂上下一條線。收吸腹股溝是築基功，筆者將腹股溝歸類於前中心，可見在太極拳修練中腹股溝對保持身形中正之重要。功成保持身形中正，周身支撐力在大腿，膝不著力，保證了膝的安全。

4. 右掌前掤（陽動，陽頂）

同（二十四）上步攬雀尾第 4 動。（圖 352）

〔話養生〕中正身形的第二句：

腳下陰陽變：武派太極拳宗師武禹襄關於腳的要論提示我們後學，「其根在腳，由腳而腿而腰」，腳是根基。天地大宇宙，人身小太極，人是太極之體，周身無處不太極，在拳中操作和把握陰陽變化應該從腳下變化陰陽訓練。

當然，陰不離陽，陽不離陰，陰陽相濟，單陰單陽很難單獨解釋陰陽。不過，我們在陰陽習練中，單講以便把握。要知陰知陽，也必須詮釋陰和陽，將深藏於身的陰陽調動起來，在拳中有所表現。

腳是根，必先從腳下變化起始修練。《太極解秘十三篇》有「太極腳」一節，腳下陰動以右腳為例，從大趾、二趾、中趾、四趾、小趾循外延右後下，陽動則從腳後跟向前舒展，不是肢體的伸展，這種操作是根據。拳論曰：「斂入脊骨，內固精神，外示安舒。」而陽動反映在皮膚表層，為「皮毛要攻」，也就是汗毛豎立起來。陰動收斂入骨，對方聽勁瞬間摸不到骨骼。

還要說明一點，陰陽相濟是絕對的，太極圖陰陽互抱，但講解剖析太極陰陽，為了使學練者便於學習，拆講是必須的，否則難以詮釋。

5. 右掌前展（陰動，陰頂）

同（二十四）上步攬雀尾第 5 動。（圖 353）

〔話養生〕頭上虛靈頂：關於頂的修練，拳論有要求，有「精神能提得起」「虛領頂勁」「頂頭懸」。筆者在實踐中，體驗到提、領、懸等三個字，均為意大，意大出力，後學者難以把握，提、領、懸不利輕靈。筆者認為頂上以虛靈為好，虛和靈在有意無意之間學練者便於把

圖353

圖354

握，周身和頂不會僵緊出力。如此操作符合「一舉動，周身俱要輕靈」的要求。

6. 右掌右展（陽動，陽頂）

同（二十四）上步攬雀尾第 6 動。（圖 354）

〔話養生〕第四句訣：兩手空靈轉（曾在文中有「雙手空空轉，兩手空虛轉」，以後文中以「兩手空靈轉」為準）。

在《太極解秘十三篇》中，有「太極手」一節，對手的要求為空手。空手是很難修練的。人在生活、工作活動中，用手的地方很多，從小養成用力的習慣。但太極拳要求空手，就要在放鬆手、手指中下一番工夫。其實說難也不難，每天吃飯用筷子很輕巧，為什麼練拳不能空鬆呢？

筆者在傳授手的心法時，把握食指放鬆輕扶絕對不能用力，經常放鬆小指，練拳時手指、手掌不用力，同時要

求放鬆雙膝。經常展指舒腕，前臂慢慢會退去本力。

太極手包括手掌、手指、手腕及前臂放鬆，為空手、空腕、空前臂，這是拳之基本功，是拳之規範。空手是修練傳統太極拳必須要求做到的功法。

（六十七）單　鞭

1.右掌變鉤（陰動，陰頂）

同（二十五）單鞭第1動。（圖355）

〔**話養生**〕以上四句拳訣，可以單句習練，但每一單句與另三句又有內在聯繫，不可分家。先談談步。訣之精華是重心，京城吳式太極拳家楊禹廷先賢，他的拳道核心手、眼、身、步的步為立柱式身形，也就是單腳（腿）重心，這種單腿重心立柱式身形變換靈活，且不易被對方發現，有利於技擊。

上世紀七八十年代有幸認識了楊式太極拳家汪永泉大師，他的步幅一肩寬。因為楊式拳多為大步幅，見汪老爺子兩腳窄便問汪老，「您的步法為什麼與楊式拳不同，步子小呢？」汪老說：「小步靈活。」

練太極拳保健養生，步小靈活為好，練拳人年齡、胖瘦不一，以步幅舒服為

圖355

準，不強求一致。

2. 左掌弧捋（陽動，陽頂）

同（二十六）單鞭第 2 動。（圖 356）

〔話養生〕傳統太極拳講究四法四功，四法為手、眼、身、步，四功為心、神、意、氣。

四法，上文說了步，步是腳，也是步幅，腳為根，步對體用結合十分重要。所以，筆者注意方向、方位和八方線的傳播。

八方線很簡單，小學生都知道東、西、南、北、東北、西北、東南、西南，人到成年練太極拳，對四正四隅四面八方似乎糊塗了。《太極解秘十三篇》書中，有「八方線」篇，花費不少筆墨敘說八方線，仍有不少朋友來電詢問。

為什麼我傳授傳統太極拳要強調方向方位呢？方向方位就是八方線。八方線是一個 360° 的圓形圈，你的實腳下便是八方線中心點，有了中心點意識，你周圍便有了四正四隅八個方向方位，就是這麼簡單明瞭。以上指的是單腿重心，雙重八方線中心點在尾閭下邊。

圖 356

自然太極拳81式

圖 357

圖 358

（六十八）下　勢

1. 右掌下捋（陰動，陰頂）

同（五十一）下勢第 1 動。（圖 357、圖 358）

〔**話養生**〕此式是典型的手動腳不動或小動的養生式，接單鞭馬步，鬆左右腳，左立掌漸變左俯掌，指尖向東。右鉤變俯掌，掌指向西，鉤變掌引視線，頭轉向西。

2. 兩掌回捋（陽動，陽頂）

同（五十一）下勢第 2 動。（圖 359～圖 361）

〔**話養生**〕此動，從左腿實漸變轉為右腿實，正身坐成右腿仆步，左腿鬆直。這個陽動腳下極具陰陽變化。左右掌不要主動去動，要隨左右腿重心變換而動，隨左右胯轉動而動，動作大勿轉腰，空腰為佳。

圖 359

圖 360

圖 361

圖 362

（六十九）上步七星

1. 右掌前掤（陰動，陰頂）

〔步型〕左弓步。

〔方向〕面東。

〔方位〕東正位。

〔虛實腳〕鬆右腳，左腳以腳後跟為軸，腳前掌向左開 90°，腳尖向東，左腳漸實，成左腿弓步式，腳下為八方線中心點。右腿虛直，腳尖向東南。

〔虛實手〕左掌成偏立掌，掌心向左，掌指向前；右掌仰掌外弧運行，無名指引動止於左上臂下。

〔視線〕注視左掌食指梢。

〔意念〕空雙掌。（圖 362）

〔話養生〕在傳統太極拳拳理拳法中，身形是很重要的，我在多篇論文中強調過中正安舒。在《太極內功解秘》一書中有「中正學」一節，特別提醒習練者要有一個中正的身形。

如何把握身形中正呢？在習練時，肩以下、胯以上要鬆空，孫祿堂大師說「上身似燈籠」。再進一步詮釋身形，如果將人比作一輛轎車，雙腿、腳似車輪，雙手似扶方向盤，上身似轎車的車身、車座、車頂蓋，車在行進中坐位和頂蓋是不動的，如動是事故——翻車。

2. 兩掌上掤（陽動，陽頂）

〔步型〕左坐步。

〔方向〕面東。

〔方位〕東正線位。

〔虛實腳〕左腳鬆，坐步。左腳下為八方線中心點。右腳虛鬆上步，鬆落於左腳外 30°，腳後跟虛著地，腳尖上揚。

〔虛實手〕左掌立，掌心向外，掌指向上；右掌從左上臂下，順左臂方向外弧前舒展，左右掌交叉立掌。

〔視線〕從左右掌交叉空間遠視。

〔意念〕空雙掌。（圖363）

〔話養生〕眼神所指在拳中稱為視線，筆者在幾十年的實踐中認為視線很重要。

視線的操作，陽動視線順實手遠望，視線所及，視你功夫而定，自我把握；陰動從陽動所視之處收回到眼前。可以解釋為陽動手追視線，陰動視線追手。

有的老師授課，往外看從左右眼角外擴視，收回時從印堂穴內視至下丹田。可參考。

（七十）退步跨虎

1. 兩掌前掤（陰動，陰頂）

〔步型〕左弓步（注意弓步時，身體勿前弓，坐弓為佳）。

〔方向〕面東。

〔方位〕東左正線。

〔虛實腳〕左腳鬆，上鬆至頂，右腳向後伸展，腳掌鬆，腳尖著地。左腳下為八方線中心點。

〔虛實手〕兩臂鬆肩垂肘，兩腕分，小指相距與肩同寬，左右掌俯掌，掌指向前。

〔視線〕注視右掌食指梢。

〔意念〕空右掌。（圖364）

〔話養生〕關於手，在《太極內功解秘》一書中有較

| 圖 363 | 圖 364 |

多的講述。習練者在練拳過程中，要注意並經常提醒自己
食指空，輕扶套路路線，進而空手掌，小指經常放鬆，也
要注意鬆肩垂肘。

　　小指有兩條經絡：手少陰心經、手太陽小腸經。陰陽
平衡，絕妙匹配，經常放鬆小指，臟腑通暢，習拳練功有
益於鬆肩、垂肘、展指、鬆腕，進而放鬆周身九大關節，
是養生的最佳選擇，也是拳家放鬆九大關節的門徑。

2. 兩掌分捋（陽動，陽頂）

　　〔步型〕右弓步，左腳虛靠右腳內側。
　　〔方向〕面東——面南——面東南隅位。
　　〔方位〕南正線。
　　〔虛實腳〕鬆左腿，右腳後跟落地，腳尖向南；左腳
漸變轉為虛，上步，虛靠於右腳內側，腳尖虛點地。右腳
下為八方線中心點。

〔虛實手〕左右俯掌隨右左腿虛實變轉，下弧回捋至左膝兩側，隨右腳後跟平鬆落地，右掌外弧向上運行，止於身前偏右；左掌外下弧運行，漸鬆攏為實鉤，鉤尖向上，止於身後。當左腳上步時，右掌立起，掌心向左，頭鬆向左轉，目視東南隅位。

〔視線〕視線由正南，隨臉向東南隅位轉向，隅線平遠視。

〔意念〕空右掌。（圖365、圖366）

〔話養生〕鬆小指拳法最早由京城楊禹廷大師傳授，他經常對我說：「手要平不要掛力。」老爺子沒把我當外人，對我傳功是傾心而傳。像「陰陽接頭」鬆腳、鬆腰，如何空點，怎樣接手，以及眼神視線的運用，等等，用北京話說，傳給我晚年的精華──太極真諦。

傳統太極拳是民族的，民族的也是人類的。本著這種

圖365　　　　　　　　　　　圖366

理念，前幾年我撰文向社會介紹，最後寫明，放鬆小指是中華民族向人類貢獻的健康養生之妙法，希望人們都把握小指放鬆養生法，將健康水準推上一個臺階。

（七十一）回身撲面掌

1. 右掌右捋（陰動，陰頂）

〔步型〕右腿坐步式。

〔方向〕面西。

〔方位〕西南隅位。

〔虛實腳〕鬆腳、鬆膝、鬆胯，右胯微向右轉，右腳下為八方線中心點。左腿虛不變。

〔虛實手〕右肩鬆，垂肘，鬆腕，右掌外弧以無名指引動向西正線運行，漸變俯掌，掌指向前，腕與肩平；左肩鬆，左實鉤鉤尖向上。

〔視線〕注視右掌食指梢。

〔意念〕空右掌。（圖367）

圖367

〔話養生〕楊禹廷大師傳授的雙手俯掌上下按摩胸腹之法，他自我介紹從42歲學練此法，40年無大疾大災，現公佈於同道拳友。

以仰臥式為佳，默意念訣，伴以左右掌上下自然輕

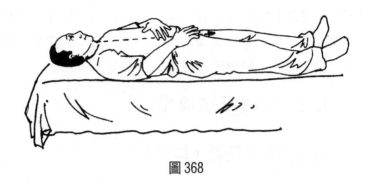

圖 368

摩，在任脈從天突穴往下至曲骨穴，左右互換。此法為京城太極大師楊禹廷親傳。恩師傳授給我後，我習練有二十餘載，感覺臟腑通暢、無淤無阻，無便秘不暢之患，未患過感冒，也未患過大疾大災，身心健康。

筆者在實踐中加以改進，不單單百數摩，而將胸腹貫通全身的臟器默訣，加以兩掌輕摩，達到內外雙修之功效。從周身上下以及器官經脈分部位逐一輕摩，有的放矢地進行臟腑養生，便於把握。胸腹輕摩示範圖（圖368）。

2. 左掌前展（陽動，陽頂）

〔步型〕左腿弓步型。

〔方向〕面西。

〔方位〕西左正線。

〔虛實腳〕右腿鬆，鬆右胯向右旋轉。左腿向西出腳，腳跟先著地，逐漸鬆平落地，成實弓步，左腳下為八方線中心點。右腿勿強直。

〔虛實手〕右肩鬆，垂肘，右掌小指引動下弧鬆落於

左肋前，仰掌，掌指向左。
左腕鬆，左鉤漸變轉為掌，
無名指引動外上弧向前舒
展，立掌，掌心向外，止於
臉前，掌指與眼平。

〔視線〕從左掌食指梢
遠望。

〔意念〕空左掌。（圖
369）

圖 369

〔話養生〕養生篇至此
尚有七式便結束。關於養生
的書、報、刊俯首皆是，可以參考找到一種或幾種適合自
己的。但練太極拳還是應從拳中找到養生之妙法。

從拳裏找到養生妙法，希望減法被動練拳，因為太極
拳不是肢體運動，用意不用力，是以陰陽變動，舉動輕靈
行功的。筆者在《太極內功解秘》中所述「三動三不動」
是太極拳養生修練最具體的詮釋。整套拳手掌的動作不
多，手動也是被動而動，並不是主動出拳，請拳友同道審
之。

（七十二）轉身雙擺蓮

1. 左掌右展（捋）（陰動，陰頂）

〔步型〕左腿直立式。

〔方向〕面東北。

〔方位〕北正位。

〔虛實腳〕左腿上鬆到頂。鬆左胯，向右轉約 90°，左腳尖向北偏東，腳下為八方線中心點。右胯鬆隨。

〔虛實手〕左肩鬆，垂肘，左掌無名指引動，沿外弧右展，掌心向外，掌指向前；右掌隨。

〔視線〕平視。

〔意念〕空左掌。（圖 370）

〔話養生〕傳統太極拳是科學的也是簡單的，易練，易懂，易學。太極拳本來很簡單，但被人為地搞複雜了。歸到拳道上，道法自然。太極拳不是越玄妙越好，以顯示高深。我在幾十年的習拳實踐中認識到，這是重複老法，太極拳越簡單越好，越自然越好。

習練傳統太極拳不要拿架式，減法、被動就對了。練拳時想這想那就變成加法，加法練拳越練越像練拳，結果僵緊。

2.右掌右捋（陽動，陽頂）

〔步型〕左腿直立式。

〔方向〕面東北。

〔方位〕北正位。

〔虛實腳〕左腳下為八方線中心點。右胯鬆，向左輕旋，右腳腳尖虛點地，腳後跟鬆起，虛靠於左踝內側。

〔虛實手〕右肩鬆，垂肘、鬆腕，右掌無名指引動，從左臂下向右外弧輕展，掌指向南；左掌外下弧鬆落於右胸前，掌心向內，掌指向右。

〔視線〕平遠視。

〔意念〕空右掌。（圖 371）

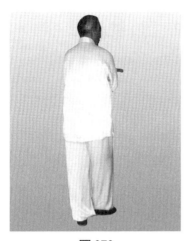
圖370

圖371

〔話養生〕傳統太極拳「其根在腳」，修練者應該在腳（太極腳）上下工夫。

養生習練者為了促使體內的十四條正經、血液循環系統、呼吸系統、氣道通暢無瘀阻，應從腳下始，在每一動應先鬆腳，往上鬆各大骨骼關節，節節貫串，臟腑通暢，健康就來了。習練太極拳每動要鬆腳，開始可能不習慣，習慣了就會成為自然，這是太極拳習練的道法，道法自然。

3. 右腳鬆提（陰動，陰頂）

〔步型〕左腿立柱單腿步式。

〔方向〕面東。

〔方位〕東左正線。

〔虛實腳〕左腿立，從左腳上鬆至頂，左腳下為八方線中心點。右腿鬆，鬆踝、鬆膝、鬆胯，提膝過胯高。

〔虛實手〕左右臂鬆肩、垂肘、展指、舒腕，左右掌

俯掌從原位外弧向左正線北位舒展。

〔視線〕注視右掌食指梢。

〔意念〕空右掌。（圖372）

圖372

〔話養生〕前文說了手、掌、指，其實在太極拳道法中，手為形，「其根在腳，形於手指」，手似不著力的樹葉，手上有力很難進入太極拳的高境界功夫。

傳統八十一式太極拳每式每動都不是手在主動運動，手在動也是被動運動，手隨腿的陰陽變化而動，手隨胯的虛實變化而動。在彎弓射虎式中詳細詮釋。

4. 右腳右擺（陽動，陽頂）

〔步型〕左腳單腿重心立柱步——左腿坐步型。

〔方向〕面東——面西北。

〔方位〕北正線。

〔虛實腳〕左腳單腿立柱式身形。左腳踝、膝、胯放鬆，重心穩固，腳下為八方線中心點。右腳從東北隅位右擺至東南隅線落地，右腳後跟虛著地，腳尖上揚。

〔虛實手〕左右掌在東左正線與右腳腳尖相遇，左右俯掌輕掠右腳尖而過（勿打出聲響），隨即以無名指引向西北隅外弧舒展，左掌在前與眼同高，右掌止於左臂彎處。

圖373

圖374

〔視線〕順左掌食指梢遠視。

〔意念〕空左右掌。（圖373、圖374）

〔話養生〕立柱式身形單腿直立步型，把握單腿重心穩固是第一位的。像技擊篇的兩個分腳，五個蹬腳，前式的金雞獨立都是立柱式單腿重心。

單腿重心多為陽動，為了站穩，請把握視線平遠視，頂神領虛靈，當然越高越好。鬆重心腿，鬆腳不要踩地，身體不可亂晃。小腦（後腦）主重心平衡，意下便於鞏固單腿重心。

（七十三）彎弓射虎

1. 兩掌回捋（陰動，陰頂）

〔步型〕右隅弓步型。

〔方向〕面西北——面西——面東。

〔方位〕西北隅位。

〔虛實腳〕左腿鬆，漸轉右胯，右腳平鬆落地，成右腿隅位弓步，右腳下為八方線中心點。左腿虛淨。

〔虛實手〕本動腳的動作簡單，主要是兩掌的動態運行變化。左右掌在右腳平鬆落地的同時，鬆肩、垂肘，左右掌小指引動外弧鬆落在右膝前，兩掌漸鬆攏拇

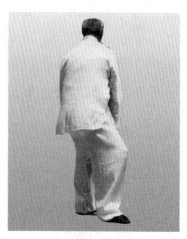

圖375

指、食指、中指、無名指、小指成為空拳；此時旋左胯，右腿弓步，旋轉右胯，注意勿用腰帶雙拳。右拳繼續外上弧運行，鬆提至右耳外側，拳眼向下；左拳外上弧運行止於胸前，拳眼向上，左右拳眼上下相對，約一肩寬。

〔視線〕注視右拳食指中節。

〔意念〕空雙拳。（圖375）

〔話養生〕此式是具有傳統太極拳特性的拳式，從西北經北—東北—東—東南—南—西南出雙拳共運行270°，幅度如此大的動式，拳是不動的，手隨左右腿虛實變化而動。

2. 兩拳俱發（陽動，陽頂）

〔步型〕右隅弓步。

〔方向〕西南——南——東南——東——東北

〔方位〕右東正線。

〔**虛實腳**〕右隅弓步，右腳下為八方線中心點。左腿虛淨。

〔**虛實手**〕右拳以無名指引動，從右耳側西南隅位外上弧運行，止於東正線，右拳食指根與眼齊平；左拳

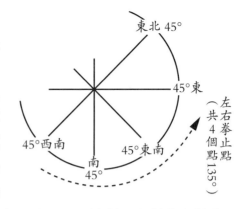

拳眼向上，隨右拳止於東正線，上下遙對，左肘與右膝上下約垂直，左前臂水平，頭左轉向東北隅位。

〔**視線**〕從右拳食指根節遠視。

〔**意念**〕空右拳。（圖 376～圖 378）

〔**話養生**〕兩拳俱發運行 135°，此動是典型的腳下和胯的變動，右腿隅位弓步，135°的運轉幅度完全靠空腰旋右胯來完成。

圖 376

圖 377

圖 378

圖 379

3. 兩掌回捋（陰動，陰頂）

〔步型〕右隅坐步。

〔方向〕面南。

〔方位〕南正線。

〔虛實腳〕鬆右腳上鬆到頂（百會、陰頂），左腳向東北隅位上步，腳後跟虛著地，腳尖上揚（拳變掌同時，左腳平鬆落地），左腳下為八方線中心點。

〔虛實手〕左右拳循外上弧以小指引動，向西南隅線運行（注意勿腰帶旋右胯），右拳止於西南隅位，左拳鬆隨，雙拳漸舒展為俯掌，掌指向西南，右掌與眼齊高，左掌止於胸前。隨即左右掌外下弧逐漸鬆落在右膝前。

〔視線〕隨視右掌食指梢。

〔意念〕空右掌。（圖 379）

〔話養生〕左右雙拳循來之路線，仍以右胯右旋，雙

拳不動，135°運行返回至起始的西南隅。

4. 雙拳俱發（陽動，陽頂）

〔步型〕左隅弓步。

〔方向〕西北隅——
北正線——東北隅——
東——東南。

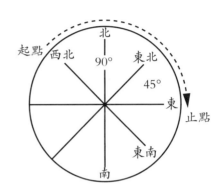

〔方位〕左東正線。

〔虛實腳〕左腿漸變
隅位弓步，左腳下為八方
線中心點。右腿虛淨，勿
強直。

〔虛實手〕左右掌隨左腿漸變隅位弓步，向西北隅位
外上弧運行（過左膝時雙掌鬆攏成拳），左拳與眼齊高，
拳眼向下；右拳止於胸前，拳眼向上，左右拳上下相距約
一肩寬遙對。隨即身形隨左胯右旋而動，至右拳對東南隅
位止。

〔視線〕隨右拳，從左拳食指中節遠視。最後視線離
開食指中節向東南隅位遠視。

〔意念〕空右拳。（圖380～圖383）

〔話養生〕兩拳齊發時，兩拳被動隨身形變動而動，
上身不動，身形隨左胯右旋，體現被動行拳，似齒輪一環
扣一環。

注意右拳出拳時，掩肘似從胸口窩出拳，拳眼向上，
左拳拳眼向下。雙拳從西北隅外弧經北正線、東北，止於
東正線，運行135°。

圖 380

圖 381

圖 382

圖 383

（七十四）上步措捶

1. 右捶翻轉（陰動，陰頂）

〔步型〕左坐步。

〔方向〕面東。

〔方位〕左東正線。

〔虛實腳〕左腿實弓步，右腳上步，腳後跟著地，腳尖上揚，勿強直，左腳下為八方線中心點。

〔虛實手〕左腳鬆，節節上鬆到頂（百會陰頂），雙肩鬆，垂肘，鬆腕，左拳漸翻轉成拳心向上，左肘與左膝上下遙相對，拳與肩平（合），右拳拳心向下，輕扶於左臂彎部位。

〔視線〕平視。

〔意念〕空右拳。（圖384）

〔話養生〕再說推手。推手問題在《技擊篇》中談得不少，歸根到底，告訴後來學練者少推手甚至不去推手。為什麼？

推手是太極拳的綜合工程，推手的功夫是拳上出來的，不是練習推手出的功夫。拳是本，是根，凡拳上功夫下得少，天天去推手，越推離太極拳越遠。因為太

圖384

極拳從根基上訓練你的腳，太極腳，腳下陰陽清楚，周身陰陽便清楚。太極推手不用力，是用意，陰陽變化不言勁，你推手時一味用力，想把對方推出去，又不讓對方將你推出去，心態不對。例如太極拳的方向方位很明白，行拳運行是弧線，每天推手顧及不到方向方位，瞎推盲用力，沒有弧線，周身上下死點多，完全沒有靈活點，更沒有圓活輕靈。

2. 右捶前措（陽動，陽頂）

〔步型〕右弓步。

〔方向〕面東。

〔方位〕右東正線。

〔虛實腳〕左腳鬆，上鬆到頂，左腿鬆淨。右腳平鬆落地，漸變轉為右弓步，腳下為八方線中心點。

〔虛實手〕左腿鬆，右肩鬆，垂肘，鬆腕，鬆拳，右拳順左前臂向前舒伸，兩拳相措，拳心相合（腳下右弓步），隨後左右拳漸舒展為掌，左掌仰掌，右掌俯掌，掌指均向前，左掌中指虛扶右腕脈門。

〔視線〕順右掌食指梢遠視。

〔意念〕空右掌。（圖 385、圖 386）

〔話養生〕練太極拳不是不可推手，在輕靈圓活思想的指導下，二人互相以四梢空接手，在接觸點上練習聽勁，練習觸覺神經，一來一往十分有趣。每一動要把握方向方位以及腳下為八方線的中心點，不可出力。

這種雙人推手是練功，推手旨在驗證盤拳走架是否準確，從拳架中體驗用的是否準確。但仍以拳為主課，以健

圖 385

圖 386

體強身，通暢周身經絡，氣血營衛養生，不要用力推手影
響規範修練。

（七十五）東攬雀尾

1. 右掌回捋（陰動，陰頂）

〔步型〕左坐步。

〔方向〕面東。

〔方位〕東正位。

〔實腳〕右腳虛鬆，逐節往上鬆至頂，右腿收吸左腹
股溝，左腿漸變轉為實，成左坐步，腳下為八方線中心點。

〔虛腳〕右腳虛，鬆直，腳尖上揚。

〔實手〕右掌實，鬆肩垂肘，以小指引動，俯掌，左
外弧輕扶，隨左右腿虛實變化，前臂鬆垂，前臂鬆平，變
仰掌，置於右肋前側。

〔虛手〕左虛掌，掌心向上，中指輕扶右腕脈門。

〔視線〕注視右掌食指梢。

〔意念〕空右掌。（圖387）

圖387

〔話養生〕在太極鬆柔內功把握不佳的情況下，不可去強力推手。練家不在拳上深研，推手對他們來講是一柄「雙刃劍」，被打者受傷，打人者也會受內傷。

有內功還要有武德，在不斷提高內功的同時，完善完美自己的武德。將對方打發出去，或摔出去，作為武術打人沒有錯，然而當打人時，心態不靜，功利想法太多，打了他人也傷了自己的心神和肢體。

京城太極拳家楊禹廷習武教拳八十餘載，武德高尚，打人的故事很少，96歲善終，如果沒有「四人幫」折騰，老爺子還要長壽。豎看太極拳發展史，從清代到現今，能到96歲善終者，武術家不多見。

推手是柄雙刃劍，打人必傷己。

2.右掌前掤（陽動，陽頂）

〔步型〕右弓步，左坐步。

〔方向〕面東俯面——面東北隅——面南。

〔方位〕東正位。

〔**實腳**〕左坐步——右弓步——左坐步，腳下變動大，都以鬆腳、鬆踝往上節節放鬆完成，弓坐步折疊，以收吸腹股溝完成。

〔**虛腳**〕虛腳隨實腿的坐弓步變化而變動。

〔**實手**〕右掌仰掌，從左膝外上弧輕扶向北——東北隅位——南，掌心向上，右掌拇指擋住觀看食指、中指等四個手指的視線。掌指向南。

〔**虛手**〕左虛掌掌心向下，中指輕扶右腕脈門。右掌運行至北位，左掌立掌，掌指向上，中指輕扶右腕脈門。

〔**視線**〕從右掌拇指遠望。

〔**意念**〕空右掌。（圖 388、圖 389）

〔**話養生**〕清代太極拳發展趨於成熟，展現了許多拳經、拳訣、拳論、拳譜、要解、拳解、說略、秘訣、訣解、約言、要言、心解，還有打手歌、八字歌、無極歌、太極歌、打穴歌、殺手歌、功用歌、虛實訣、亂環訣、陰

圖 388

圖 389

陽訣，以及太極拳十大要論、周身三大病、手上四大病、三十六病手等等。

習練太極拳要知論明訣，記病手，也要背誦些對健身、養生有益的論句，背多了記熟了，在實踐中從自身上去體驗，對於內功上身有極大的益處。拳訣的文字價值也很高，不乏有膾炙人口的絕句。如：

關節要鬆，皮毛要攻，節節貫串，虛靈在中。

太極不用手，手到不要走。

一舉動，周身俱要輕靈。

若問體用何為準，意氣君來骨肉臣。

用意不要用勁。

妙手空空，捨己從人，引進落空。

任他巨力來打我，牽動四兩撥千斤。

天地為一大太極，人身為一小太極。

無形無象，全體透空，其大無外，其小無內。

返真歸璞後，就是活神仙。

外面之形，秀若處女，不可帶張狂氣，一片幽閒之神，儘是大雅風規……

3. 右掌前展（陰動，陰頂）

〔步型〕左坐步，八字步。

〔方向〕面北。

〔方位〕北正位。

〔實腳〕鬆右胯，向北扣右腳，到南北正線，右腳鬆平落地，成八字步，左腳下為八方線中心點。

〔虛腳〕右腳虛，腳尖上揚，與右肘尖遙對，被動向

北扣腳。

〔**實手**〕右掌實，漸立掌。收吸左胯腹股溝，鬆右胯向北虛鬆扣腳，右空掌隨身形運行至南北正線，掌指與眼平。

〔**虛手**〕左虛手立掌，掌心向內，中指輕扶右腕脈門虛隨。

〔**視線**〕注視右掌食指梢。

圖 390

〔**意念**〕空腰。（圖 390）

〔**話養生**〕上文介紹了一組太極拳訣，句句哲理，堪為絕句；也似優美的抒情詩，修練太極拳，經常背誦這些詩句，對於人格的修養，品德的形成有好處，隨著拳藝水準提高，逐漸完善道德修養、待人處事、文雅大度、淡泊名利的世界觀，為人寧靜，平靜生活，平靜對友，絕不要有張狂氣。

如果遇到張狂之人，在拳上自以為是，不是舉動輕靈，交手用力。對不起，道不同不相為謀，疏遠為好。

4. 右掌右展（陽動，陽頂）

〔**步型**〕八字步，右坐步。

〔**方向**〕面東北。

〔**方位**〕北正位。

〔**實腳**〕由左腿重心鬆腿減力，變轉為右腿重心，右腳下為八方線中心點。

〔虛腳〕右坐步完成時，左虛腳腳後跟虛起，腳前掌虛著地。

〔實手〕右立掌實，掌心向外，掌指向上，輕扶上弧向東舒展，以右腳實為度。

〔虛手〕左掌虛，立掌，中指輕扶右腕脈門虛隨。

〔視線〕順右掌食指梢遠望。

圖391

〔意念〕空右掌。（圖391）

〔話養生〕再說陰陽。王宗岳在《太極拳論》開宗明義：「太極者，無極而生，陰陽之母，動靜之機也。」他又說：「動之則分，靜之則合。陰不離陽，陽不離陰，陰陽相濟。」

王宗師這段文字使我們清楚了太極拳的根本，離開了陰陽不要奢談太極拳。百年太極，不少書中少談陰陽，他們不懂嗎？我想不是不懂，而是陰陽課不好開，開課就要對後學者講明白，而陰陽互抱太極圖，單說陰只講陽都困難，因為「陰不離陽，陽不離陰，陰陽相濟」不好將陰陽拆開講，拆講陰陽，容易授人以柄，被人質疑。

我破了百年之例，大膽給學生講陰陽，順著楊禹廷大師的思路，盡通俗之能，單動為陰，為隱，為拿，為吸，為收斂入骨，從周身鬆到腳下。雙動為陽，為顯，為放，為呼，為舒展，從腳下上鬆至頂，節節貫串鬆到手梢。講解陰陽在腳下反映明顯，又要說清楚周身是陰陽之體，陰

不離陽，陽不離陰，周身處處是陰陽。還要說明深層次修練，陰收斂入骨，對方瞬間觸摸不到骨骼，陽汗毛豎立起有炙灼感。

遇到暫時對太極陰陽不理解的朋友，千萬不要反駁，也不可生氣，要耐心等待，待他明白了太極陰陽之後，對他以前的質疑淡然一笑，也就志同道合了。

養
生
篇

（七十六）北單鞭

1. 右掌變鉤（陰動，陰頂）

〔步型〕右腿坐步。

〔方向〕面東北。

〔方位〕北正位。

〔實腳〕右腿坐步。右腳下為八方線中心點。

〔虛腳〕左腳後跟虛起，腳前掌虛靠右腳腳踝。

〔實手〕右掌鬆腕，小指引動鬆攏五指變虛鉤，外上弧輕扶，右腕與眼平。

〔虛手〕左掌虛立掌，掌心向內，食指、中指、無名指、小指背鬆貼右腕內側。

〔視線〕注視右腕隆起部位。

〔意念〕空右腕。（圖392）

圖 392

〔話養生〕關於陰陽教學，除了太極陰陽魚互抱圖騰，陰陽是看不見的，不遇太極拳高境界人士也是摸不到的。我在發表陰陽文章之後，有人批評說，陰陽不如鬆緊科學，一鬆一緊，緊到必成功。拳場有句俗話，對方不明太極理，不要和他爭高低。

2. 左掌左展（陽動，陽頂）

〔步型〕馬步。

〔方向〕面西。

〔方位〕北正位。

〔實腳〕右腳實坐步。左右腳中間尾閭下方為八方線中心點。

〔虛腳〕左腳（腿）從右腳內側向西舒展，至兩肩寬，腳尖點地，逐漸過渡到全腳著地。

〔實手〕左實掌漸上旋，掌心向上，從右腕上弧輕扶至正線、鼻上前方，立掌掌心向右，左腳平鬆落地。動作不停，左掌外弧經北正線向西運行，鬆肩垂肘至西正線，立掌，掌心向西。

〔虛手〕右手虛鉤。

〔視線〕順左掌食指梢遠望。

〔意念〕空左掌。（圖393）

圖393

〔話養生〕記得體育界

老領導李夢華先生對武術批評的問題提出過中肯的建議，意思是你盡可以說你練拳好，但不要去說人家不好（不是原話，意思如此）。武術領導人的良苦用心，很感動人。

中華武術上下五千年，隨著中華文明的發展而完善。武術數千年遇到今天的太平盛世得以完善發展不容易，可謂百花齊放，每支花都經過了各種大小風霜雨雪的考驗，能傳承到今天，必然有其長處，所以不要隨便說人家不好、不對，以免引起不必要的紛爭。「只說自己好，不說人家不好」的指示相當好，將對團結武術人，繁榮發展武術理論起到良好作用。

我在武術期刊上發表過多篇有關太極陰陽的文章，引起同道的關注，這是很好的現象。太極拳愛好者注意太極拳理論研究是一種好的學風。有爭論，可以活躍理論園地，這也是好事情。

（七十七）上步挒掌

1. 左掌仰伸（陰動，陰頂）

〔步型〕左腳尖向北坐步式。

〔方向〕面西。

〔方位〕北正線。

〔虛實腳〕鬆右腿，漸實左腳，馬步雙重漸成左腿單重坐步式，左腳下為八方線中心點。

〔虛實手〕左掌鬆，漸旋為仰掌，掌指向前，隨馬步漸變左腿單重，左仰掌形似前伸；右鉤變俯掌，外弧小指引動向左運行，掌心貼於左上臂部位，掌指向西北。

圖 394   圖 395

〔視線〕注視左掌食指梢。

〔意念〕空左掌。（圖 394、圖 395）

〔話養生〕武學理論只有發展，無須爭論，為什麼？
中華武術五千年，門派林立，各門派的拳理拳法是經過實
踐不斷總結和提高一步一步走過來的，不是本門派的成員
不應對兄弟門派過於指責。因為己門並不知彼門拳的理念
和訓練方法，貿然指責十分不禮貌，且缺少武德，也是無
的放矢。更有甚者，入武道不深對武術知之甚少，一孔之
見指責長輩，更是不應該的。

在吳式太極拳承傳中拳藝有所區別，楊禹廷提倡雙腳
平鬆落地，立柱式身形，而另一支則主張五趾抓地。腳是
根，一種提倡平鬆落地，一種宣導五趾抓地，一門內兩種
腳下拳藝，都有道理。和平友好，並不相互指責，心態寧
靜互不干擾，各有千秋，共同發展，這被傳為佳話。

2. 右掌俯揹（陽動，陽頂）

〔步型〕右弓步。

〔方向〕面西。

〔方位〕西正線。

〔虛實腳〕左腿實，鬆左胯左旋，左腳上鬆到頂（陽頂）；右腳向前上步，腳後跟虛著地，腳尖上揚，隨即右腳平鬆落地。

〔虛實手〕右俯掌隨左胯左旋從左臂上方向西舒展（此時右腿向前上步），隨著右腳平鬆落地，右俯掌向前與左掌止於右腳前右側約 12°。左掌仰掌，掌中指輕扶右腕脈門。

〔視線〕順右掌食指梢遠視。

〔意念〕空右掌。（圖 396、圖 397）

〔話養生〕有人批評說陰陽不對，太極陰陽是其拳理

圖 396　　　　　　　　圖 397

所決定的。老宗師王宗岳在《太極拳論》中提到「太極者，無極而生，陰陽之母，動靜之機也」。現代人為先賢宗師受過，淡然一笑了之。

請注意，練拳養生，出現任何事，都要心態平和，泰然處之，以求心神意氣養生。

（七十八）攬雀尾

1.右掌回捋（陰動，陰頂）

〔步型〕左坐步。

〔方向〕面西。

〔方位〕西正位。

〔實腳〕右腳虛鬆，逐節往上鬆至頂，左腿收吸左腹股溝，左腿漸變轉為實，成左坐步，左腳下為八方線中心點。

〔虛腳〕右腳虛，鬆直，腳後跟虛著地，腳尖上揚。

〔實手〕右掌實，鬆肩、垂肘，以小指引動，左外弧輕扶，隨左右腿虛實變化，上臂鬆垂，前臂鬆平，變仰掌，置於右肋前側。

〔虛手〕左虛掌，掌心向上，中指輕扶右腕脈門。

〔視線〕注視右掌食指梢。

〔意念〕空右掌。（圖398）

圖398

〔**話養生**〕太極拳養生，請學習一點老子。《道德經》八十一章句擇錄如下：

（第三章）虛其心。

（第十六章）致虛極，守靜篤。

（第十八章）我自然。

（第二十五章）人法地，地法天，天法道，道法自然。

（第二十八章）復歸於無極，復歸於樸。

（第三十三章）知人者智，自知者明。

（第四十章）天下萬物生於有，有生於無。

（第四十三章）無有入無間。

（第四十五章）大直若屈，大巧若拙，大辯若訥……清靜為天下正。

（第五十三章）行於大道，唯施是畏。大道甚夷，而人好徑。

（第五十四章）修之於身，其德乃真。

（第六十二章）道者，萬物之奧……美言可以市尊。

（第六十六章）以其不爭，故天下莫能與之爭。

（第六十九章）不敢進寸，而退尺。

（第七十六章）強大處下，柔弱處上。

（第七十八章）天下莫柔弱於水。

（第七十九章）天道無親，常與善人。

（第八十一章）聖人之，為而不爭。

2.右掌前掤（陽動，陽頂）

同（二十四）上步攬雀尾第 4 動。（圖 399、圖 400）

〔**話養生**〕再談推手和對太極拳師的看法。在太極拳愛好者眼中，認為教練或資深太極拳師都應該是太極高手，這種看法是對的。以楊吳兩家為例，楊氏家族，班侯、健侯、少侯、澄甫、全佑及以下王茂齋、吳鑑泉、楊禹廷、馬岳梁等等都是太極高手。以後經過各種運動，老輩拳家相繼過世以後，教練、拳師就不一定有前輩精湛的技藝。

有一位當代太極拳名家，因為學練傳統太極拳時間靠前，新中國成立後忙於群眾太極拳普及活動，難以抽出時間修練內功，交手難以化解對方來力，有敗績在國內流傳。對於這些忙碌在群眾教學場上的名家教練，不要對他們求全責備。我在《太極解秘十三篇》的「有沒有秘傳」

圖 399

圖 400

一節中說：「對技擊的認識和要求有差別，不一定所有學練者都能成為技擊家，他們之中有偏重理論和實踐研究者；有的在拳架修練上成績顯著；有人是出色的組織者，在普及太極拳運動方面顯露組織才能。如果要求他們都是太極拳技擊家，就是抹去人的個性和差異，這是不可能的，也是不公正的。」

在國內都知道，王宗岳是清代古典哲學家、太極拳理論大師，楊露禪是晚清的太極拳高手，有「楊無敵」之美譽，今人和前人，絕對不會要求王宗岳是太極高手、「王無敵」，也不會要求楊露禪必須寫出《太極拳論》，道理自然簡單明白。

3. 右掌前展（陰動，陰頂）

同（二十四）上步攬雀尾第 5 動。（圖 401）

〔話養生〕在養生篇中，從拳理、道德、拳藝諸多方面闡述了作者對太極拳養生的認識和理解。人對真理的認識不是一次性完成。以太極拳為例，我學練研習至今四十多年，公開發表拳理和拳技藝論文百餘篇，還出版了兩部太極拳理論專著。有的學生認為我的太極拳理論水準、拳技水準很高，不是，我最瞭解自己，對於博大精深的太極拳理論和技

圖 401

藝，我未知的東西太多太多了。學習《道德經》，才知道差之甚遠，記住老子的教導，他指出，「知人者智，自知者明」「聖人之道，為而不爭」「不敢進寸，而退尺」。有爭論或吃虧了不要生氣。前文提到遇到不實之詞的批評，齊教授有高招。

齊教授有不生氣的方法，介紹如下：

——五個方法不生氣

齊教授說：如果心理狀態不好，那就白吃白鍛鍊了；人一生氣血流得很慢，得腫瘤還不知道什麼原因。

參考數字：史丹福大學做了個很有名的實驗，拿鼻管擱在鼻子上讓你喘氣，然後再拿鼻管放在雪地裏10分鐘。如果雪不改變顏色，說明你心平氣和；如果雪變白了，說明你很內疚；如果雪變紫了，說明你很生氣。把那紫色的冰雪抽出1~2毫升給小老鼠打上，1~2分鐘後小老鼠就死了。

心理學會提出了5個避免生氣的方法：一是躲避；二是轉移，人家罵你，你去下棋、釣魚，沒聽見；三是釋放，但要注意，人家罵你，你再去罵別人不叫釋放，是找知心朋友談談，釋放出來，要不然擱在心裏要得病的；四是昇華，就是人家越說你，你越好好幹；五是控制……忍耐不是目的，是策略。但一般人做不到，剛說一句就暴跳如雷。小不忍則亂大謀呀。歐洲有句名言：難能之理宜停，難處之人宜厚，難處之事宜緩，難成之功宜智。

——男人有淚趕快彈

笑成了健康的標準：第一，不得偏頭痛。第二，不得後背痛，因為笑的時候微循環旺盛。通則不痛，不通則痛。第

三，常笑的人性功能不減弱，生殖功能不減弱。第四，經常笑對呼吸道、消化道特別好。第五，笑促進腦下垂體產生腦內胚，它是天然麻醉劑。

參考數字：摸著肚子開始笑，每天大笑 3 次，肚子咕嚕 3 次，不便秘，不得胃腸道癌症。

現在國際上有個最新說法，所有動物都沒有笑的功能，只有人類有這個功能。但人類還不好好利用它。古人說：笑一笑，十年少。不是指年齡，是指心態。笑口常開，健康常在。笑的作用非常大，我們每個人都有這本能，為什麼不笑呢？「男人有淚不輕彈」，長時間不「彈」出來會得腫瘤、癌症的。就是不得腫瘤也會得潰瘍病、慢性結腸炎的。所以，如果有悲傷，眼淚必須「彈」出來。

4. 右掌右展（陽動，陽頂）

同（二十四）上步攬雀尾第 6 動。（圖 402）

〔話養生〕運動養生一天 24 小時什麼時間運動是最佳選擇？上世紀 70 年代，京城楊式太極拳汪永泉大師告訴我春、秋、冬不要起床太早，太陽不出來，不要外出鍛鍊，過早樹林中瘴氣未退，不益身體健康。

早 8 點以後頭腦最為清新，記憶力強。上午 10 時，下午 5 時以後習練太極

圖 402

拳為最佳時間。晨起太早不利健康。有位齊教授說：

關於早上鍛鍊的問題，在中國很多人就不清楚。我從國外回來，看到很多老頭兒、老太太早上五六點背著寶劍就出來了。到了晚上，中國老頭、老太太都看不到了，都在家看電視呢。為什麼兩個國家差別這麼大？這是他們不明白，不能怨老人，沒人跟他們講。早上鍛鍊很危險。早上起來，人的生物鐘規律是體溫高、血壓高，而且腎上腺素比晚上高出4倍，如果你激烈運動，就很容易出事，容易出現心臟停搏。1998年開展長跑運動，北京市有據可查的已經跑死了4個老頭兒了，如果再跑就壞了。我們不反對早上散步、做體操、打太極拳、練氣功。這是無可非議的。但是如果中老年人早上激烈運動，搞長跑，爬香山，有百害無一利，而且死亡率是很高的。你不長跑可能死不了，不爬山可能死不了，這叫死於無知，結果是自己害了自己。

（七十九）單　鞭

1. 右掌變鉤（陰動，陰頂）

同（二十五）單鞭第1動。（圖403）

〔話養生〕現將手頭剪報有關21世紀健康新概念介紹如下：

聯合國對於人體健康提出一個口號：「千萬不要死於無知。」很多人死於無知，很冤枉！少帥張學良將軍在紐約歡度百歲壽辰，凡見到他的人都敬羨不已。他耳不聾，眼不花，有人問他「您怎麼活得這麼久？」他笑答：「不

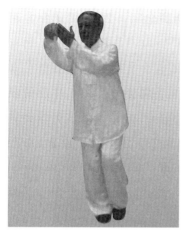

圖 403 　　　　　　　　圖 404

是我活得久呀，而是他們活得太短了。」很多人湊合活著，退休以後享受幾年夠了，不對。國際上有個標準，壽命等於成熟期的 5～7 倍者為長壽，人的壽命應該是100～175 歲，以當前吃、住、行的大環境，活到百歲左右就算不錯了，最理想是老死，不要病死。

2. 左掌弧捋（陽動，陽頂）

同（二十五）單鞭第 2 動。（圖 404）

〔話養生〕摘錄當代養生學家萬承奎教授的觀點，他講得很好，供同道參考：

21 世紀，新的世紀，我們要對自己有新的要求。首先要對自己的健康有新的要求，因為沒有健康就沒有一切。

21 世紀是長壽時代

歷史所趨

健康度百歲是世界風行的新觀念。「21世紀是長壽時代」這話是聯合國秘書長安南在1999年國際老年人啟動年上正式向全世界宣佈的。20世紀末出生的嬰兒大多數在未來可以看到22世紀的曙光。回顧整個歷史長河：在原始社會後期，人們頂多活20歲，奴隸社會30歲。二次世界大戰後人們發現了抗生素，人類生命來了一次飛躍。原來100年增加1歲，後來每10年增加1.1歲，10倍！我國1990年至2000年10年間增加了2.25歲。進入21世紀，生命科學領域將有兩個重大突破，一個是基因工程突破，一個是大腦工程突破。有科學家預言：單就基因突破以後，人均壽命將增加到150歲。

摒除舊觀念

1. 人生七十古來稀

這句話是杜甫在西元758年寫的一句詩，當時全國人均壽命28.5歲，杜甫活了58歲，七十稀不稀？當然稀！1200多年過去了，你還講「人生七十古來稀」！現在人均壽命全世界66歲，中國71.8歲。日本人均壽命81.9歲，世界第一，但現在不是世界第一啦，現在是一個小的島國叫安道爾，安道爾的人均壽命83.45歲。

2. 年輕人厭老

在延安大學作報告，一個20多歲的小夥子給我提抗議，說，現在國家那麼窮，老年人這麼多，幹嘛讓老年人活那麼久？在澳大利亞開會，澳大利亞總理在會上說：「澳大利亞年輕人認為：老年人就是伸著手在社會的錢袋裏掏錢的。」錯啦！大錯特錯！老年人不是想像中的「無用」，而是有用的寶貝！日本出口老年人到西班牙，70歲以上的老

人搶著要，因為他們都是日本大公司退下來的一些領導、專家，都是無價之寶呀！

（八十）雲　手

1.右掌下捋（陰動，陰頂）

同（二十六）雲手第 1 動。（圖 405、圖 406）

〔話養生〕（接上文）

　　簡單給大家介紹一下我們的大腦：我們的大腦神經細胞現在研究說有 140 億個，一個腦社會細胞等於一個微型電子電腦。140 億個腦神經細胞，多大的功能呀？全世界所有電子電腦加起來沒有一個腦功能強。我們的大腦是腦海，是浩瀚大海，容量巨大、潛力無窮、用之不竭，包括老年人。老年人只要用得好，到了 60 歲，大腦功能還可以有年輕人大

圖 405　　　　　　　　　　圖 406

腦的 90%。就是到了 80 歲，大腦功能還可以有年輕人大腦的 85%。很多人說老了，不濟了，這叫「自我荒廢」。大腦是越用越靈活，越不用越不中用。老年們，努力吧！咱們還有機會，60 歲以上老人的大腦經過培訓，他的記憶力可以跟年輕人的記憶力差不多，千萬不要認為自己不行了。

世界衛生組織早把人的年齡作了劃分，1995 年劃分為：44 歲以前是年輕人，45～59 歲叫中年人，60～74 歲叫年輕的老年人，75～89 歲叫老年人，90 歲以上是長壽的老年人。60 歲不是人生的終點，而是人生第三階段的開始，還有 20 年、30 年、40 年的好時光，你怎麼不追求？你應該創造第二個春天，第一個春天是每個人的春天，而第二個春天是健康長壽者的春天。

2. 左掌弧捋（陽動，陽頂）

同（二十六）雲手第 6 動。（圖 407、圖 408）

圖 407　　　　　　　　　　圖 408

健康度百歲

我們國家的癡呆人群比例：60 歲以上者占 2.3%，70 歲以上者占 3.9%，80 歲以上者占 32%。我們要健康地活百歲，躺在床上癡呆可不行。

我國的百歲老人現在越來越多，越來越健康。我見過不少百歲老人。第三次人口普查，我國的長壽冠軍是新疆的一位老人叫薩拉尹，那一年他 135 歲（1982 年）。1986 年全國老年會議，會議一開完，留下百歲老人，新疆百歲老人最多，那年 865 人，長壽冠軍薩拉伊已經 139 歲。這老人很健康。80 歲在東南亞經商，100 歲在絲綢之路經商。我見過許多百歲夫妻、百歲雙胞胎，還有很多三代、五代長壽的故事。四川一個老太太，107 歲，他們一家子五代都是百歲，全是女的。現在中國、全世界發現女的比男的長壽 5～7 年。男的表面很堅強，「有淚不輕彈」「流血不流淚」，其實他們內心很脆弱。女的有氣就要出，要宣洩，要哭。女人愛哭是長壽的原因之一。醫學研究發現：情緒刺激產生的眼淚含有大量的有毒物質。一把鼻涕一把眼淚，就把毒素排了出去。哭是可以的，但不要太長，每次不超過 5 分鐘。

21 世紀是整個人類追求健康的世紀

是人類，整個社會都在追求健康，而不是哪個民族，哪個國家，哪個家庭，更不是哪一對夫妻，為什麼？社會發展的必然，反映了社會文明的加速。最有代表性的是中國健康教育所 2002 年在中山公園做過一次調查，列出 10 條選項，問哪一條是最重要的？結果 85.9%的人回答說是健康。尤其

是 30 歲以上的人健康觀念更加強烈。我們國家現在也出現了學習健康知識的熱潮、全民健身運動的熱潮、改變陋習養成健康生活習慣的熱潮，人民群眾從來沒有像現在這樣渴求健康。

3. 右掌上掤（陰動，陰頂）

同（二十六）雲手第 3 動。（圖 409）

〔話養生〕（接上文）

歐洲國家、美國、日本現在比什麼？不是比地位，不是比資產，而是比健康。現代社會需要什麼人才？健康、道德、才幹三位一體的全面發展的人才。聯合國教科文組織號召全世界要把權力、金錢、享受放在健康之後。我們國家有一個飛機製造公司的老總，得了胃癌，花了很多錢，也沒治好，他最後給大家留了三句話：第一句，成績是黨的；第二句，遺產是後代的；第三句，健康是自己的，我沒了，你們保重吧！人就是這樣，不到得病，不知道健康的重要；不到死亡的時候，不知道生命的可貴。吳階平講過：健康不是一切，但沒有健康就沒有一切。

21 世紀的健康標準

世界衛生組織曾提出健康標準，共十條，分別是：精力充沛、處事樂觀、睡眠良好、

圖 409

保持標準體重、適應能力強、能抵抗一般性疾病、眼睛明亮、牙齒完整堅固、頭髮有光澤、肌肉皮膚彈性好。21世紀對健康的要求應該是身體健康、心理健康、良好的社會道德等。

身體健康

什麼樣的飲食習慣決定什麼樣的身體素質。日本是世界上生活節奏最緊張的國家，但又是最健康最長壽的國家。日本1945年投降時人均壽命才45歲，當時瑞典人均75歲，現在日本人均81.5歲，而瑞典現在79歲。讓我們看一下日本人的飲食情況：日本人喜歡吃魚，是吃魚最多的國家。日本人還喜歡吃豆製品，日本人吃的大豆是美國的30倍，結果發現日本人的乳腺癌、前列腺癌是美國人的1/3，大豆是最好的抗衰老、抗癌呆食物。為什麼中國人乳腺癌少？因為中國人愛吃大豆。有人說，要健康喝豆漿，要長壽吃大豆，但吃豆類也要認識到，豆類食物中植酸含量高，它與蛋白質和礦物元素形成複合物，影響二者可利用性，也會使尿酸增長患痛風之徵。日本人還喜歡吃海產品，海魚蝦都好，最好的還是紫菜和海帶。事實上，蝦皮的含鈣量比牛奶還高，海帶表面的白色霜狀物是營養價值很高的甘露醇。

（摘自《益壽文摘》1011-1014期）

4. 右掌弧捋（陽動，陽頂）

同（二十六）雲手第4動。（圖410、圖411）

〔話養生〕平衡飲食：

下面我講第一個問題，平衡飲食。也許有人早就認為保

圖410　　　　　　　　　　　圖411

健有什麼好聽的，還不是早起早睡身體好。我告訴你，唐朝
時可以這麼說，現在這麼說就是極端無知的了，很多事情都
在變化。所謂平衡飲食，有飲、食兩大類。先說飲食的第一
個問題，「飲」的問題。我在北大時問學生，什麼飲料最
好？學生異口同聲回答：「可口可樂。」可口可樂美國都不
承認，國際上也不承認，它只能解渴，沒有任何保健作用。
什麼叫保健品，大家要知道，它得是能治療疾病的。到現在
中國人絕大部分都不知道什麼叫保健品。

國際會議上定出了6種保健品：第一綠茶；第二紅葡萄
酒；第三豆漿；第四優酪乳。人家不提牛奶，你注意啦。第
五骨頭湯；第六蘑菇湯。為什麼提蘑菇湯？因為蘑菇能提高
免疫功能。一個辦公室有人老感冒，有人老不得病，什麼原
因？就是免疫功能不一樣。喝蘑菇湯能提高免疫力，所以是
保健品。那為什麼提骨頭湯呢？骨頭湯裏含琬膠，琬膠是延
年益壽的，所以現在世界各國都有骨頭湯街，而中國沒有。

我們調查了一下，最近蘇州、南京城裏有了，北京還是沒有。所以不要小看骨頭湯，它能延年益壽，因為有琬膠。為什麼提優酪乳？因為優酪乳是維持細菌平衡的。

所謂維持細菌平衡是指有益的細菌生長，有害的細菌消滅，所以吃優酪乳可以少得病的。在歐洲優酪乳非常廣泛，我們許多女孩喜歡吃優酪乳，但是她們不瞭解為什麼。我們很奇怪，中國優酪乳銷量是很低的，而牛奶銷量很大。牛奶本身我們不否定它的作用，但跟優酪乳比起來差得很遠。還有豆漿，後面再說。

5. 左掌下捋（陰動，陰頂）

同（二十六）雲手第 5 動。（圖 412）
〔話養生〕常喝綠茶。

第一，綠茶裏含茶兒酚，它是抗癌的，在所有的飲料裏綠茶是第一的；第二，綠茶裏含有氟，它不僅能堅固牙齒，還能消滅蟲牙，消滅菌斑；第三，綠茶本身含茶甘甯，茶甘甯是提高血管韌性的，使血管不容易破裂。

參考數字：如果你每天喝 4 杯綠茶，癌細胞就不分裂，而且即使分裂也要推遲 9 年以上；醫院每死 4 個人就有 1 個是腦出血，這很危險，喝綠茶

圖 412

是較好的預防方法。

在日本小學生每天一上學就喝一杯綠茶，咱們沒有。現在有人 30 歲就開始掉牙，50 歲牙就全掉了……我們到歐洲一看，人人牙齒都很好，你想，如果牙齒好，你當然長壽啦。我們很多人忽略了，其實你不費事，你拿茶水漱口就把菌斑消滅了，而且堅固牙齒。到了老年，你牙齒堅固，不得蟲牙。這很小的一件事，應該堅持做。

喝紅酒——葡萄酒

第一，紅葡萄的皮上有種東西，叫「逆轉醇」，逆轉醇是抗衰老的，它還是抗氧化劑，常喝紅葡萄酒的人不得心臟病；第二，葡萄酒可以幫助防止心臟的突然停搏；紅葡萄酒還有個作用是能降血壓、降血脂。

參考數字：世界衛生組織說的是「戒菸限酒」，沒有不讓喝酒，而且酒的限量也說了：葡萄酒每天不超過 50～100 毫升，白酒每天不超過 5～10 毫升，啤酒每天不超過 300 毫升。

我自製葡萄酒（以下簡稱紅酒）已有多年，二市斤葡萄出一斤酒，隨製隨喝，陳壓新新壓陳，已存有五六年以前的陳酒。自製紅酒清潔乾淨一滴水都沒有。

製作方法：備透明十斤油桶數隻，將餘油洗淨除油漬味後，將口剪大，以能進手為準。

中秋節前後，葡萄上市且便宜，選黑紫色大珠的，回去去梗枝洗淨，放在乾毛巾上，用電扇將浮水吹乾後，每桶可釀製 5 市斤葡萄，將葡萄珠攢碎，上覆蓋一市斤綿白糖，然後用 2 層紗布覆蓋。一週後皮籽漂浮上面，將皮籽

撈出，將酒倒入可樂瓶中，注意留有空間，蓋擰緊，每天早晚鬆蓋放氣（不要大開蓋，能跑氣即可，否則酒全跑出）。大約 20 天氣放完，釀製紅酒成功。要更換幾次瓶子，最下的沉渣去掉，最後倒入深色葡萄酒瓶中，功成。

還有一法，取一大酒罐，以 50 市斤葡萄珠攢碎伴以 10 市斤綿白糖，以多層紗布覆蓋通風，40 天撈盡皮籽紅酒製成（此法我未實驗過，見過）。簡便省時，可試驗。

6. 左掌弧捋（陽動，陽頂）

同（二十六）雲手第 6 動。（圖 413）

〔話養生〕

關於「食」的問題。大家知道，我國的傳統飲食習慣最好。我們飲食習慣是穀類、豆類、菜類。這穀、豆、菜非常好，在三藩市開會時好多外國醫生提出來，說，不對呀，中國人已經不吃穀、豆、菜了，已經吃起我們的漢堡來了，吃的人很多。這在國外是很少見的事。咱們年輕人過生日，舉行宴會都是麥當勞。我很佩服麥當勞，人家一年拿走我們 20 多個億，人家很會做生意。外國人為什麼叫它垃圾食品，就是因為它是一種偏激食品。我們應該知道它是偏激食品，不符合我們的飲食習慣

圖 413

「穀」，人家在國際會議上從來不提大米、白麵，也不提麥當勞。穀類裏第一提的是老玉米，說是「黃金作物」。老玉米的來歷，美國醫學會作了普查，發現原始的美國人、印第安人沒一個高血壓，沒一個動脈硬化。原來是吃老玉米吃的。後來發現老玉米裏含有大量的卵磷脂、亞油酸、穀物醇、V_E，所以不發生高血壓和動脈硬化。從此以後，美國就改了，美洲、非洲、歐洲、日本、香港、廣州，早上都吃玉米羹了。現在許多人吃卵磷脂幹嘛？就是希望不得動脈硬化。但是他不知道老玉米裏含得最多，不用多花錢。我在美國調查了一下，一個老玉米2.5美元，合人民幣20元，而在中國一個老玉米1塊錢，相差19倍。

7. 右掌上掤（陰動，陰頂）

同（二十六）雲手第7動。（圖414）

〔話養生〕下文介紹齊教授的文章，他建議多食蔬菜、水果。蕎麥可以降高血壓、高血脂、高血糖。

什麼是弱鹼？蔬菜、水果。凡是發達國家，凡是健康國家都是蔬菜、水果消耗最大。

參考數字：清朝有13個皇帝，同治19歲死的，順治23歲，咸豐31歲，光緒38歲，但有個乾隆活了89歲，

圖414

他特別會保健，皇帝裏他最長壽。查了他的檔案後發現，第一，他特別好運動；第二，他吃蒸發糕，粗細糧搭配；第三，他好旅遊，最有名的就是三下江南。

我們調查了 818 個和尚，30% 以上的和尚 90 歲以上高齡，最小的一個 65 歲。和尚為什麼長壽？主要是保健。如果你不會保健，有錢有權都沒有保證。

現在人都「三高」，即高血壓、高血脂、高血糖。蕎麥「三降」，它降血壓、降血脂、降血糖。

參考數字：蕎麥裏含有 18% 的纖維素，吃蕎麥的人不得胃腸道癌症，直腸癌、結腸癌都不得；我們坐辦公室的人，得癌症的有 20% 是直腸癌、結腸癌。

要多吃白薯、紅薯、山藥、馬鈴薯。為什麼？原來它吸收水分，吸收脂肪、糖類，吸收毒素。潤滑腸道，不得直腸癌、結腸癌；吸收脂肪、糖類，不得糖尿病；吸收毒素，不發生胃腸道炎症。

我在美國調查，美國吃薯類是把它做成各種糕點來吃的。希望大家多吃薯類，主食搭配薯類。

（摘自《衛生保健》）

8. 右掌弧捋（陽動，陽頂）

同（二十六）雲手第 8 動。（圖 415、圖 416）

〔話養生〕食黑木耳防心肌梗塞：

一到過年，心肌梗塞的患者一個挨一個，年齡越來越小，已經到了 30 歲了。為什麼過年時多？兩個原因，一個是高凝體質血稠，就是脂肪高，血稠的人叫高凝體質。高凝

圖 415

圖 416

體質的人加上高凝食物，所以過年時心肌梗塞的人特別多，年齡不限。心肌梗塞雖然無法治，但完全可以預防。吃什麼？吃黑木耳，黑木耳的一個重要的作用就是使血不黏稠。

有的大夫告訴你，預防心肌梗吃阿司匹林，為什麼？可以使血不黏稠，不得心肌梗塞。但後果是什麼，吃阿司匹林的後果是眼底出血，現在很多人眼底出血。我勸大家不要吃阿司匹林，現在歐洲已經不吃阿司匹林了，因為黑木耳更管用。

食大豆防癌：

美國人將每年的 8 月 15 日定為全國的「豆腐節」，他們認為大豆是營養之花、豆中之王。大豆中起碼有 5 種抗癌物質，特別是飴黃酮，它能預防、治療乳腺癌，但只在大豆中才有。

參考數字：現在國家有關部門已經提出來「大豆行動計畫」，內容是「一把蔬菜一把豆，一個雞蛋加點肉」。

北京和天津這麼近，北京的乳腺癌特別多，而天津很少。你知道為什麼？天津的早點是豆漿、豆腐腦。北京高血壓、高血脂多，北京的早點五花八門，但很不科學。牛奶好還是豆漿好？聯合國國際會議上說，牛奶裏含的是乳糖，而全世界有2/3的人不吸收乳糖，在亞洲黃種人中有70%不吸收乳糖。豆漿裏含的是寡糖，它100%吸收。而且豆漿裏還含有鉀、鈣、鎂等，鈣比牛奶含量多。牛奶裏沒有抗癌物質，而豆漿裏有5種抗癌物質。其中特別是飴黃酮，專門預防、治療乳腺癌、直腸癌、結腸癌。所以對我們黃種人來說最合適的是豆漿。我不反對大家喝牛奶，但為了防癌一定要喝點豆漿。

9. 右掌變鉤（陰動，陰頂）

同（二十六）雲手第9動。（圖417）

〔話養生〕經常揉腋窩，提高免疫力，有益鬆肩。

腋窩（俗稱胳肢窩）是人體的重要保健區之一，經常按揉腋窩，不僅有利於增強心肺功能、延緩衰老，還可以幫助人們及時發現疾病。

腋窩是頸部、胸部與上肢連接的重要部分，有豐富的血管、神經和淋巴結。中醫學認為，心經和肺經的經絡都通過腋窩，經常按揉此處，能疏通

圖417

經絡、調和氣血、增強心肺功能，預防疾病；現代醫學則認為，體內的代謝產物不能及時排出是引起衰老的原因之一，經常按揉腋窩，刺激該處的神經、血管和淋巴，可以促進體液循環、加快新陳代謝，將體內的尿素、尿酸等各種代謝產物及時排出體外，減少其對身體的毒害作用，延緩衰老。

腋窩還是頸部以及胸部的血管和神經通向手、臂部的「樞紐」，經常按揉此處，可以促進手、臂部的血液循環，緩解肘、臂的種種不適。

按揉腋窩簡單易行，具體做法是，左右臂交叉於胸前，左手按揉右腋窩，右手按揉左腋窩，用中指、食指、無名指有節律地輕輕捏拿腋下肌肉 3～5 分鐘，早晚各 1 次，按揉時兩肘要略抬高，用力要適量，指甲要剪短，避免傷及腋窩局部的皮膚、血管及神經。也可以選山核桃夾在腋窩中。

（摘自《健康諮詢》）

10.左掌弧捋（陽動，陽頂）

同（二十六）雲手第 10 動。（圖 418）

〔話養生〕最後再談談性養生。

當今社會經濟高速發展，改革開放勢頭迅猛，今日中國太平盛世，似萬花筒什麼都在變，變化萬千。性教育不但在最高學府佔有一席之地，中學也

圖 418

增加了性教育課，對性再也不是神秘之事，再也不會談性色變。

關於性養生，筆者在《太極解秘十三篇》書中有專述。性和性養生的話題，從春秋至今幾千年，當今報刊多有報導，垂手拾零，談這個題目，本書只是點到而已。

筆者從來認為練武人應該過正常人的生活，遠離性慾不可取。古代，人們對房中術作為專門學術進行研究和總結。像道家的丹鼎門、太極門、劍門，佛家的密宗，都有一套系統而完整的男女雙修術，不僅能滿足人類自然的生理需求，而且借此增強房中術功，陰陽互補，以祛病強身、延年益壽。

性是生命科學中最為重要的科學。我們習武之人是親自參與，在修練的長過程中，要像普通人那樣，過正常人的性生活。在夫妻生活中不能只剩下婚姻，而忽視對妻子或丈夫的恩愛，愛情生活內涵豐富，需要我們習武之人主動去關愛、去維護。

夫妻生活和諧美滿，這個家庭生活便幸福歡樂，雙方身體自然健康。提高生命品質，是夫妻雙方共同努力的結果。

（八十一）收勢（合太極）

1.右鉤變掌（陰動，陰頂）

〔步型〕右弓步
〔方向〕面西。
〔方位〕南正位。

〔實腳、實手〕右手鉤變掌，左右手外弧旋轉輕扶同時變俯掌，左掌指梢舒長。頭部從面東轉向面西，鬆左腿，成右腿實側弓步。

圖419

〔虛腳、虛手〕左腳虛淨，左腳後腳跟虛起，腳前掌虛著地，左掌掌心向下。

〔視線〕注視右掌食指梢。

〔意念〕空左掌。（圖419）

〔內功修練〕在操作中，凡左（右）掌為實手，掌指向遠處舒長，食指梢輕扶絕對不可著力。

2. 兩掌合下（陽動，陽頂）

〔步型〕自然步。

〔方向〕面南。

〔方位〕南正位。

〔實腳、實手〕鬆腳往上鬆至左右手梢，視線隨右掌向南收回南正位。鬆肩、垂肘，鬆左右腕，外弧輕扶，左右掌在胸前合，左右食指尖相對。

〔虛腳、虛手〕左虛腿收於右腳內側，自然步型。鬆雙腳往上，頂上虛靈。左右手鬆垂，左右掌掌心向內。靜候，上下深呼吸三口氣，往右散步。

〔視線〕平遠視。（圖420～圖422）

〔內功修練〕放鬆周身九大關節，手指、腳趾54個

小關節，內心、神、意、氣靜，外示安舒，鬆淨，收小腹、腹、胸……周身不掛力，經絡、血管、氣道通暢。

注意，修練必須做好無極勢和收勢，有始有終。

圖 420

圖 421

圖 422

導引養生功

1 疏筋壯骨功+VCD
定價350元

2 導引保健功+VCD
定價350元

3 頤身九段錦+VCD
定價350元

4 九九還童功+VCD
定價350元

5 舒心平血功+VCD
定價350

6 益氣養肺功+VCD
定價350元

7 養生太極扇+VCD
定價350元

8 養生太極棒+VCD
定價350元

9 導引養生形體詩韻+VCD
定價350元

10 四十九式經絡動功+VCD
定價350

張廣德養生著作　每冊定價350元

全系列為彩色圖解附教學光碟

輕鬆學武術

1 二十四式太極拳+VCD
定價250元

2 四十二式太極拳+VCD
定價250元

3 八式十六式太極拳+VCD
定價250元

4 三十二式太極劍+VCD
定價280元

5 四十二式太極劍+VCD
定價250

彩色圖解太極武術

1 太極功夫扇
定價220元

2 武當太極劍
定價220元

3 楊式太極劍
定價220元

4 楊式太極刀
定價220元

5 二十四式太極拳 +VCD
定價350元

6 三十二式太極劍 +VCD
定價350元

7 四十二式太極劍 +VCD
定價350元

8 四十二式太極拳 +VCD
定價350元

9 十六式太極劍
定價350元

10 楊氏二十八式太極拳 +VCD
定價350元

11 楊式太極拳四十式 +VCD
定價350元

12 陳式太極拳五十六式 +VCD
定價350元

13 吳式太極拳五十六式 +VCD
定價350元

14 精簡陳式太極拳八式十六式
定價220元

15 精簡吳式太極拳三十八式
拳架‧推手
定價220元

16 夕陽美功夫扇
定價220元

17 綜合四十八式太極拳 +VCD
定價350元

18 三十二式太極拳 四段
定價220元

19 楊式三十七式太極拳 +VCD
定價350元

20 楊氏五十一式太極劍 +VCD
定價350元

21 嫡傳楊家太極拳精練二十八式
定價220元

養生保健 古今養生保健法 強身健體增加身體免疫力

1 醫療養生氣功
定價250元

2 中國氣功圖譜
定價250元

3 少林醫療氣功精粹
定價250元

4 龍形實用氣功
定價220元

5 魚戲增視強身氣功
定價220元

7 道家玄牝氣功
定價200元

8 仙家秘傳祛病功
定價160元

9 少林十大健身功
定價180元

10 中國自控氣功
定價250元

11 醫療防癌氣功
定價250元

12 醫療強身氣功
定價250元

13 醫療點穴氣功
定價250元

14 中國八卦如意功
定價180元

15 正宗馬禮堂養氣功
定價420元

16 秘傳道家筋經內丹功
定價300元

17 三元開慧功
定價250元

18 防癌治癌新氣功
定價180元

19 禪定與佛家氣功修煉
定價200元

20 顛倒之術
定價360元

21 簡明氣功辭典
定價360元

22 八卦三合功
定價230元

23 朱砂掌健身養生功
定價250元

24 抗老功
定價230元

25 意氣按穴排濁自療法
定價250元

27 健身祛病小功法
定價200元

28 張氏太極混元功
定價250元

29 中國璇密功
定價250元

30 中國少林禪密功
定價200元

31 郭林新氣功
定價400元

32 八卦之源與健身養生
定價280元

33 現代原始氣功1
定價400元

34 養生開脈太極
定價300元

35 通靈功─養生祛病及入門功法
定價300元

太極武術教學光碟

太極功夫扇
五十二式太極扇
演示：李德印 等
（2VCD）中國

夕陽美太極功夫扇
五十六式太極扇
演示：李德印 等
（2VCD）中國

自然太極拳81式
演示：祝大彤
內功篇（2VCD）、
技擊篇（2VCD）、
養生篇（2VCD）

太極內功解秘
演示：祝大彤
（2VCD）中國

陳氏太極拳及其技擊法
演示：馬虹（10VCD）中國
推手技巧及功力訓練
演示：馬虹（4VCD）中國

楊氏太極拳
演示：楊振鐸
（6VCD）中國

本公司還有其他武術光碟
歡迎來電詢問或至網站查詢
電話：02-28236031
網址：www.dah-jaan.com.tw

原版教學光碟

國家圖書館出版品預行編目資料

自然太極拳 81 式 / 祝大彤　薛秀英　編著
　　——初版，——臺北市，大展，2007〔民 96・12〕
　　面；21 公分，——（武術特輯；95）
　　ISBN　978－957－468－577－6（平裝）
1. 太極拳
528.972　　　　　　　　　　　　　　96019458

自然太極拳 81 式

ISBN　978－957－468－577－6

編　　著/祝大彤　薛秀英
責任編輯/朱曉峰
發 行 人/蔡森明
出 版 者/大展出版社有限公司
社　　址/台北市北投區（石牌）致遠一路 2 段 12 巷 1 號
電　　話/（02）28236031・28236033・28233123
傳　　眞/（02）28272069
郵政劃撥/01669551
網　　址/www.dah-jaan.com.tw
E－mail／service@dah-jaan.com.tw
登 記 證/局版臺業字第 2171 號
承 印 者/傳興印刷有限公司
裝　　訂/建鑫裝訂有限公司
排 版 者/弘益電腦排版有限公司
授 權 者/北京人民體育出版社
初版 1 刷/2007 年（民 96 年）12 月

定　價/330 元

一億人閱讀的暢銷書！

4 ～ 26 集　定價300元　特價230元